dravaDiskursDiskurs

D1669294

Gedruckt mit Unterstützung von

Foto am Umschlag: Installation zum Belladonna-Geburtstagsfest
»Auf Stelzen« – Edda Pilgram-Hannesschläger &
Ilse Stockhammer-Wagner. Foto: Maria Stockhammmer

Herausgeberinnen:
Verein Belladonna, Frauenberatung und Familienberatung,
Zentrum für Frauenkommunikation und Frauenkultur
Villacher Ring 21/2, 9020 Klagenfurt/Celovec

© Drava Verlag 2006
Layout und Druck: Tiskarna / Druckerei Drava
Alle: Klagenfurt/Celovec
www.drava.at

ISBN-10: 3-85435-503-3
ISBN-13: 978-3-85435-503-8

Dorothea Rüb

Belladonna –
die ersten
XX Jahre

Dokumentarische Analyse
eines Frauenprojektes

Drava Verlag Klagenfurt/Celovec

Inhaltsverzeichnis

Vor-Worte

Mit Begeisterung habe ich den Text gelesen. Aus mindestens drei Gründen: weil ein Frauenprojekt ins Zentrum der Analysen gestellt wird; weil ein wichtiges Kärntner Frauenprojekt gewürdigt wird, indem dessen Geschichte dechiffriert und einer größeren Öffentlichkeit zugänglich gemacht werden kann; weil feministische Theorien in Geschichte und Gegenwart mit sozio-politischen Gesellschaftslagen verknüpft und weil die Frauenbewegungsgeschichte/n in Österreich wieder belebt werden – was angesichts der aktuellen destruktiven Tendenzen von Innen (Postfeminismen) wie von Außen (neoliberale Konservativismen) selbst einen politischen Akt darstellt.

Was unter den neuen sozio/politischen Bewegungen verstanden wurde, also auch der Frauenbewegung, hat sich modifiziert zu soziokulturellen Veränderungsbestrebungen, die auf das Individuum, seine Identität und seine Repräsentation abzielen. Innovationskompetenzen werden hauptsächlich von der Arena der Kultur und des (wirtschaftlichen) Managements erwartet, in den Lebensformen und Lebensstilen sowie der Verwaltung von gesellschaftlichen Widersprüchen verortet – und dies geht Hand in Hand mit der Entwertung herkömmlicher politischer Organisationsformen (wie Parteien, Gewerkschaften, Verbände). »Die aus den Widersprüchen hervorgehenden Krisen gehen jetzt immer mehr über die gesellschaftlichen Institutionen des Kapitalismus, der Technologie, der Demokratie, der Bürokratie und des Rechts hinaus und erfassen die tiefsten Sinngrundlagen der westlichen Kultur. Die westliche Kultur wird in diesem Prozess immer mehr aus dem Status einer unbefragten Prämisse in denjenigen einer diskursiv zu begründenden Hypothese versetzt.«[1] Eine Folge dieses Transformationsprozesses, bzw. dessen Einschätzung, ist die Ästhetisierung der immer prekärer werdenden Alltage, die Entpolitisierung der Politik durch ihre Abhängigkeit von kapitaler Ökonomie und die Verschiebung kollektiver Verantwortung auf das Selbstmanagement der Individuen. Die Stilisierung des jemeinigen ›Ichs‹ – gefördert vom Niedergang des Sozialstaats und gefordert von allerlei Minderheitenprogrammatiken – bewirkt das Paradox einer Ent- und Binnendifferenzierung, die einen Begriff von ›Wir‹ bzw. Solidarisierung ver-wirkt. Dies hat auch die (westliche) Frauenbewegung ›er‹griffen. Der akklamierte Tod des Subjekts, einstens auch von feministischen Theoretikerinnen als Auflösung des männlichen Meisterdenkers begrüßt, erlebt nun in Form des allseitig informierten In-dividuums – also des Un-teilbaren der Wirklichkeits(an)-erkennung – eine seltsame Renaissance. Die Dekonstruktion hat sich anverwandelt einer Perspektive der Konstruktion von allem und jeder. Ein dialektisch erfasstes Allgemeines (mit all seinen einseitigen androzentrischen Verallgemeinerungen – soviel war feministischer Theoriebildung schnell mal deutlich) hat sich ›buch‹stäblich zersplittert in 1 Million Einzelbegehrlichkeiten. (Wohlgemerkt ist dies eine akademische und urbanistische Sicht- und Lebensweise; im Alltag manifestiert sich dies in der Verwechslung von Konsumfähigkeit mit Freiheit.) Wert-schätzung heißt heute die Fixierung auf ›ich bin anders als du‹. Und damit wird jede Konstitution eines (widerständigen bzw. solidarischen) ›Wir‹ für obsolet, weil vereinnahmend und ausschließend zugleich, erklärt.

Dieser Atomisierung durchs Selbstmanagement entspricht das System des Konstruktivismus. »Die Individualitätsnorm zeigt sich nicht nur im Kult des Besonderen, sondern vor allem im Glauben an die nahezu unbegrenzte Fähigkeit des Einzelnen, sein Leben nach eigenem Entwurf zu gestalten. Wir alle wissen, dass es keine objektive Wirklichkeit gibt. Vielmehr sieht jeder die Dinge und Ereignisse durch seine subjektive Brille und interpretiert sie seinen Denkmustern entsprechend. ... Man muss nur die richtige Brille aufsetzen und schon wachsen die Kräfte.«[2] (Das ist überhaupt der Tipp für Alleinerzieherinnen, Migrantinnen und alle, welche die falsche Optik/erin haben.) Diese Auto/Suggestion scheint Berge nicht nur zu versetzen, sondern auch zu versprechen. Jede/r ist sich selbst die/der Nächste, an die/den sie/er sich verkauft. »Das totgesagte Subjekt der abendländischen Philosophie, es lebt fort – als Trademark.«[3] Begriffe wie Entfremdung, Kritik, Solidarität, Ausbeutung, Unterdrückung, Opfer etc. – sie alle sind der Vorstellung eines selbstbestimmten Agierens durch permanente Selbstverbesserung, wo Sein und Repräsentation identisch geworden sind, gewichen. Ein Leben als ununterbrochenes Assessment Center bedeutet die Identität von Sein und Schein. Im Selbstmanagement muss die Darstellung von sich mit sich übereinstimmen. »Es gibt nichts, was hinter den vermeintlichen Masken verborgen wäre, und fremd wäre sich nur ein ›unglückliches Bewusstsein‹, das äußeren Schein und inneres Sein, objektives Sollen und subjektives Wollen zu unterscheiden vermag.«[4] Das Perfide ist die Paradoxie des ›Regierens über Freiheit‹ (ein Terminus, der von Michel Foucault's Begriff der ›Gouvernementalität‹ abgeleitet ist). „Die Individuen werden in einer Weise sich selbst überlassen, dass sie frei sind, eben das zu tun, was ihnen auferlegt wurde. ... Und weil alle gleich sein sollen, kann ihnen auch gleichermaßen Eigenverantwortung zugewiesen werden ... eine Oberfläche gleicher Chancenverteilung und Fähigkeitszuweisung ... Ontologien haben in einem solchen Menschenbild keinen Platz.«[5]

Massiv wirkt sich dieses Menschenbild auf die Geschlechterfrage aus. Wo strukturelle Überlegenheiten und Unterlegenheiten negiert werden und eine ins und aufs Individuum verlegte Zuständigkeit regiert, da scheint auch die Geschlechterproblematik als solche keine mehr zu sein und feministische Optionen werden in individuelle Flexibilitäten umformuliert. »Vom ›Gender-Genuin-Education-Projekt‹ der Katholischen Frauenbewegung Steiermark bis hin zum ›gender-branding‹ suburbaner Transvestitenkultur, eine Art globaler Gender-Konsens hat über sämtliche disziplinären Grenzen hinweg und bis in alle politischen Gruppierungen hinein die Welt erfasst. Gender – ein Passe-partout, das Zugang gewährt zu den Slums der Weltmetropolen ebenso wie zu den obersten Etagen der UNO, das im Entwicklungsprojekt im südlichen Afrika genauso heimisch ist wie in der Fortbildung bayrischer Grundschullehrerinnen. Über gender lässt sich reden ... Während gender ursprünglich für den Versuch stand, die Geschlechter in ihrem Verhältnis zueinander, und das hieß auch, in einem Machtverhältnis, zu thematisieren, hat sich inzwischen eine Perspektive durchgesetzt, die Mechanismen der Exklusion, Nichtanerkennung und Unterdrückung zwischen den Geschlechtern auf eine Frage von ›Geschlechtsidentitäten‹ reduziert. Aus Angst vor Vereinnahmung durch ein ›Wir Frauen‹ werden strukturelle Gemeinsamkeiten von Unterdrückungerfahrungen gänzlich negiert ... An die Stelle politischer Aushandlungsprozesse, bspw. um die Verteilung der Ressourcen Zeit und Geld, setzt gender ... individuelle Handlungsoptionen, die häufig gar nicht existieren. ... Nach der Befreiung von ›gender roles‹, zu denen vom Geschirrspülen bis hin zur handfesten ökonomischen Restriktion nun fast alles zählt, kann sich jede ein allfälliges Scheitern nur noch selber zurechnen. Auf politischer Ebene besticht das Konzept von gender denn auch dadurch, dass es als Instrument einer Geschlechter-Appeasementpolitik Konfliktfelder auszublenden vermag, indem es sie kurzerhand zu Verfahrensfragen umdefiniert.«[6]

Dieser ›Logik‹ will die vorliegende Lektüre nicht entsprechen. Die Autorin – Praktikerin und Theoretikerin zugleich – durchleuchtet den zwanzigjährigen Überlebenskampf eines Frauenprojekts in dessen historischem Zusammenhang der (wechselnden) Produzentinnen und Akteurinnen, im Kontext der medial verschnittenen Rezeptionen in Kärnten und in einem Re-view der Transformationen der Real- und Theoriegeschichte kulturwissenschaftlicher, frauenpolitischer *und* feministischer Optionen.

Nolens volens – der Text selber ist eine Brücke zwischen dem heute prolongierten Widerspruch von Anerkennung und Gerechtigkeit: wider das Verschwinden der Bemühungen frauenbezogener Beratungs/Politiken durch und für Frauen. In Klagenfurt in Österreich in der Welt.

Die Worte einer interviewten Beratenen durch **Belladonna** mögen dies zum Ausdruck bringen:»Und das darfst du, und das nicht, und der Lehrer ist ein Gott und der Arzt noch mehr. Da hat man sich schon gar nicht mehr atmen getraut. Ich bin nicht die Einzige ... Selbstbewusstsein, da habe ich mich früher oft gefragt: ›Was ist das?‹ Heute, wo ich es weiß, kann ich es umsomehr bestätigen, dass ich es nicht gekannt habe. Ich kann nur sagen, dass es schon ein Segen ist, besonders für die Frauen, so etwas in Anspruch nehmen zu dürfen.«

Birge Krondorfer

1 Richard Münch, Dialektik der Kommunikationsgesellschaft. Frankfurt 1991, S. 21.
2 Ulrich Bröckling, Totale Mobilmachung. Menschenführung im Qualitäts- und Selbstmanagement, in: Gouvernementalität der Gegenwart. Studien zur Ökonomisierung des Sozialen, in: U. Bröckling, S. Krasmann, T. Lemke (Hg.), Frankfurt 2000, S. 158.
3 Bröckling ebd., S. 158.
4 Bröckling ebd., S. 160.
5 Susanne Krasmann, Gouvernementalität der Oberfläche. Aggressivität (ab-)trainieren beispielsweise, in: ebd., S. 201.
6 Tove Soiland, Gender, in: Glossar der Gegenwart, U. Bröckling, S. Krasmann, T. Lemke (Hg.), Frankfurt 2004.

Einleitung

Wir schreiben unsere Geschichte, während wir sie machen.
Maria Mies[1]

Der Titel meiner Arbeit ist das Ergebnis einer Teamsitzung der Klagenfurter Frauenberatungsstelle Belladonna im Frühjahr 2005. In den wöchentlichen Teambesprechungen werden Organisationsfragen, Beratungsfälle und aktuelle Ereignisse diskutiert. 2005 stand ein Thema häufig auf der Tagesordnung: das zwanzigjährige Bestehen des Vereins im kommenden Jahr. Nicht von ungefähr fällt dieses Jubiläum mit drei fünfzigsten Geburtstagen der Mitarbeiterinnen zusammen. Ist Belladonna als Teil der Frauenbewegung *mit vielen ihrer Protagonistinnen in die Wechseljahre gekommen«*[2]? Christiane Northrup beschreibt die Wechseljahre als Umwälzungsprozess und Wachstumschance, wenn Frauen bereit sind, sich auf notwendige Veränderungen einzulassen. *»Die Wechseljahre stellen Ihr Leben auf den Prüfstand«*, warnt sie.[3] Das bedeutet, sich der Vergangenheit zu stellen und gleichzeitig eine neue Zukunft zu schaffen.

Eine Kollegin – schon viele Jahre beim immer wieder gefährdeten Projekt dabei – wollte mit der Formulierung ›die ersten XX Jahre‹ auf eine Zukunft verweisen: nach den ersten zwanzig kommen noch weitere Jahre. Damit wird Hoffnung angesprochen, *»ein anfeuerndes und tröstendes Weltverständnis«*[4]. Ich bin seit zwei Jahren im Verein Belladonna für Organisation und Projektkoordination zuständig. Für diesen Zeitraum bin ich also selbst Teil des Forschungsgegenstandes und Forscherin zugleich. Vielleicht ein gewagtes Unterfangen, in dem ich Konzepten und Praktiken, Kontinuitäten und Brüchen in diesem ältesten Kärntner Frauenprojekt nachgehen möchte. Anhand diskursanalytischer Ansätze möchte ich eine exemplarische Frauen-Geschichte zum Sprechen bringen. Dabei gehe ich der Frage nach, in welchen sozialen und politischen Machtrelationen und Spannungsverhältnissen die feministische Organisation sich formiert und verändert hat und welche inneren und äußeren Diskussionsstränge sich durch die zwanzig Jahre ziehen. Im ersten Teil der vorliegenden Arbeit stehen Texte zu Feminismus, Frauenprojekten, Frauenkommunikation und -kultur im Zentrum der Untersuchung. Mediale Repräsentationen und

Interviews mit Frauen, die mit Belladonna ein Stück Lebens-Geschichte teilen, bilden die zweite Säule des Textmaterials.

Die von mir gewählte Theorie und Methodik für die Analyse dieser Texte und Praktiken, die Cultural Studies, *»teilen mit der feministischen und postkolonialistischen Forschung ihren politischen Anspruch, Erkenntnis und Wissensproduktion für das Sichtbarmachen von Machtbeziehungen und die Veränderung von Herrschaftsverhältnissen nutzbar zu machen«.*[5]

Die Cultural Studies haben das Ziel, kulturelle Prozesse in ihrer kontextuellen Einbindung in Machtverhältnissen zu erforschen. Dabei wird ein umfassender Kulturbegriff verwendet, der sowohl kulturelle Texte als auch Erfahrungen und Praktiken umfasst. Rainer Winter betont das kritische Potential der Cultural Studies, für die Kultur ein Potential für (spontane) Kreativität im Alltagsleben darstellt. Vor dem Hintergrund der Enttraditionalisierung und der Auflösung stabiler Identitäten wird Kultur als Feld betrachtet, in dem ein ständiger Kampf um Bedeutung ausgefochten wird.[6] Theorie soll als Werkzeug dienen, um die Produktion von Wissen über den akademischen Diskurs hinaus nutzbar zu machen.

Das Selbstverständnis der Cultural Studies als politisches Projekt bietet sich für eine Analyse wie die hier vorliegende an. Die Cultural Studies haben bisher den Focus auf Populärkultur, abweichende gesellschaftliche Gruppen und multiethnische Kontexte gerichtet. Geschlechtsspezifische oder gar feministische kulturelle Praktiken wurden relativ selten untersucht. Wenn es um Frauen und Medien ging, wurde z. B. meist eher die geschlechtsspezifische Rezeption medialer Texte in den Blick genommen. Das ist schade, denn die Geschlechterperspektive auf *allen* Ebenen könnte zu Revisionen und neuen Fragestellungen in den Kommunikationswissenschaften führen und dadurch zur Weiterentwicklung des Fachs beitragen.[7]

Die Cultural Studies arbeiten transdisziplinär und radikal kontextualisiert. Die Grenzen verschiedener Forschungsmethoden werden bewusst überschritten, um Anschluss an Alltag und kulturelle Praktiken der zu untersuchenden Gruppen zu finden. Methodisch orientiere ich mich also nicht an der dokumentarischen Methode nach Bohnsack und Arnd[8], was der Untertitel dieser Arbeit erwarten lassen könnte. Zur Analyse werden keine narrativen Interviews herangezogen, sondern verschiedene Texte, Dokumente und teilstandardisierte Befragungen, die in einen weit gefassten ›Orientierungsrahmen‹[9] gestellt werden. Ich habe in dieser Arbeit auch bewusst einige Male Material aus den Interviews in den theoretischen Teil einfließen lassen, um Lücken zu schließen, Positionen zu unterstreichen oder zu konterkarieren. Für die Empirie habe ich sowohl für die Untersuchung des Textmaterials als auch für die Einzelinterviews die Diskursanalyse als methodischen Ansatz gewählt. Diskurse werden durch Texte abgebildet, wobei der hier verwendete Textbegriff weit über Geschriebenes hinausgeht: Texte sind in Zeichen umgesetzte Kommunikation, also auch Bilder, gestaltete Räume, verschiedenste mediale Produkte und transkribierte Interviews.

Die Diskursanalyse untersucht Aussagen in ihrer lokalen und zeitlichen Besonderheit. Siegfried Jäger, an dessen Methode ich mich orientiere, beschreibt Diskurs »als Fluss von Wissen bzw. sozialen Wissensvorräten durch die Zeit«.[10] Diskursanalyse fragt danach, welche Gegenstände in welcher Form zur Sprache kommen und welche nicht, welche Begriffe verwendet und welche Subjektpositionen angeboten werden, welche Subtexte mitlaufen und welche sozialen und politischen Zusammenhänge die verwendeten Diskurse widerspiegeln.[11]

Belladonna als Teil der österreichischen Frauenbewegung hat Anteil an den ›Kämpfen um Bedeutung‹ im ›Fluss von sozialen Wissensvorräten‹ durch die letzten zwanzig Jahre. Im ersten Kapitel sollen das Zentrum vorgestellt sowie die Geschlechterverhältnisse und die politischen Bedingungen in Klagenfurt, Kärnten und Österreich in den letzten zwanzig Jahren skizziert werden. Das zweite Kapitel thematisiert die feministische Theorieentwicklung und ihr Verhältnis zur sozialen und politischen Praxis in Frauenprojekten und insbesondere in Frauenberatungsstellen. Im dritten Kapitel diskutiere ich die Begriffe Frauenkommunikation und Frauenkultur, auf die sich der Verein in seinem Untertitel bezieht. Die nächsten beiden Kapitel bieten einen Überblick über Aktionen und Produktionen von Belladonna und analysieren Diskurse aus Foldern, Vereinszeitschriften, Dokumentationen, Tätigkeitsberichten, Plakaten, Zeitungsausschnitten und dem Internet. Zum Schluss kommen Frauen zu Wort, die mit Belladonna zu tun hatten bzw. haben. Ihnen danke ich für die Offenheit und die Bereitschaft, mit mir zu sprechen. Weiters danke ich meinen Kolleginnen für die vielen Informationen und die Rückenstärkung.

Ich beanspruche im Sinn von Maria Mies keine Wertfreiheit und Indifferenz gegenüber dem ›Forschungsgegenstand‹, sondern bin ihm in bewusster Parteilichkeit verbunden.[12] Die Forschungsarbeit verstehe ich als Annäherung an die vorgefundenen Zeichen und Erzählungen. Ich werde versuchen, aus der Polysemie und den Widersprüchen von XX Jahren Belladonna-Geschichte einige X-e zu entschlüsseln – wohl wissend, dass mein Blick mir so manches X für ein U vormachen wird.

Einen Hinweis von Hannah Arendt möchte ich in diesem Suchprozess beherzigen: dass »*das Denken aus den Geschehnissen der lebendigen Erfahrung erwächst und an sie als die einzigen Wegweiser, mit deren Hilfe man sich orientiert, gebunden bleiben muss.*«[13]

1 FrauenGeschichten

1.1 Belladonna: ein kurzer Ausflug in die letzten 20 Jahre

> Ich sehe nicht ein, warum wir uns immer um die Männer
> oder gar um ihre Schlachten kümmern sollen:
> die Geschichte der Frauen ist meist viel interessanter.
> Theodor Fontane

Belladonna ist Teil der lokalen, regionalen und nationalen Frauenbewegung, hat aber auch seine eigene spezifische Geschichte. Eine Geschichte, die die Handschrift trägt von jeder Frau, die sie mitgeschrieben hat, und die Zeichen, die jede setzte, zu einem besonderen Stoff verwoben hat. Eine Geschichte, die aber auch geprägt ist von dem Klima in dieser Stadt, diesem Bundesland, diesem Land, vielleicht sogar dieser Universität. Ich möchte deshalb nach einem kurzen Abriss der Vereinsgeschichte auf die Frauenbewegung sowie die sozialen und politischen Bedingungen für Frauenleben und -projekte in Klagenfurt, Kärnten und Österreich eingehen.

In den meisten Landeshauptstädten entstanden in den späten 70er und frühen 80er Jahren Frauenzentren, bald auch Cafés, Kneipen, Verlage, Zeitschriften. Bis es in Klagenfurt eigene Räume für Frauen gab, mussten 10 Jahre vergehen:

> »Bereits 1976/77 trafen sich in Klagenfurt Frauen in einer autonomen Frauengruppe. Vorübergehend stand den Frauen ein Raum im besetzten Kommunikationszentrum in der Reitschulgasse zur Verfügung. Unter anderem war die Räumung der Reitschulgasse ein Faktor für die vorübergehende Auflösung dieser Frauengruppe (in der ebenso wesentliche Impulse für die Gründung des Frauenhauses entstanden), bevor es am 17. April 1986 zur Gründung des Belladonna, Verein zur Förderung von Frauenkommunikation, -kultur und -beratung, in eigenen Räumen am Villacher Ring 21/2 kam.«[14]

Ein ›klassisches‹ Frauenzentrum hat es in Kärnten nicht gegeben, bis das Belladonna-Team diese Lücke geschlossen hat. Es gab jedoch schon Jahre vor der Gründung ein reges gegenkulturelles Treiben in Klagenfurt in privaten oder halböffentlichen Räumen. Dezidiert werden im Konzept die Neue Frauenbewegung als Antrieb für die Gründung von Belladonna und *die zeitlichen Verschiebungen aufgrund der peripheren Lage des Bundeslandes«* erwähnt. [15]

Das **erste Konzept** ist datiert mit 1. Mai 1986. Darin wird argumentiert, dass es trotz verschiedener Frauenaktivitäten keinen Ort für Frauen gebe, um Wege aus der Vereinzelung zu finden, und deshalb »*eine solche Einrichtung fast ein Soll*« in einer Landeshauptstadt sei. Funktion eines solchen Frauenzentrums sei es, einen Ort zu schaffen, wo Frauen aus allen Lebens- und Arbeitsbereichen Kommunikation, Selbstverständnis und Selbstbewusstsein lernen und praktizieren können. Als geplante Aktivitäten sind Kurse, Arbeitskreise, Veranstaltungen in den Bereichen Kultur, Bildung, Beratung, Politik, Selbsterfahrung und Selbsthilfe genannt. Außerdem wird erwähnt, dass die Angebote kostengünstig sein müssen und die aktiven Vereinsfrauen sich nicht karitativ erschöpfen wollen.[16]

Wie die meisten autonomen Projekte hat die Frauengruppe als Organisationsform den Status eines gemeinnützigen unabhängigen Vereins gewählt. Schon vor der eigentlichen Gründung gab es diverse Angebote am Villacher Ring: frau konnte sich mit Lederverarbeitung, Gipsmasken, Stimmbildung, Seidenmalen, Theater und Selbsterfahrung versuchen, beim Flohmarkt Kinderkleider und Spielzeug erstehen, an einem Videoabend oder einer Vernissage teilnehmen. Ein Telefon war noch nicht installiert.[17]

Die erste Generalversammlung fand im April 1986 statt. Eine der derzeitigen Mitarbeiterinnen wurde damals Vorstandsmitglied, die Gründerinnen sind immer noch Vereinsmitglieder – Ausdruck einer Kontinuität, die auch im Beraterinnenteam zum Ausdruck kommt, das seit fast zehn Jahren zusammenarbeitet. In den **Statuten** sind als Vereinszweck angeführt:

1. Verbesserung der Situation der Frauen in seelischen und sozialen Notlagen
2. Frauengerechte psychosoziale und medizinische (sic!) Beratung und Behandlung, Förderung von Selbsthilfegruppen
3. Bewusstmachung spezifischer Probleme von Frauen in der Öffentlichkeit
4. Förderung von Frauenkultur
5. Förderung von Frauenkommunikation
6. Schaffung von betreuten Arbeitsplätzen für Frauen
7. Betreuung von Kindern in Kindergruppen.[18]

Kinderbetreuung von ein- bis siebenjährigen Kindern auch außerhalb der öffentlichen Öffnungszeiten war eines der ersten Angebote von Belladonna. Um Kinderbetreuungseinrichtungen war es in der Landeshauptstadt schlecht bestellt. 1985/86 besuchten in Kärnten nur

12 % der Drei- bis Vierjährigen einen Kindergarten, im ganzen Bundesland gab es fünf Krippen.[19] Von Anfang an gab es ein Beratungsangebot.

Brigitte Geiger und Hanna Hacker notierten in ihrer ›Bestandsaufnahme frauenbewegter Zusammenhänge in Österreich‹:

> *»Belladonna organisiert vor allem psychologisch, medizinisch und spirituell orientierte Gruppen, Vorträge, Ausstellungen, Workshops und Veranstaltungen. 14tägig finden Teamsitzungen statt. Es gibt im Belladonna ein Frauenbeisl, fallweise ABM-Stellen und die üblichen finanziellen Probleme. Das Projekt ist Mitglied der ARGE KULTURRR! Rund um den 8. März treffen sich im Frauenzentrum alle Kärntner Frauengruppen und -organisationen. Zeitweise hat Belladonna eine Umdefinition in Richtung Frauengesundheitszentrum in Betracht gezogen.«*[20]

Letzteres bestätigt ein Gründungsmitglied nicht: sie berichtet von einem Ort, in dem vieles Platz haben sollte, von der Betreuung von Wöchnerinnen und Kindern bis zu Kunst und Kultur. (Interview 3, Z. 11–13) Die Aktivitäten in den Anfangsjahren des Frauenzentrums waren auch äußerst vielfältig. Belladonna war in erster Linie Kommunikationsraum und verstand sich als »*einziges autonomes Frauenzentrum in Kärnten.*«[21] Es organisierte Feste, Workshops und Veranstaltungen,

Bunte Einladung auf grauem Haus.

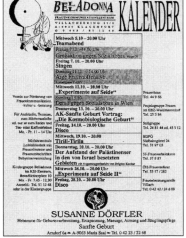

Veranstaltungsprogramm 10/1988.

fungierte als Initiatorin von Projekten und Aktionen. Belladonna war Impulsgeberin und Treffpunkt für Klagenfurter und Kärntner Fraueninitiativen, für Alleinerzieherinnen, Arbeitslose, Künstlerinnen, für Netzwerke zu Essstörungen oder sexueller Gewalt.

Auch die Klagenfurter Interventionsstelle gegen familiäre Gewalt hat im Zentrum ihre Wurzeln. Eine Mitgliedsfrau initiierte 1988 die ›Offene Altenbetreuung‹ und konnte sich mit der AusländerInnenberatungsstelle einen Raum im Zentrum teilen, bis diese eigene Räume bezog. »*Belladonna war für Frauen, die eine Initiative gründen wollten, der Platz, wo sie starten konnten.*« (Interview 1, Z. 42)

Arbeitsmarktpolitische Maßnahmen deckten den Großteil der Gehaltskosten der angestellten Mitarbeiterinnen, allerdings oft nur für eine begrenzte Zeit. 1988 wurde ein Frauenclubcafé mit Mittagsmenüs zum Selbstkostenpreis eröffnet, um Frauen aus unterschiedlichen Lebenszusammenhängen den Zugang zum Frauenzentrum ›schmackhafter‹ zu machen. Im Herbst 1990 fand dieses erfolgreiche Experiment kollektiver Verköstigung ein Ende, da die entsprechende Stelle nicht mehr finanziert war.[22] Die Präsenz feministischer Kunst und Kultur hat im Verein Tradition. Belladonna hat von 1987 bis 1996 Mitteilungsblätter bzw. eine Vereinszeitung herausgegeben. Sie ermöglichten den Vereinsmitgliedern und anderen Leserinnen Information über Aktivitäten und Veranstaltungen und die Teilhabe am feministischen Diskussionsprozess.

Belladonna hat sich um die Schaffung und den Erhalt von bezahlten Arbeitsplätzen für Frauen verdient gemacht. Durch Einsparungsmaßnahmen und das Ende der von Sozialminister Dallinger eingeführten Förderprogramme wie die Aktion 8.000 oder das Akademikertraining sind immer mehr Arbeitsplätze weggefallen. Die finanzielle Unsicherheit war immer wieder enorm. Subventionen wurden gekürzt oder eingefroren, Förderzusagen kamen spät oder gar nicht. Einmal konnte die juristische Beratung nicht weitergeführt werden, dann war die Therapeutinnenstelle nicht mehr finanziert. Ab 1997 lag der Arbeitsschwerpunkt auf der Frauenberatung.

Mit der Ausrichtung auf psychosoziale und arbeitsmarktpolitisch relevante Beratung und der Anerkennung als Familienberatungsstelle im Jahr 1999 wurde eine Namensänderung von Frauenzentrum auf ›Verein Belladonna, Frauenberatung und Familienberatung. Zentrum für Frauenkommunikation und Frauenkultur‹ vorgenommen.[23] Belladonna wird derzeit vom Land Kärnten, der Stadt Klagenfurt, AMS und efs und dem Familien- und Frauenministerium subventioniert. Heute sind vier Frauen in Teilzeit und eine geringfügig angestellt, die Juristin arbeitet auf Honorarbasis. Dem gestiegenen Beratungsbedarf und den wachsenden Anforderungen an Dokumentation und Kooperation in den letzten Jahren steht eine Stagnation in der Förderpolitik gegenüber. In den letzten Jahren steht im Belladonna die Einzelberatung immer mehr im Vordergrund. Der Frauenkommunikationsraum (Vernetzung, Gruppen, Arbeitskreise) musste mehr und mehr eingeschränkt werden, was das Team als Verlust im Sinne der Gleichstellungspolitik wertet.[24]

1.2 Ahninnen und Vorkämpferinnen

Frauen, ihr müsst selbstbewusst werden!
Marie Tusch

Die Frauenbewegungsgeschichte in Kärnten ist eine Geschichte mit Lücken, Brüchen und Einbrüchen. Viele ihrer verborgenen Schätze warten noch darauf, gehoben zu werden. Der Gründerinnengeneration von Belladonna gingen diejenigen voraus, die schon fast ein Jahrhundert früher für Fraueninteressen eintraten. Doch über diese Frauen gibt es kaum Informationen. Das einzig auffindbare Buch zur frühen bürgerlichen Frauenbewegung in Kärnten beklagt im Vorwort: *»Kärnten, du theures Heimatland, Klagenfurt, traute Vaterstadt, warum bist du bis jetzt so still geblieben über alles nützliche und edle Streben deiner lieben Frauen.«*[25] Auch in den Parteiarchiven findet man/frau nur wenig Material zu den Pionierinnen der frühen Frauenbewegung in Klagenfurt.

Kaum zu glauben, dass es hier einmal eine starke, gut organisierte proletarische Frauenbewegung gab! Ihre Protagonistinnen waren Marie Tusch, Maria Mahner, Anna Gröger und Anna Lukas. Das Vereinsgesetz von 1867, das ›Schwachsinnigen, Verbrechern, Minderjährigen und Weibspersonen‹ (sic!) den Zusammenschluss in politischen Vereinen untersagte, hatte die Organisationsmöglichkeiten von Frauen massiv eingeschränkt.[26] Trotzdem engagierten sie sich in Gewerkschaften und sozialistischen Frauenkomitees. Marie Tusch (1868–1939) begann schon als Zwölfjährige in der Klagenfurter Tabakfabrik zu arbeiten. Die über sechshundert dort beschäftigten Mädchen und Frauen hatten damals eine 54-Stundenwoche ohne Kündigungsschutz. Marie Tusch wurde Betriebsrätin, kämpfte für Frauen- und Mädchenbildung, Arbeits- und Mütterrechte und gegen das Abtreibungsverbot. Als eine der vier ersten weiblichen Nationalratsabgeordneten Österreichs war sie in allen vier Legislaturperioden der Ersten Republik für die Sozialdemokratische Partei im Parlament vertreten.[27] Sie blieb aber weiterhin auch in Klagenfurt aktiv. Ihre Auftritte und Reden zogen eine große Zuhörerschaft in den Bann.[28] Die Fabrikarbeiterin Anna Gröger (1867–1961), die sich um den Aufbau der Kärntner sozialdemokratischen Frauenorganisation verdient gemacht hatte, zog 1918 als erste und einzige weibliche Abgeordnete in den Kärntner Landtag ein.[29] Gröger engagierte sich auch als Klagenfurter Gemeinderätin. Der Siegeszug des Nationalsozialismus, der unabhängige Frauenorganisationen nachhaltig zerschlug, bescherte Marie Tusch und Anna Gröger so wie vielen anderen Aktivistinnen den Ausschluss aus der politischen Öffentlichkeit oder gar Verfolgung und Tod. Im Nationalsozialismus blieb der Landtag frauenfrei.

Dem Ausschluss aus der offiziellen patriarchalen Geschichtsschreibung sind nicht nur die Kämpferinnen der frühen Frauenbewegung anheim gefallen. Auch die aktive Beteilung von Frauen an der Politik und Kulturarbeit der Volksgruppen wird häufig unterschätzt und ver-

Drei Widerstandskämpferinnen mit Eva Glawischnig und Barbara Lesjak am 24. 6. 2005 im Grünen Haus.   Foto: Wenceslao Avila Miranda[30]

schwiegen.[31] Ebenfalls kaum zu glauben ist, dass es 1920 in Kärnten 56 slowenische Frauenvereine mit über 6.000 Mitgliedern gab! 1919 wurde der Verband der Frauenvereine in Kärnten (Zveza ženskih društev Koroškem) gegründet. Vereinsziele waren unter anderem soziale Fürsorge, Kampf für Gleichberechtigung und Frauenbildung.[32] Das war eine wichtige Forderung: 1910 konnte ein Viertel der Kärntner Sloweninnen nicht lesen und schreiben (gegenüber 8–10 % der Deutschsprachigen).[33] Die frühen slowenischen Frauenverbände vertraten eher konservative weibliche Rollenzuschreibungen. Nach der Kärntner Volksabstimmung 1920 wurde die Arbeit der Verbände massiv eingeschränkt, der ›Anschluss‹ brachte den Kärntner SlowenInnen Einschüchterung, Verfolgung, Deportation. Dem bewaffneten Widerstand der slowenischen Minderheit schlossen sich bald auch Frauen an. 1943 gründete sich die »Antifaschistische Abteilung der Frauen«. In der Nachkriegszeit stießen die früheren Widerstandskämpferinnen auf massive Ablehnung in ihrer Umgebung. Erst im Jahr 2005 erfuhren Ivana Sadolsek-Zala, Ana Zablatnik und Apolonja Zellander stellvertretend für die ehemaligen Partisaninnen späte Anerkennung. Sie wurden – auch auf Vorschlag des Belladonna-Teams in der Jury – mit dem Grünen Frauenwürdigungspreis ausgezeichnet.

Belladonna ist die Präsenz der ethnischen Minderheit in Kärnten ein Anliegen. Dies dokumentiert der Verein auf allen Druckwerken mit der zweisprachigen Ortsbezeichnung Klagenfurt/Celovec, mit Informationen zum Beratungsangebot in Slowenisch und der Teilnahme und Mitorganisation von Veranstaltungen. Belladonna-Frauen haben auch an der Oktober-Arena in Klagenfurt teilgenommen, Veranstaltungen zugunsten der slowenischen Minderheit als Gegengewicht zu den offiziellen 10. Oktober-Feiern. Eine solche Allianz von Feministinnen und »other Others« kann als Ausdruck dessen gelten, was Sandra Harding (1997) als »to start thought from marginal lives« bezeichnet.[34] Die Situiertheit am Rande der Gesellschaft teilen Frauen mit anderen Marginalisierten. Dies kann einen kritischen Blick auf die Ausgrenzung von Minderheiten und gemeinsame Zeichen des Widerstands fördern.

1.3 Von der ersten zur zweiten zur Klagenfurter Frauenbewegung

Eine Brücke zwischen erster und zweiter Frauenbewegung ist der Internationale Frauentag. Er wurde 1911 in der Tradition proletarischer Frauenkämpfe zum ersten Mal begangen. Auch die Parole ›Brot und Rosen‹ schließt an die erste Frauenbewegung an, in Erinnerung an die Kampagne der streikenden Textilarbeiterinnen in Massachusetts ein Jahr später. Die erste Frauenbewegung hat erfolgreich für gleiche Bürgerrechte von Frauen gekämpft. 1918 wurde in Österreich das bislang existierende Verbot der Mitgliedschaft von Frauen in Vereinen aufgehoben, im selben Jahr wurde Frauen das aktive und passive Wahlrecht zugestanden. Die Kärntnerinnen wurden 1919 als wahlberechtigt zum Landtag und 1920 zu den Gemeindevertretungen erklärt. Die Bundesverfassung von 1920 sprach zum ersten Mal davon, dass Vorrechte aufgrund des Geschlechts abgebaut werden sollten.[35]

Das Versammlungsverbot in politischen Angelegenheiten verwies Frauen Ende des 19. und Anfang des 20. Jahrhunderts auf ›unpolitische‹ Aktionsformen, vor allem im sozialen und im Bildungsbereich. Die dabei entstandenen Infrastrukturen haben durch die Ausrichtung auf geschlechtsspezifische gesellschaftliche Benachteiligungen durchaus politischen Charakter. Ute Gerhard spricht von einem Netz von Beziehungen und einem neuen Zusammengehörigkeitsgefühl von Frauen.[36] Bereits vor der NS-Zeit ließ die Mobilisierungskraft der ersten Frauenbewegung nach. Die zentralen Forderungen – die Erlangung des Wahlrechts und der Zugang zu Bildung – waren erfüllt. Die alte Frauenbewegung geriet in ein Generationsproblem. Die Pionierinnen waren in die Jahre gekommen, ihre Kräfte vom parteipolitischen Alltag absorbiert. Die städtischen Milieus der zwanziger Jahre schienen jungen Frauen nie dagewesene Freiheiten zu bieten. Außerdem kam es mit den wachsenden wirtschaftlichen Schwierigkeiten zu einer konservativen Wende, die Frauen von ihren Arbeitsplätzen vertrieb und die Bewegung noch weiter auseinanderdriften ließ.[37]

Ein Faktor für die relative Organisationsschwäche von Foraueninteressen lag darin, dass Frauen keine Möglichkeit hatten, eigene intermediäre Strukturen aufzubauen. Diese entwickelten sich in der bürgerlichen Gesellschaft entlang der Konfliktlinie Arbeit–Kapital, zum Beispiel über den Aufbau von Gewerkschaften, die Fraueninteressen – wenn überhaupt – nur mitverhandelten. Bis heute haben Frauen keine direkten Mitwirkungsmöglichkeiten über eigene sanktionsfähige Interessensvertretungen. Sie sind nach wie vor im Berufsleben durch Männer in Entscheidungspositionen und männlich dominierte Interessensvertretungen, als Ehefrauen und Mütter durch erwerbstätige Partner oder als Klientinnen durch staatliche Fürsorge-Institutionen vertreten.[38]

Von Beginn an war die Frauenbewegung auch eine Bewegung der Projekte, in denen Sozialarbeit von und für Frauen geleistet wurde. Bis 1933 initiierte die bürgerliche und die proletarische Frauenbewegung vielfältige Ansätze einer Sozial- und Bildungsarbeit wie Berufs- und Rechtsberatung, Vermittlung von Wohnungen, Entbindungsheime für ledige Frauen, Frauen-, Gymnastik- und Tanzschulen, Sportclubs, die Arbeiterwohlfahrt u. v. m. Die emanzipatorische Bewegung wurde jäh unterbrochen durch das faschistische Verbot von Frauenorganisationen, die ideologische Bekämpfung der Frauenerwerbsarbeit und des Frauenstudiums. Die Soziale Arbeit wurde subsumiert in die völkische Volkspflege. Viele ihrer jüdischen und demokratisch engagierten Protagonistinnen mussten emigrieren und wurden verfolgt.[39]

Nach den reaktionären frauenpolitischen Maßnahmen der Nationalsozialisten und dem Ende des Zweiten Weltkriegs stand die Frauenpolitik wieder ganz am Anfang. Das Problembewusstsein für ›Fraueninteressen‹ war verschüttet. Frauen stellten in der Nachkriegszeit zwei Drittel der österreichischen Wahlberechtigten, viele waren durch die kriegsbedingte Abwesenheit der Männer ein selbstständiges Leben gewöhnt, in den politischen Organisationen blieben sie dennoch massiv unterrepräsentiert. Erst 1966 hatte Österreich mit Grete Rehor die erste Ministerin, fast dreißig Jahre später die erste Frau ›Landeshauptmann‹ (sie bestand darauf, sich so zu nennen). Je höher angesiedelt und medial interessanter die politische Arena, umso besser stehen inzwischen die Chancen für Frauen, ein Amt zu bekleiden: »*Eine bestimmte Anzahl von Frauen scheint nicht nur systemkonform, sondern systemnotwendig zu sein.*«[40] In der jetzigen Bundesregierung gibt es sechs Ministerinnen, ein Drittel der Parlamentsabgeordneten sind Frauen. In den 80er Jahren saßen erstmals weibliche Landesräte in den Landesgremien. Auf der Gemeindeebene sind politische Repräsentantinnen immer noch dünn gesät. 2002 waren von über zweitausend Bürgermeistern in Österreich 47 Frauen – nicht einmal zwei Prozent![41]

Die Gleichberechtigung ist seit der Neufassung von 1964 in der österreichischen Bundesverfassung verankert. Die Chance eines Mädchens auf einen höheren Schulabschluss oder ein Studium wuchs auch in bildungsferneren Schichten. Dass die geschlechtsspezifischen Disparitäten trotzdem erhalten blieben, wollten viele nicht mehr hinnehmen. In den USA wurden die ›Radical Women‹ aktiv, in Deutschland der ›Weiberrat‹. In den Niederlanden sorgten die ›Dollen Minnas‹, in Italien die Gruppe ›Rivolta Feminine‹ für Aufsehen. Sie forderten die Anerkennung der Hausarbeit, ökonomische Selbständigkeit und freie Entscheidung über ihren Körper. Mit der Kampagne der ›Mouvement pour la Libération des Femmes‹ in Frankreich und danach in der Zeitschrift Stern (»Ich habe abgetrieben und fordere das Recht für jede Frau dazu«) spitzte sich 1971 die Auseinandersetzung um die Abtreibungsparagraphen zu.

Zum ersten Mal wurde Gewalt an Mädchen und Frauen thematisiert, das erste Frauenhaus 1971 in London war die Konsequenz. Im selben Jahr, am Muttertag, zogen in Wien FrauenrechtlerInnen über die Mariahilferstraße und trommelten mit Pfannen und Kochlöffeln die österreichische Frauenbewegung ein.[42] Die Arbeitskreise ›Emanzipation der Frau‹, die ›Aktion Unabhängiger Frauen‹ AUF und ›Emanzipation und Partnerschaft‹ in Innsbruck waren ihre ersten organisatorischen Pflänzchen, Irmtraud Karlsson, Eva Kreisky, Emmy Scholl und Erica Fischer ihre ersten Protagonistinnen. 1974 wurden das erste Frauenzentrum in Wien gegründet sowie die Innsbrucker AEP-Informationen und die AUF-Zeitschrift herausgegeben – immerhin bis heute. Die Auseinandersetzung um den Abtreibungsparagraphen spitzte sich zu. Trotz massiver Widerstände trat am 1. Januar 1975 die Fristenlösung in Kraft, fünfzig Jahre, nachdem die SozialistInnen im Parlament, unter ihnen Marie Tusch, den ersten entsprechenden Antrag gestellt hatten. Das Jahr 1975 wurde zum internationalen Jahr der Frau ausgerufen. 1976 wurde das Partnerschaftsprinzip mit der Familienrechtsreform durchgesetzt. Feministinnen initiierten an Wiener Volkshochschulen Frauenforen, wo sie Vorträge, Kurse, Gesprächskreise und Selbsterfahrungsgruppen für alle sozialen Schichten anboten. In Bregenz, Graz, Salzburg und Klagenfurt entstanden autonome Frauengruppen, die sich im Mai 1977 zum ersten nationalen Frauenkongress im Dramatischen Zentrum in Wien trafen. Selbstbestimmung, die gesellschaftspolitische Bezogenheit individueller Probleme, Autonomie, Parteilichkeit und Betroffenheit galten als gemeinsame Grundsätze.

1978 wurde in Wien das erste Österreichische Frauenhaus eröffnet, 1979 eine feministische Frauenbibliothek in Innsbruck gegründet. Selbsterfahrungsgruppen boten Raum für die Artikulation persönlicher Erfahrungen und erste Veränderungsschritte. Die bis dato verdrängten Ängste und psychischen Schwierigkeiten waren in den Gruppen jedoch oft nicht zu bewältigen. Viele Aktivistinnen wandten sich therapeutischen Angeboten zu oder machten Weiterbildungen in feministischer Therapie und Beratung. Beratungskonzepte entstanden, die aus der psycho-sozialen Versorgung heute nicht mehr wegzudenken sind.[43] 1981 wurde in Wien die erste Frauenberatungsstelle nach dem Vorbild des Münchner Frauentherapiezentrums eröffnet. Erste Differenzierungen bahnten sich an, bis sich die Frauenbewegung der 80er Jahre zu einer dezentralisierten Vielfalt an Projekten, Veranstaltungen, Inhalten und Traditionen, Kontinuitäten und Brüchen auffächerte.[44]

Einigen Aktivistinnen der Frauenbewegung gingen diese Tendenzen gegen den Strich. Sie polemisierten *»Wider die nabelbeschau! Wider den reformismus und den irrglauben, in institutionen den staat, die gesellschaft bekämpfen zu können!«*[45] Die Autorin dieser Zeilen, Ingrid Strobl, wurde wegen des Verdachts auf Mitgliedschaft in einer terroristischen Vereinigung inhaftiert. Sie war nicht die einzige, die unter Verdacht geriet. Es war die Zeit der Anschläge linksradikaler Zellen, der K-Gruppen und Hausbesetzungen, der Friedensbewegung und der Stapo-Überwachung.

Während sich in den 70er Jahren Frauen in den Ballungszentren gesellschaftspolitisches Terrain erkämpften, lag das offizielle Kärnten noch im frauenpolitischen Winterschlaf. *»Das politische und kulturelle Klima war immer schwierig in Kärnten«*, meint eine meiner Interviewpartnerinnen. (Interview 3, Z. 18) Mitte der 80er Jahre kam in Klagenfurt sichtbar Bewegung auf. 1984 eröffneten engagierte Frauen, unter ihnen Helga Hieden-Sommer, Grete Buchacher, Susanne Dermutz und Marita Gruber, das erste Kärntner Frauenhaus. Der Vorstand war von Anfang an mit Vertreterinnen der autonomen, der kirchlichen und parteipolitischen Frauenbewegung besetzt. Im Sommer 1985 kamen über 500 Frauen nach Klagenfurt zur Sommeruniversität unter dem Titel ›Frauen zwischen Vereinnahmung und Verausgabung. Vom Verhältnis von Gewalt, Herrschaft, Macht und Widerstand‹. *»Das war ein Me-*

dienereignis, und für die Uni war das völlig verrückt, dass da jetzt Massen von Frauen herumsitzen, also wirklich ...«[46] erzählt Birge Krondorfer, die sieben Jahre das ÖH-Frauenreferat leitete. Sie absolvierte im Verein Belladonna ein Akademikerinnentraining und sorgte für den Kontakt der Projektfrauen zur aktuellen feministischen Theorieentwicklung. 1985 war auch das Gründungsjahr der ›Projektgruppe Frauen‹, die als Erwachsenenbildungseinrichtung Sprachkurse und Literatur- und Kulturveranstaltungen anbietet. 1986 tagte an der Klagenfurter Uni der internationale Kongress der Philosophinnen. Die Gruppe, aus der Belladonna hervorgegangen ist, organisierte mit dem ÖH-Frauenreferat (übrigens das erste Frauenreferat an einer österreichischen Hochschule), dem Bund Demokratischer Frauen und anderen Gruppen Demonstrationen zum Internationalen Frauentag:

Bis heute gibt es Kooperationen und persönliche Verbindungen zwischen Belladonna und der Klagenfurter Universität. Der Uni-Club bot den ersten autonomen Frauenfesten Raum, Lehrveranstaltungen zur Frauenforschung waren öffentlich zugänglich. Der Vereinsvorstand ist mehrheitlich von Frauen mit einem Bezug zur Klagenfurter Universität besetzt und es gibt personelle Verknüpfungen mit der Koordinationsstelle für Frauen- und Geschlechter-Studien und Frauenforschung. Auf dieser Ebene gibt es also eine gute Verbindung von Theorie und Praxis. Querverbindungen gab es auch zwischen engagierten Frauen in anderen Institutionen und Belladonna.

Demonstration 8. 3. 1985.

Abbildung Archiv Belladonna

1.4 Alles bestens?
Geschlechterverhältnisse lokal, regional, national

Die **Situation der Frauen in Klagenfurt** wurde 1995 in der ›Grundlagenstudie Lebenssituation der Frauen in Klagenfurt‹ untersucht. Mehr als ein Drittel der erwerbstätigen Mütter klagt darin über nervliche Belastung, keine Hilfe bei den Betreuungsaufgaben und zu wenig Zeit für sich selbst und die Kinder.[47] Eine geringe Zufriedenheit ist auch festzustellen bei der Einkommenssituation, den Mieten, der öffentlichen Sicherheit, Verkehrs- und Umweltsituation. Trotzdem fällt das Resümee der Befragung von 700 Teilnehmerinnen erstaunlich positiv aus: »*Fast alle Frauen beurteilen das Klima in Klagenfurt im allgemeinen als eher frauenfreundlich,*« ein Drittel sogar als sehr frauenfreundlich. Gleichzeitig war für die meisten Frauen die Gleichbehandlung von Mann und Frau im Beruf noch weit entfernt.[48] Spezielle Fraueneinrichtungen hielten viele für wichtig (Beratungsstellen 41 %, Bildungsstätten 17 %). Mehr als die Hälfte der Befragten kannte aber keine solche Einrichtung. Autonome Frauenberatungsstellen waren 17 % bekannt, tatsächlich in Anspruch genommen wurden diese Einrichtungen aber nur von 5 %.[49] In der Publikation waren neben Belladonna nur sieben andere frauenspezifische Anlaufstellen angegeben, seitdem ist die Angebotspalette beträchtlich angewachsen.

Das Frauenreferat der Landesregierung hat 1994 und 2004 die **Lebens- und Arbeitssituation der Kärntnerinnen** untersuchen lassen. In der Studie ›Frausein in Kärnten 1995‹ wurde statistisches Datenmaterial mit Interviews ergänzt. Auch in dieser Erhebung wurde die Haltung zu Fraueneinrichtungen abgefragt. Am meisten Zuspruch fand ein Frauengesundheitszentrum. Fraueninformations- und -beratungsstellen hielten 30 % für sehr wichtig, wurden aber kaum genutzt.[50] Die Mehrheit bezeichnete ihr Verhältnis zu anderen Frauen als von Konkurrenz und Ambivalenz geprägt. Nur wenige beschrieben solidarische Beziehungen zu Geschlechtsgenossinnen.[51]

Eine Frau charakterisierte die hiesigen Geschlechterverhältnisse so: »*In Kärnten ist das Patriarchale noch sehr groß geschrieben, und die Frauen sind noch zu wenig selbstbewußt.*«[52] Marie Tusch müsste also immer noch zu mehr Selbstbewusstsein ermuntern, wenn sie noch lebte. Als sie ein Kind war, war ein Drittel der 180.000 Kärntnerinnen Analphabetinnen.[53] Heute gehen zwar alle in die Schule, aber der

Anteil der Frauen mit lediglich Pflichtschulabschluss ist mit 40 % zu hoch, was niedrige Einkommen und Arbeitslosigkeit begünstigt. Einen akademischen Abschluss hatten nur 4 % der 280.000 Kärntnerinnen.[54] Die Erwerbsbeteiligung von 46 % liegt ebenso wie die Bildungsrate signifikant unter dem Landesdurchschnitt.[55] Frauen verdienen in Kärnten zwischen 30 und 40 % weniger als ihre männlichen Kollegen. Das mittlere Nettojahreseinkommen der unselbstständig erwerbstätigen Kärntnerinnen betrug im Jahr 2003 € 12.250. Sehr dürftig wird es bei den knapp 22.000 ganzjährig teilzeitbeschäftigten Frauen mit € 11.300 Jahreseinkommen sowie den nicht ganzjährig beschäftigten 33.000 Kärntnerinnen, die mit nicht einmal € 5.000 auskommen müssen.[56]

Es verwundert nicht, dass die Kärntnerinnen unter der Rollenverteilung und den finanziellen und gesundheitlichen Belastungen leiden. 60 % der Männer übernehmen keine Aufgaben im Haushalt, Kindererziehung bleibt Frauensache. Ohne die Großeltern würden die meisten Familien den Spagat zwischen Kinder und Berufstätigkeit kaum schaffen. Alleinerziehende Mütter klagen über unzureichende Alimentationszahlungen, mangelnde gesellschaftliche Anerkennung und schlechte Verdienstmöglichkeiten.[57] Die Inanspruchnahme professioneller Hilfe wird inzwischen von vielen Interviewpartnerinnen als hilfreich empfunden. Die Mehrfachbelastung von Frauen und insbesondere die Pflege von Angehörigen schafft einen dringenden Bedarf an psychosozialer Unterstützung.[58] Eine Studiengruppe schlussfolgert, »dass in Kärnten etwas für die Situation der Frau getan werden muss, da die Unzufriedenheit und Belastungen in unterschiedlichen Lebensbereichen stark ausgeprägt sind.«[59] Es scheint, dass die mangelnden Perspektiven sich in der Kinderzahl niederschlagen: Kärnten ist das Bundesland mit dem stärksten Geburtenrückgang: die Fruchtbarkeitsrate ist auf 1,35 Kinder pro Frau gesunken.[60]

In der Politik holen Frauen langsam auf, ihr Anteil im Kärntner Landtag erreicht zehn bis zwanzig Prozent. Seit kurzem steht in Kärnten mit Landeshauptmann-Stellvertreterin Dr.[in] Schaunig-Kanduth erstmals eine Frau an der Spitze der Sozialdemokraten. Ihr Modell einer Grundsicherung ist einstweilen an den politischen Mehrheitsverhältnissen im Land gescheitert.

Die Frauenberichte von 1985 und 1995 lieferten umfassendes Datenmaterial zur **Situation von Frauen in Österreich**. Da 2005 das

Frauenministerium den nach zehn Jahren wieder fälligen Frauenbericht schuldig geblieben ist, veröffentlichte die Arbeiterkammer kürzlich einen eigenen Bericht. Die Pensions- und Einkommensnachteile von Frauen in der Höhe von 30 bis 50 % sind in den letzten Jahrzehnten nicht zurückgegangen, die Frauenbeschäftigungsquote hat sich seit 1995 nur minimal auf 60 % erhöht.[61] Das Betreuungsangebot für Kleinkinder hat sich zwar erhöht, doch fehlen noch über 50.000 Plätze. Die Betreuungsquote der Drei- bis Fünfjährigen liegt bei 83 % (Kärnten 70 %), Öffnungszeiten und Rahmenbedingungen erschweren jedoch weiterhin die weibliche Erwerbstätigkeit.[62] Die Einführung des Kindergelds hatte keinen positiven Effekt auf die Geburtenrate, die Zahl der Wiedereinsteigerinnen ist gesunken.

Frauen leisten den Hauptteil der häuslichen Pflege von Verwandten und drei Viertel der Kinderbetreuung und der Hausarbeit und arbeiten im Schnitt insgesamt zehn Wochenstunden mehr als Männer. Ihr Freizeitbudget schrumpft, obwohl sich Väter heute etwas mehr engagieren als früher.[63] Seit 1997 gibt es ein sehr fortschrittliches Gewaltschutzgesetz in Österreich, doch das Ausmaß familiärer und sexueller Gewalt ist immer noch erschreckend. Nach wie vor ist das Land fest in Männerhand. Die wenigen Frauen unter den Managern, Aufsichtsräten und Vorstandsmitgliedern der umsatzstärksten österreichischen Unternehmen sind keine Global Player.[64] Weibliche Studierende haben zwar die männlichen Kommilitonen zahlenmäßig

Frau unter Männern. Die Kärntner Landesregierung 2006[65]   Foto LPD Bodner

überholt, doch sie profitieren weniger von ihrer Qualifizierung als Akademikerinnen. Eine wissenschaftliche Karriere ist vielen verwehrt, Professuren sind weiterhin meist Männersache. Dass 40 % der Akademikerinnen kinderlos bleiben, ist ein Zeichen dafür, wie schwer Familie und Karriere vereinbar sind.

2004 brachte einen Scheidungsrekord: laut Statistik Austria wurden 46 von 100 Ehen getrennt. Mit einer Scheidungsrate von 36,5 % liegt Kärnten unter dem österreichischen Durchschnitt, mit einer 50-%igen Unehelichenquote weit darüber. Die unfreiwillige Ehelosigkeit einer großen Gruppe der ländlichen Bevölkerung sorgte schon zu Lebzeiten von Marie Tusch für eine ähnlich hohe Rate ›lediger Kinder‹.[66] Derzeit ist jede vierte Kärntner Familie ein Alleinerzieherinnenhaushalt. In diesen Haushalten leben 37.500 Kinder.[67] Frauen nach einer Scheidung und Alleinerzieherinnen sind besonders von Armut bedroht. Aus dieser Gruppe kommt ein beträchtlicher Anteil der Frauen, die in der Beratungsstelle Belladonna Rat und Unterstützung suchen.

1.5 Frauenarmut im Neoliberalismus und ›Die öffentliche Hand‹

> Der Traum von einer anderen Arbeitswelt
> weicht dem Alptraum des Ausschlusses.
> Inge Rowhani-Ennemoser

Nicht nur Familien, auch Arbeitsmärkte brechen zu Beginn des 21. Jahrhunderts auseinander. Inge Rowhani-Ennemoser beschreibt eindrücklich, wie die Flexibilisierung Arbeitslöhne zerstückelt und Arbeitskräfte zu Almosenempfängern macht. Sie besteht frei nach Willy Brandt darauf, dass die ganze Zukunftspolitik nichts wert ist, wenn es den Menschen nicht besser geht.[68] Und besser geht es ihnen offensichtlich nicht.

Den Industriestaaten scheint die Erwerbsarbeit auszugehen. Im Dezember 2005 hat die Arbeitslosenzahl den höchsten Wert der Zweiten Republik, 8,7 Prozent, erreicht. Vom Anstieg der Arbeitslosigkeit waren Frauen deutlich stärker betroffen als Männer. Die Arbeitslosenrate der Frauen in Kärnten, das zu den wirtschaftlichen Schlusslichtern Österreichs gehört, ist Ende 2005 auf 9,2 % gestiegen und hat die der Männer (7,8 %) überholt.[69] Dass das AMS Kärnten 2005 über die Hälfte des Förderbudgets für Frauen aufgewendet hat, konnte den Anstieg der Frauenarbeitslosigkeit nicht bremsen.

Frauen sind also von den arbeitsmarktpolitischen Verwerfungen besonders betroffen. Sie werden zunehmend aus dem formellen Erwerbssystem ausgegrenzt und immer häufiger in informelle Arbeitsmärkte gedrängt. Viele müssen sich mit nicht existenzsichernder Erwerbsarbeit begnügen. Der geringe Beschäftigungszuwachs entfiel vor allem auf Teilzeitarbeitsplätze, die vorwiegend weiblich besetzt sind.[70] Der Anstieg der Frauenerwerbstätigkeit hat nur die Zahl der Arbeitsplätze erhöht, nicht das Beschäftigungsvolumen. Erwerbsarbeit wird nicht zwischen Männern und Frauen, sondern zwischen Frauen und Frauen umverteilt: Teilzeit arbeiten über ein Drittel, aber nur fünf Prozent der Männer. Geringfügige Beschäftigungsverhältnisse legten von 1995 bis 2003 um 73 % auf 220.000 zu, drei Viertel davon entfallen auf Frauen.[71]

Frauen stellen nicht nur einen Großteil der ›Working Poor‹, sie sind auch bei den Transferleistungen finanziell benachteiligt und mehr von Sparprogrammen betroffen und müssen mit einem Viertel weniger Arbeitslosengeld und Notstandshilfe auskommen als Männer.[72] Im Alter geht das Darben weiter. Die Durchschnittspension einer Kärntner Arbeitnehmerin ist um die Hälfte niedriger als die eines Arbeitnehmers. Sämtliche Ausgleichszulagenbezieherinnen – in Kärnten 16.000 Pensionistinnen – sind als armutsgefährdet einzustufen.[73] Seit 1999 steigt die Zahl der armutsgefährdeten und in akuter Armut lebenden Menschen in Österreich dramatisch an. Sechs Prozent der österreichischen Gesamtbevölkerung lebt in Armut, zwei Drittel von ihnen sind Frauen. 2003 waren 570.000 Frauen, damit jede siebte armutsgefährdet, obwohl das Land so reich ist wie nie zuvor.[74]

Diese Befunde zeigen, wie Deregulierungen in Wirtschaft und sozialen Sicherungssystemen geschlechtsspezifische Schieflagen verstärken. Frauen konstituieren den versorgenden Part des ›unsichtbaren Wohlfahrtsstaats‹. Ohne ihre unbezahlte Arbeit könnten sozialstaatliche Standards nicht aufrechterhalten werden. Gleichzeitig wird ihr Zugang zum Leistungssystem erschwert.[75] Das österreichische Sozialsystem orientiert sich an einer ›männlichen‹ Form der Partizipation am Erwerbsarbeitsmarkt (Vollzeit über einen längeren Zeitraum). Frauen schaffen dies kaum. *»Langjährig erwerbstätig können nach der Logik des Systems nur Nicht-Mütter sein.«*[76]

Frauen sind zwar vermehrt erwerbstätig, jedoch oft in Teilzeit- oder geringfügigen Beschäftigungsverhältnissen, in Heimarbeit und Schwarzarbeit oder als neue Selbstständige mit geringem Einkommen. Sozialpolitische Brücken wurden für den Ausstieg, nicht jedoch für den (Wieder-)Einstieg in den existenzsichernden Arbeitsmarkt geschaffen.[77]

Claudia von Werlhof stellte schon in den 80er Jahren fest, dass die ›freie‹ Lohnarbeit nur wenigen zugänglich sei und die meisten Menschen mit ›Schattenarbeit‹, Saison-, Kontrakt-, Leih- und Hausarbeit ihr Leben fristeten. Sie prognostizierte, dass die Prinzipien der Hausarbeit, und nicht die Prinzipien der proletarischen Lohnarbeit unsere Zukunft bestimmen.[78] Die ›Hausfrauisierung‹ von Frauenarbeit nehme massiv zu, erbarmungslose Lebensbedingungen überfordern Frauen materiell und kräftemäßig.[79] Damit werden sie mehr und mehr zu Kandidatinnen für die Klientenrolle, auf die der ›Wohlfahrtsstaat‹ seine Subjekte ausrichtet. Werlhof bezeichnet Modernisierungsprogramme wie GATS als einzigen Betrug für Frauen und die Globalisierung als letzten ›Krieg des Patriarchats gegen die Frauen‹.

Frigga Haug (2003) kritisiert den Begriff ›Hausfrauisierung‹ als Universalschlüssel für unterschiedliche Lebensverhältnisse. Damit werde die tiefgreifende Differenz zwischen der Lebenssituation von Frauen unter den Bedingungen der Kolonialisierung und der von Hausfrauen der westlichen Welt eingeebnet.[80] Bestimmte, meist weiße Mittelschichts-Frauen seien sehr wohl Gewinnerinnen der Rationalisierungsprozesse. Durch den Zukauf billiger Dienstleistungen von Migrantinnen oder die Delegation an unbezahlte weibliche Verwandte könnten sie sich ihre Haushalts- und Betreuungspflichten vom Hals schaffen. Alexandra Weiss meint, von Werlhof schere Frauen als Opfer von Globalisierung und ›natürliches‹ Widerstandspotential über einen Kamm.[81] Ihre ökofeministische Subsistenzperspektive würde die Transformation von Geschlechterverhältnissen, Staat und Politik und die neoliberale Vergesellschaftung der Subjekte ausblenden. Weiss spricht von ›Feminisierung der Erwerbsarbeit‹: wachsende Beschäftigung von Frauen bei zunehmender Prekarisierung und sinkendem Lohnniveau auch von Männern. Die Diskussion über Hausarbeit ist nicht neu. Der Kampf um Lohn für Hausarbeit in den 70er Jahren wollte die Entwertung weiblicher (Reproduktions-)arbeit in der kapitalistischen Gesellschaft aufzeigen. Immerhin würde die unbezahlte Hausarbeit in Österreich umgerechnet über dreißig Prozent des Bruttoinlandsprodukts ausmachen.[82]

Der Neoliberalismus ist ein Projekt der männlich dominierten ökonomischen und politischen Eliten. Er beseitigt die Geschlechterungleichheit nicht, sondern ordnet sie neu: Vorwiegend Männer teilen sich die globale Finanzwelt, den Bereich der Produktion und Technologie, Frauen sind die niedrige Ökonomie und die Dienstleistungen (und nicht zuletzt die sexuellen Dienstleistungen!) zugewiesen. [83] Nancy Fraser spricht von aufziehenden ›Wohlfahrtskriegen‹, die Frauen besonders betreffen, da sie die Mehrheit von Empfängern von Sozialausgaben und von Beschäftigten im Sozialbereich stellen. Sie diagnostiziert ein zweigeteiltes, geschlechtlich verfasstes Wohlfahrtssystem, *»›männliche‹ Sozialversicherungsprogramme [...] und ›weibliche‹ Programme, die auf das ausgerichtet sind, was als häusliches ›Scheitern‹ verstanden wird«*[84], nämlich als Familie ohne einen männlichen Ernährer überzubleiben. Am Beispiel amerikanischer Frauenhäuser zeigt Fraser auf, wie der Wohlfahrtsstaat hegemoniale Bedürfnisinterpretationen durchsetzt: von der politischen Perspektive, der es um soziale und ökonomische Unabhängigkeit von Frauen ging, bis zur individualisierten und quasi-psychiatrischen. Bürokratische Prozeduren, monetäre Abhängigkeitsverhältnisse und ›Therapeutokratien‹ lassen Frauen in die Klientenrolle geraten, auf die der ›Wohlfahrtsstaat‹ seine Subjekte ausrichtet und die sie daran hindert, eigene Bedürfnisse und Erfahrungen selbst zu interpretieren.[85]

Der Staat wird im Neoliberalismus auf seine harten (männlichen) Kernfunktionen zurückgestutzt. Der Sozialstaat wird in dem Moment demontiert, als Reformen für mehr Geschlechtergerechtigkeit eingeleitet wurden. Er wird als ›overprotecting‹ denunziert, der verantwortungslose, abhängige, ›weibische‹ Bürger hervorbringt, Wettbewerb und Selbstverantwortung als positiv männlich konnotierte Felder werden propagiert. Sauer (2001) spricht von einer Remaskulinisierung des öffentlichen Raums. Soziale Sicherheit muss klassisch männlichen Konzepten wie polizeilich-militärischer Sicherheit weichen.[86] Gleichstellungspolitiken werden ebenso wie die Gestaltungsspielräume feministischer Politik ausgedünnt. Der steigende Frauenanteil in den Parlamenten geht mit einem Aufweichen nationalstaatlicher Souveränität und wachsender Abhängigkeit von internationalen Kapitalbewegungen einher. Wesentliche politische und wirtschaftliche Entscheidungen werden auf supranationale Ebenen wie WTO und IWF verlagert, die sich keiner demokratischen Legitimierung stellen müssen. Individuelle Kinderversorgung wird ideologisch und zumindest kurzfristig (siehe Kindergeld) finanziell unterstützt, öffentliche Programme zur Vergesellschaftung von Reproduktionsarbeit stagnieren. Viele Frauen werden prekär in den Arbeitsmarkt integriert, bleiben aber auf Ehe und Familie als Institutionen zur sozialen Sicherung angewiesen. Sie werden also refamilialisiert, ohne sich auf funktionierende klassische Kernfamilien verlassen zu können. Familienfeindliche Arbeitszeiten und Arbeitsverhältnisse und neoliberale Politik tragen wohl mehr zur Zerstörung der Kleinfamilie bei als feministische Politik.[87] Welche Rolle institutionalisierte Frauenpolitik und die Frauenprojekte in diesen Prozessen spielen, sollen die folgenden beiden Kapitel darstellen.

1.6 Von Dohnal zu Rauch-Kallat – politische Bedingungen für Frauenprojekte

> Nur eine Frauenorganisation, die lästig ist,
> hat eine Existenzberechtigung.
> Johanna Dohnal[88]

Die institutionalisierte Frauenpolitik war in ihren Anfängen in Österreich eng mit der autonomen Frauenbewegung verknüpft. Die Einführung der Fristenlösung, eines der zentralen Anliegen der Frauenbewegung, kam auf Initiative der Sozialdemokratie zustande.[89] Rosa Logar, eine der Gründerinnen des ersten Frauenhauses in Österreich, gesteht ein: *»ohne Johanna und Irmtraut (Karlssohn) hätten wir das nicht durchgedrückt.«*[90] (Mit Johanna ist Johanna Dohnal gemeint, Irmtraut Karlssohn war bis 1996 Bundesfrauensekretärin der SPÖ.)

Frauenprojekte wie Belladonna hätten ohne Unterstützung des Frauensekretariats bzw. Frauenministeriums sowie der Frauenreferate auf Landes- und Gemeindeebene und einzelner Parteimitglieder nicht überleben können. Das Verhältnis der Autonomen zu ›ihrer/m‹ Minister(in) war positiv bis ambivalent und ist in den letzten Jahren deutlich abgekühlt.

In den letzten 20 Jahren war
- Johanna Dohnal zuerst Staatssekretärin für Frauenangelegenheiten und von 1990 bis 1995 die erste Frauenministerin Österreichs.
- Ihr folgten von 1995 bis 1997 Helga Konrad und von 1997 bis 2000 Barbara Prammer.
- Nach der Regierungsübernahme der schwarz-blauen Koalition im Februar 2000 verschwand das eigenständige Frauenministerium im

›Bundesministerium für soziale Sicherheit und Generationen‹. Elisabeth Sickls Amtszeit dauerte nur ein halbes Jahr.

– Sie wurde vom Tierarzt Herbert Haupt (FPÖ) abgelöst, der damit zum ersten männlichen Frauenminister der Republik avancierte. Er installierte neben der Frauenabteilung flugs auch eine ›Männerabteilung VI/6‹.

– Seit der Angelobung der Regierung Schwarz-Blau II im Februar 2003 ist das Frauenministerium gekoppelt mit dem Gesundheitsressort bei Ministerin Maria Rauch-Kallat.

1.6.1 Die Ära der ersten Frauenministerinnen und die Autonomen

1979 setzte Bundeskanzler Kreisky mit der Berufung von vier zusätzlichen Staatssekretärinnen in die Regierung Akzente für eine eigenständige Frauenpolitik. **Johanna Dohnal** wurde Staatssekretärin für allgemeine Frauenfragen im Bundeskanzleramt, Franziska Fast für die Belange der berufstätigen Frau im Sozialministerium. Vier Jahre später, nach Kreiskys Ausscheiden aus der Regierung, demonstrierten autonome Frauen und SPÖ-Funktionärinnen am Ballhausplatz für die Beibehaltung der Staatssekretärinnen. Franziska Fast musste gehen, Johanna Dohnal behielt ihre Position und wurde Frauenministerin.

Die Dekade zwischen 1985 und 1995 kann als Dekade institutioneller Gleichstellungspolitik bezeichnet werden. 1992 wurde das Gleichbehandlungspaket verabschiedet; Väterkarenzurlaub, Quotenregelungen, Frauenförderprogramme und Frauenbeauftragte eingeführt. Dohnal setzte bahnbrechende Maßnahmen durch, für Mädchenbildung (›Töchter können mehr – Berufsplanung ist Lebensplanung‹), für Qualifizierungsmaßnahmen, Arbeitnehmerinnenschutz und die bessere Vereinbarkeit von Beruf und Familie. In Kooperation mit Fachfrauen engagierte sich Dohnal gegen Gewalt an Kindern und Frauen. Die Kampagne ›Gewalt gegen Frauen – Frauen gegen Gewalt‹ mit sechs internationalen Tagungen, ihre Maßnahmen zum Gewalt- und Opferschutz und die Vernetzungsaktivitäten und Kampagnen für Frauenrechte verschafften ihr auch internationalen Respekt. Ihre aktive Frauenpolitik hat Johanna Dohnal zur Galionsfigur der österreichischen Frauenbewegung gemacht. *»Ihr ist es zu verdanken, dass die Frauenfrage in Österreich überhaupt eine, wenn auch spärliche Existenz in der Öffentlichkeit entwickeln konnte«,* meint die Schriftstellerin Marlene Streeruwitz.[91]

Mit der Einführung der Frauenservicestellen 1992 und der damit verbundenen Co- und Basisfinanzierung durch ihr Ressort unterstützte die Frauenministerin die schon bestehenden Frauen- und Mädchenberatungsstellen (unter ihnen Belladonna), die durch den Rückzug des Arbeitsmarktservice aus der Stellen-Förderung gefährdet waren. Sie förderte die Gründung eines Netzwerkes und setzte damit Zeichen der Anerkennung autonomer Frauenberatung, Bildungs- und Öffentlichkeitsarbeit. 1995 schied Johanna Dohnal auf Betreiben von Bundeskanzler Vranitzky aus der Regierung aus. Sie bekleidet heute keine Parteifunktionen mehr, unterstützt aber zahlreiche Initiativen wie z. B. das Frauenvolksbegehren.

Ihre Nachfolgerin, Dr.[in] **Helga Konrad**, hatte es nicht leicht, weder ihren politischen Gegnern noch den Frauenaktivistinnen gegenüber, die Johanna Dohnal nachtrauerten. Konrads Eintreten für Frauenanliegen in Zeiten zunehmender Sparmaßnahmen wurde nicht immer ernst genommen. Dabei hat sie sich mit der Forderung nach gesetzlich verpflichtender Mithilfe der Männer im Haushalt und der Kampagne ›Halbe/Halbe‹ weit vorgewagt. Den Frauenbericht 1995 bezeichnete Helga Konrad als Grundlage für ihr politisches Handeln.[92] Konrad setzte sich dafür ein, Frauen- und Mädchenberatungsstellen finanziell besser abzusichern. »*Frauenpolitik ist kein Minderheitenthema, Frauenpolitik ist Demokratiepolitik*«, war ihr Credo.[93]

Seit 2000 ist sie Vorsitzende der ›Anti-Trafficking Task Force‹ der OSZE, 2004 wurde sie zur Sonderbeauftragten für Menschenhandel. Sie ist also weiterhin für Frauen- und Menschenrechte aktiv.

Im Gegensatz zu ihren Vorgängerinnen wirkte Mag.[a] **Barbara Prammer** weniger polarisierend. Dass sie unmittelbar nach ihrem

Irmgard Karlsson, Helga Konrad, Johanna Dohnal 1995. Foto: ©Petra Spiola [94]

Haubner, Haupt und Zierler bei einer Enquete zum Frauentag 7. 3. 2002.[95]

Amtsantritt die Kampagne ›Halbe/Halbe‹ abgebrochen hat und beim Frauen-Volksbegehren 1997 wenig Durchsetzungskraft bewies, haben ihr viele Frauen nachgetragen. Von der Frauenbewegung wurde Prammer als innerparteilich zu angepasst kritisiert.[96] Immerhin konnte sie in ihrer zweijährigen Amtszeit ihr Budget beträchtlich erhöhen. Die Erweiterung der Frauenberatungsstellen zu Familienberatungsstellen sollte die Mitfanzierung durch das Familienministerium sichern.

Das wurde nicht von allen goutiert: »[...] *wir kriegen keine Förderung vom Frauenministerium, wenn wir nicht Familienberatungsstelle werden. Das war also keine freie Entscheidung, sondern war von der Prammer ein Muss.*« (Interview 1, Z. 17–18) Kurz vor ihrer Abwahl setzte sie Dreijahresverträge für Frauenservicestellen durch, die von der nächsten Regierung wieder ausgesetzt wurden. Als Frauenparteivorsitzende der SPÖ engagiert sie sich heute nach wie vor für Frauenanliegen.[97]

1.6.2 »Ehrlich überfragt« und dann – ein Mann!

Mit dem Eintritt von Dr.[in] **Elisabeth Sickl** in die Bundespolitik wurde das Büro der Frauenministerin abgeschafft. Die Frauenorganisationen reagierten auf die veränderte politische Situation mit der Aktion ›Schlaflose Nächte‹ (siehe auch Kap. 4.2). Die kurze Amtszeit der Kärntner Schlossherrin war von Fettnäpfchen gepflastert. In einem Interview mit Eva Linsinger von der Tageszeitung ›Der Standard‹ bezeichnete sie ein eigenes Frauenministerium als unwichtig. Es käme darauf an, dass sich jemand »*für diese Frauenfragen dann engagiert und das bin in diesem Fall halt ich [...]*«. Zum Gleichbehandlungsgesetz war sie »*ehrlich überfragt, für wen das genau gilt. Da haben Sie mich jetzt auf dem falschen Fuß erwischt.*« [98] Quoten für Frauen bezeichnete sie als extreme Forderungen, Feminismus als kontraproduktiv: »*In der Vergangenheit waren die Feministinnen sehr wichtig [...]. Heute schlagen Feministinnen, glaube ich, vielfach über die Stränge und dienen daher nicht ihrem Anliegen.*«[99]

Elisabeth Sickl bemühte sich zumindest um einen Dialog mit den Frauenprojekten, wurde aber bald von der eigenen Partei gegen ihren Willen in Pension geschickt und durch **Herbert Haupt** ersetzt.

Während Haupts Amtsperiode kürzte die Bundesregierung die finanziellen Mittel für Frauenpolitik von 52 (2000) auf 42 Millionen ATS (2002)[100]. Obwohl Gelder für Frauenprojekte fehlten, schienen in der neuen Männerabteilung Budgetfragen keine Rolle zu spielen. Erste ›Haupt-Sachen‹ waren eine Studie über männliche Scheidungsopfer und die Einführung des Kindergelds. Haupts Vorstoß, das Recht auf Abtreibung erneut zur Diskussion zu stellen, verschwand nach Protesten von der Tagesordnung. Natürlich war ein Mann als Frauenminister sehr umstritten. Die Zusammenarbeit mit den Frauenprojekten war besser als erwartet, auch stellte er ihre Existenz nicht in Frage.

1.6.3 Stark. Schwarz. Weiblich. Rauch-Kallat ist da.

Die Regierung Schwarz-Blau II hatte ein Einsehen und setzte als Frauenministerin wieder eine Frau ein: die ÖVP-Generalsekretärin und Bundesleiterin der Österreichischen Frauenbewegung **Maria Rauch-Kallat**. Mit ihrem Engagement für das Hilfswerk, die Antiatombewegung, für Behindertenanliegen und zunehmend auch für frauenpolitische Fragen hatte sie sich in der eigenen Partei nicht nur Freunde gemacht. Im Jahr 2000 initiierte Rauch-Kallat die Kampagne ›Stark. Schwarz. Weiblich.‹ Damit positionierten sich ÖVP-Frauen als selbstbewusste ›Femailistinnen‹ in Abgrenzung zu den linken ›Opfer-Feministinnen‹. Der Diffamierung von Feministinnen durch ÖVP-Politikerinnen hat Benita Ferrero-Waldner eine weitere Facette angefügt: die ›linken Emanzen‹ hätten Schuld an ihrer Niederlage bei der Bundespräsidentenwahl 2004, ließ sie verlauten.

»Wir wollen uns nicht als Opfer eines bösen männlichen Gesellschaftssystems verstehen, auf das wir alles schieben können, was uns nicht gelingt. Frauenpolitik muss aufhören, Frauen ständig als Sozialfall zu sehen«, sagte Rauch-Kallat im Jahr 2000.[101] Leider sind seitdem eine ganze Menge Frauen, die sich gerne anders sehen würden, zu Sozialfällen geworden. Auf Rauch-Kallats Initiative hin wurden bei der Pensionsreform zwar mehr anrechenbare Kinderbetreuungszeiten eingerechnet, doch die Verlängerung des Durchrechnungszeitraums vermindert letztlich die schon niedrigen Frauenpensionen und verschärft die Altersarmut von Frauen.

Als Ziele der Frauenprojektförderungen nennt die Website des BMGF u. a. *»Wahlfreiheit für eine eigenverant-*

Plakatkampagne Ende 2005.

wortliche und selbstbestimmte Lebensführung« sowie Stärkung der *»Eigeninitiative der Frauen im Hinblick auf die Verwirklichung der Gleichstellung von Frauen und Männern«*[102]. Der Schwerpunkt der derzeitigen Frauenpolitik liegt also mehr auf Eigeninitiative als auf strukturellen Veränderungen. So bildete die Mentoring-Messe im Palais Au-
ersperg am 7. März den Auftakt der Frauentags-Veranstaltungen 2006
von Ministerin Rauch-Kallat, um Frauen den Aufstieg in Führungspo-
sitionen mit Unterstützung einer erfahrenen Frau schmackhaft zu
machen. Damit wird ein spezifisches bürgerliches Ich der Frau angesprochen, das seine eigenen Interessen verfolgt und die Forderung
nach gleichberechtigter Partizipation verquickt mit der unkritischen
Übernahme kapitalistischer Werte und der Sicht des ›Siegers‹.[103]

Ein Leitspruch von Maria Rauch-Kallat ist: *»Wir schicken Frauen
nicht an den Herd, wir schicken sie in die Regierung.«*[104] Da ist etwas
dran. Noch nie gab es so viele Ministerinnen in einer österreichischen
Regierung wie heute. Anlässlich des Internationalen Frauentags präsentierte sich die Ministerinnenriege unter dem Motto ›Politik in
Frauenhand – Frau sein ist uns Verpflichtung‹:

Was für die Ministerinnen diese ›Verpflichtung‹ bedeutet, ist bisher offen geblieben. Medienwirksame Aktivitäten der derzeitigen Frauenministerin waren der Vorstoß, den Text der Bundeshymne (›Heimat
bist du großer Söhne‹) geschlechtergerecht zu ändern und ihre Kampagne ›Man(n) glaubt es kaum, Frau braucht Zeit und Raum‹ im No-

Die Ministerinnen bei einer Pressekonferenz Wien, 7. 3. 2005.[105]

vember 2005. Damit wollte sie auf die ungerechte Aufteilung von Hausarbeit und Kinderbetreuung hinweisen. Ersteres verpuffte schnell in einer Mischung aus öffentlichem Spott und Traditionalismus. Die Plakataktion brachte ihr wegen der hohen Kosten Medienschelte ein.

Weniger spektakulär fielen die Mentoringprojekte, die Neuauflage der ›Frauenratgeberin‹, ein umfangreiches Informations- und Adresshandbuch, das Johanna Dohnal auf den Weg gebracht hat, und ihr Frauengesundheitsschwerpunkt aus.

1.6.4 Frauenpolitik in Stadt und Land

»*Unter dem Stichwort der Gleichstellungspolitik erkämpften Frauen aus kommunalpolitischen Arbeitskreisen, aus autonomen Zusammenhängen und aus verschiedenen Parteien die Institutionalisierung von Frauenbeauftragten.*«[106] Maria Bitzan sieht in den Frauenbüros sowohl Anlaufstelle für Einzelfrauen und Frauengruppen als auch Vernetzungsstelle für regionale Gruppen und Organisationen. Ihre Verortung in der Verwaltung räumt ihnen Befugnisse und Rechte ein, macht sie aber auch zu Mitträgerinnen der kommunalen Politik mit all ihren Schattenseiten. Die Frauenbeauftragten stehen also im Spannungsfeld zwischen ›der Bewegung‹ und den kommunalpolitischen Erfordernissen und Machbarkeiten.[107]

Die kommunale und Landes-Frauenpolitik hinkte der Bundesebene etwas hinterher. Während mit Johanna Dohnal als Staatssekretärin im Bundeskanzleramt schon 1979 eine institutionalisierte Frauenpolitik installiert wurde, wurde in Klagenfurt erst 1993 ein **Frauenbüro** unter der Leitung von Mag.ª Astrid Malle eingerichtet. Die Bestellung war umstritten. Der Arbeitskreis der Klagenfurter Frauenprojekte forderte eine öffentliche Ausschreibung, wurde aber in die Entscheidung nicht einbezogen. Konflikte mit dem Arbeitskreis gab es auch in der Frage der Weisungsgebundenheit und der individuellen Beratung durch das Büro der Frauenbeauftragten der Landeshauptstadt.

Auf politischer Ebene war Annemarie Pawlik (SPÖ) von 1992–1997 für das Frauenressort zuständig. Ihr folgte die Freiheitliche Dr.ⁱⁿ Renate Kanovsky-Wintermann. Während ihrer Amtszeit als Stadträtin wurden die Subventionen für Belladonna massiv gekürzt (siehe auch Kap. 4.3.3). Mag.ª Andrea Wulz, heute zuständig für das Referat ›Frauen, Familie und sozialer Wohnneubau‹, zog 2003 als erste Grüne ins Rathaus ein und hatte anfangs mit entsprechenden Ressentiments zu kämpfen. Andrea Wulz initiierte einen Treffpunkt für Alleinerzieherinnen und setzt sich besonders für Netzwerke wie die Klagenfurter ›Frauenplattform‹ und den Familiengipfel ein. Die Klagenfurter ›Frauenplattform‹ geht auf den Arbeitskreis der Klagenfurter Frauenprojekte zurück, umfasst aber eine größere Bandbreite von Fraueninitiativen bis zu Vertreterinnen großer Organisationen. Dieser informelle Zusammenschluss trifft sich derzeit alle zwei Monate zum Informationsaustausch und für gemeinsame Aktivitäten.

Die Landesfrauenpolitik wird vom **Amt der Kärntner Landesregierung, Referat für Frauen und Gleichbehandlung** wahrgenommen. Dr.in Gabriele Schaunig-Kanduth hat 1999 die Nachfolge von Karin Achatz als Landesrätin für Soziales, Jugendwohlfahrt und Frauen übernommen. Frauen- und Gleichstellungsbeauftragte ist Helga Grafschafter. Mediale Aufregung um ihre Person gab es, als die Landesbeamtin Ende Februar 2000 von Landeshauptmann Haider ihres Amtes enthoben wurde. Sie hatte gemeinsam mit Kärntner Fraueninitiativen eine Veranstaltung zum Internationalen Frauentag vorbereitet, die die Abschaffung des Frauenministeriums kritisierte. Nach massiven Protesten wurde sie wieder auf ihren Posten zurückbeordert.

Helga Grafschafter ist seit Dezember 2005 auch Leiterin der neuen Antidiskriminierungsstelle. Das Kärntner Frauenreferat wurde nach einstimmigem Beschluss der Landesregierung vom 23. 1. 2001 mit Gender Mainstreaming-Maßnahmen beauftragt.[108] Ein Schwer-

Helga Grafschafter und Gaby Schaunig-Kanduth am Intern. Frauentag 2006.
Foto: Martina Hornböck, Frauenreferat Kärnten

punkt in den letzten Jahren war das EU-Projekt Equalize. Es widmete sich den Schwerpunktthemen Wiedereinstieg, Vereinbarkeit und Höherqualifizierung von Frauen sowie der Implementierung von Gender Mainstreaming in einer Kärntner Region (Carnica Rosental). Belladonna hat ein Modul dieses großen Projekts ausgearbeitet und dann als strategische Partnerorganisation am Programm teilgenommen.

Wie in der Bundespolitik werden auch auf Landesebene Mentoring-Projekte gefördert. Zum Internationalen Frauentag 2006 kündigte das Frauenreferat das zweite Mentoring-Projekt zur Verbesserung der Karrierechancen von Kärntnerinnen gemeinsam mit dem Business Frauen Center BfC Klagenfurt an. Dieses Anliegen hat zwar eine Berechtigung – nur 2,9 % der Geschäftsvorstände und Geschäftsführer im Bundesland sind weiblich.[109] An den Arbeitsmarktstrukturen ändern diese Programme kaum etwas.

Dass sich das Referat für Frauen und Gleichbehandlung aber mit der Frauenarbeitslosigkeit beschäftigt, zeigt das heurige Programm zum internationalen Frauentag. Am 10. März hat es gemeinsam mit dem Villacher Frauenbüro eine Enquete mit dem Thema ›Arbeitslos – Frauenlos?‹ veranstaltet. Belladonna hat zum Frauentag in diesem Jahr in Kooperation mit anderen NGOs einen Vortrag zum Grundeinkommen aus feministischer Sicht veranstaltet. An der Universität Klagenfurt wurde am 8. März eine Podiumsdiskussion unter dem Titel ›Feminisierung der Arbeit – Emanzipation im Widerspruch?‹ abgehalten. Sowohl die institutionelle als auch die autonome Frauenpolitik und die Frauen- und Geschlechterforschung stellten sich dem offensichtlich brisantesten Thema: der Frauenarbeitslosigkeit und Prekarisierung von Frauenarbeitsplätzen und möglichen Veränderungsstrategien.

Nach diesem kurzen Überblick über die Geschichte von Belladonna und der institutionellen Frauenpolitik möchte ich mich im nächsten Kapitel den Theoriekonzepten der letzten zwanzig Jahre zuwenden. Dabei möchte ich auch das etwas mühsame Verhältnis von feministischer Theorie und Praxis diskutieren, bevor im nächsten Kapitel die Praxis von Frauenprojekten und -beratungsstellen im Vordergrund steht.

2 FrauenIdentitäten

2.1 FrauenDiskurse. Theorieentwicklung und die soziale und politische Praxis

Frauenforschung/feministische Forschung entstand als Kritik an den hierarchischen Geschlechterverhältnissen aus der Frauenbewegung als soziale Praxis. Sie fokussierte in herrschaftskritischer Absicht auf die Verfasstheit von Geschlechterverhältnissen, hatte also zum Ziel, Hierarchien zu erkennen, abzubauen und nichthierarchische Neukonstruktionen zu formulieren. Die feministische Theorieentwicklung stand seit den 80er Jahren unter dem Einfluss der Psychoanalyse, der Diskurstheorie und dem Poststrukturalismus.[110] Die feministische Theorie ist heute ein vielstimmiger und kontroversieller Diskurs: *»Im Singular ist feministische Theorie nicht zu haben.«*[111]

Die Philosophin Cornelia Klinger spricht von zwei Phasen der feministischen Diskussion: Ende der 60er bis Mitte der 80er Jahre um das Thema Gleichheit/Differenz zwischen den Geschlechtern, in den letzten Jahren um Gleichheit/Differenz zwischen Frauen. Dabei kam es zu einem *cultural turn*, einer Verschiebung von Interessens- zu Identitätspolitik, von Fragen der Gerechtigkeit zu Fragen der Anerkennung. Der Wandel vollzog sich, ohne dass die Probleme der ersten Phase gelöst, sprich eine umfassende Transformation der Geschlechterordnung vollzogen war. Dadurch wurde in ihren Augen eine schwere Hypothek mitgeschleppt.[112] Geschlecht wurde ebenso wie Klasse und Rasse – eine *»mit nahezu gebetsmühlenartiger Insistenz«* beschworene Trias – zur Identitätskategorie.[113] Die Autorin reagiert etwas ungehalten auf die ›vornehme Distinktion‹, in der der westliche Feminismus kaum noch wagt, die Wörter ›Frau‹ und ›Frauenbewegung‹ zu benutzen. Die Fragen, ob Frau ein unzulässiger, universalistischer Begriff ist, Frauenforschung endgültig durch Gender Studies ersetzt gehört und was feministische Epistemologien und Theoriedebatten mit Politik zu tun haben, füllen tausende Buchseiten. ›Achsen der Differenz‹ und ›Dis/Kontinuitäten‹[114] durchziehen die feministische Diskussion, häufig als Zeichen einer feministischen Identitätskrise gedeutet, verstrickt in ›trans- und gendertroubles‹.

Helga Bilden meint, es sei höchste Zeit, Theorie und Praxis wieder einander näher zu bringen, die Trennung durch Austausch wieder in eine fruchtbare Spannung zu verwandeln. Was in der Praxis, konkret in der psychosozialen Arbeit mit Frauen vor zwanzig Jahren richtig gewesen sei, ist in mancher Hinsicht heute zur Beschränkung geworden.[115] Die vielfältigen Differenzierungen sozialer Lebenswelten machen Identitäten fragiler denn je und lassen den Bedarf an Beratung und Therapie steigen, und diese müsse sich den neuen Realitäten und einer Revision ihrer Arbeitskonzepte auch anhand dekonstruktivistischer Ansätze stellen.[116] Für Antje Hagel und Antje Schuhmann haben sich feministische Theorien immer mehr von der Analyse gesellschaftlicher Ausbeutungsverhältnisse und deren Auswirkungen auf den Alltag von Frauen entfernt. Die feministische Avantgarde sei Teil einer Politik der Repräsentation akademischer Fachfrauen mit sich bekämpfenden Gefolgschaften geworden.[117] Ob dem so ist, möchte ich anhand eines groben Überblicks über die verschiedenen Epochen und Ansätze nachgehen.

2.1.1 Feminismus – frischer Fisch oder alter Hut?

> I myself have never been able to find out precisely what feminism is;
> I only know that people call me a feminist whenever I express
> sentiments that differentiate me from a doormat.
> Rebecca West (1892–1983)

Vor 200 Jahren konnte es einer Frau noch den Kopf kosten, sich als Feministin zu bekennen. So ist es Olympe de Gouges (1748–1793) ergangen, die während der französischen Revolution für die Rechte der Frauen kämpfte. Ihr berühmter Satz: »*Die Frau hat das Recht, das Schafott zu besteigen. Sie muss gleichermaßen das Recht besitzen, die Rednertribüne zu besteigen*« war das Eingangszitat zum Kapitel ›Öffentlichkeit und Bewusstseinsarbeit‹ im Belladonnakonzept.[118] Feministinnen, sowohl aus der ersten als auch der zweiten Frauenbewegung, hatten immer mit Ressentiments zu kämpfen. Alice Schwarzer, einst viel geschmähte Paradefeministin, wurde in den letzten zwanzig Jahren zur Repräsentantin eines salonfähig gewordenen Feminismus und kann sich über Medienauftritte und zahlreiche Preise freuen, wie über die Ernennung zum Ritter (sic!) der französischen Ehrenlegion und das deutsche Bundesverdienstkreuz.[119] Die Personalisierung als graue Eminenz des Feminismus ermöglichte im deutschen Wahlkampf 2005 Allianzen von konservativen und feministischen Positionen. Marie Sichtermanns ›Feministin von heute‹ hat das Image der lila Latzhosen abgelegt:

»Die Feministin von heute macht Realpolitik, sie weiß sich zu benehmen und zu kleiden. Niemand soll über sie lachen. So erreicht sie viel: staatliche Billigung und Finanzierung für Bildung, Frauenarbeit, Mädchenarbeit, Kultur, Geschichte, Wissenschaft, Tänze, Trommeln, Reisen, Liebe, Schutz vor Männergewalt, vor Verfolgung und Psychosen. Und natürlich hat sie auch Genderkompetenz.«[120]

Was ist unter Feminismus zu verstehen? Ist er gesellschaftlich allgegenwärtig, wie Alice Schwarzer meint?[121] Ein alter Hut, der ohne Vorsilben wie ›Post‹ oder ›Cyber‹ nicht mehr auskommt und die dekonstruierten Köpfe kritischer Frauen schlecht kleidet? Lebt er noch, wenn auch nur als ›zäher Fisch‹ (in Anlehnung an einen einst beliebten frauenbewegten Spruch *»Eine Frau ohne Mann ist wie ein Fisch ohne Fahrrad«*)? Oder ist er tot, wie die deutsche Wochenzeitschrift ›Der Spiegel‹ verlauten ließ?[122]

Hier zunächst einige **Definitionen**:

- Luise Pusch (1983) bezeichnet mit Feminismus sowohl die Theorie der Frauenbewegung, *»die alle Bereiche des Menschlichen betrifft und den patriarchalen Gehalt aller kultureller Hervorbringungen des Mannes (der sich traditionell als Mensch schlechthin definiert) bloßlegt und kritisiert«* als auch die Bewegung selbst.[123]

- Paula-Irene Villas Definition ist nicht endgültig: *»Die Einsicht in die strukturelle, herrschaftsförmige, historisch gewordene Ungleichheit und Ungleichwertigkeit der Geschlechter im Zusammenhang mit anderen (Ungleichheits-) Strukturen sowie der Anspruch, anhand verschiedener Praxen diese Strukturen zu überwinden.«*[124]

- Viele AutorInnen meinen heute, dass nur von ›Feminismen‹ gesprochen werden kann. Die Perspektive auf Veränderung sollte nach der Definition von Mansbridge/Okin (1993) jedoch nach wie vor zentrales Anliegen bleiben: *»Throughout its plurality, feminism has one obvious, simple and overarching goal – to end men's systematic domination of women. Feminist theory also has one overarching goal – to understand, explain and challenge that domination, in order to help it end.«*[125]

Diesen Definitionen ist der Anspruch gemein, Theorie und Praxis zu verbinden, Kritik, Einsicht und Erkenntnis in feministische Praxis umzusetzen. Doch Theorie und Praxis haben sich bald auseinander entwickelt. Mich hat interessiert, wo es Querverbindungen gibt zwischen den Diskursen in der Beratungspraxis und denen an der Universität. Helga Bilden stellt fest, dass die Theoriebildung durch die Kritik früherer Ansätze und Versionen vorangeschritten ist, während die feministische Praxis Neues aufgebaut hat. De Lauretis bezeichnet diese gleichzeitigen Ungleichzeitigkeiten als ›Spannung zwischen kritischer Negativität feministischer Theorie und affirmativer Positivität feministischer Praxis‹[126]. Diese Spannung gilt es zu nutzen.

2.1.2 Feminismus und Gendertheorien – Differenzen und Fallstricke

> Das Faktum menschlicher Pluralität, die grundsätzliche
> Bedingung des Handelns wie des Sprechens, manifestiert
> sich auf zweierlei Art, als Gleichheit und als Verschiedenheit.
> Hannah Arendt[127]

Welchen aus den ›vielstimmigen und kontroversiellen Diskursen‹ der feministischen Theorie Belladonna-Frauen zuneigten, ist nicht leicht auszumachen. Anlässlich der Zehnjahresfeier stand ein Referat von Birge Korndorfer zur Frage ›Sind wir am Ende der Politik?‹ auf dem Programm. Anhand der Autorinnen Hannah Arendt und Luce Irigaray sollte das UN-MÖGLICHE wider die Resignation diskutiert werden. In den ersten Programmfoldern der 80er Jahre sind Diskussionen zum Thema ›Frauen und Sprache‹ angekündigt. Die Konzentration auf weibliches Sprechen, Frauenkultur und -kommunikation lassen den Schluss zu, dass die Gruppe den Differenztheoretikerinnen zuneigte.

Luce Irigaray, Hélène Cixous und Julia Kristeva gelten als Vertreterinnen des **Differenzfeminismus**. Kristeva hat sich allerdings vehement vom Feminismus abgegrenzt, ihn sogar als paranoide Formation bezeichnet.[128] Irigaray kommt vom Dekonstruktivismus und hat sich später einem positiv gesetzten weiblichen Identitätskonzept zugewandt. Sie entwickelte ausgehend vom weiblichen Körper ein symbolisches System, das auf einer weiblichen Genealogie und einem darin verorteten Sprechen beruht.[129] Irigaray gilt als Gegenspielerin von Egalitätstheoretikerinnen wie Elisabeth Badinter, die die Nachfolge von Simone de Beauvoir für sich beansprucht. Badinter proklamiert den androgynen Menschen und kritisierte Irigaray als normativ und essentialistisch. Sie stellt Mutterliebe als natürliche Regung ebenso in Frage wie neuerdings Gewalt gegen Frauen. Beide Geschlechter seien gleichermaßen in der Lage, Gewalt in Partnerschaften auszuüben, die weiblichen Opfer-Statistiken total übertrieben.[130]

Eine Alternative zu dieser Debatte bietet die Historikerin Geneviéve Fraisse. Fraisse analysierte die politische Instrumentalisierung von Frauen in den sozialistischen Utopien, aber auch die symbolische Unsichtbarkeit von Frauen in den modernen Demokratien. Für sie möchte der Feminismus alles haben, *»den Geist und den Körper, die Menschen und die Welt«*[131]. Feministinnen sollten es nicht hinnehmen, dass Liebe, Leidenschaft und Politik gegeneinander ausgespielt werden.

Das Leitmotiv der Feministinnen vom **Mailänder Frauenbuchladen** und der **Philosophinnengruppe DIOTIMA** lautet: ›Theorie produzieren heißt, Praxis in Worte fassen‹. Ihre Theorien publizierten die Buchladenfrauen seit den 70er Jahren in der Reihe ›Sottosopra‹ (›Drunter und Drüber‹). Für die Beziehung, in der Frauen sich selbst und gegenseitig in ihrer Unterschiedlichkeit wertschätzen, schufen sie den Begriff des ›Affidamento‹ (sich anvertrauen). Dieser Begriff entwickelte sich aus der Diskussion über die ›Mütter‹. Damit waren in erster Linie Schriftstellerinnen, die von den Buchladenfrauen verschieden bewertet wurden, gemeint, aber auch die eigenen Mütter. Präferenzen und Differenzen, Mangel und Neid im Kollektiv wurden erstmals offen diskutiert, Unterschiedlichkeit als Bereicherung anerkannt. Differenz unter Frauen, ihr ›Mehr‹ an Alter, Wissen, Energie, Position, Erfahrung, Fähigkeiten, setzt weibliches Begehren in Gang. *»In der Beziehung des affidamento gibt eine Frau einer anderen Frau einen Maßstab für das, was sie kann und was in ihr zur Existenz gelangen kann.«*[132] Durch gegenseitige Anerkennung entsteht weibliche Freiheit und Macht unabhängig von patriarchalen Sichtweisen.

Ein weiterer heftig diskutierter Text der Libreria delle donne war das rote Sottosopra ›Das Patriarchat ist zu Ende‹.[133] In dieser Flugschrift wird angesichts der aktuellen Krise der patriarchalen Institutionen Kirche und Staat provokant dessen Untergang ausgerufen. Die Mailänderinnen rufen darin eine neue ›Politik der Frauen‹ aus, die sich in Initiativen, Netzwerken und Projekten manifestiert – eine Politik der Beziehungspraxis im Gegensatz zur Top-down-Politik des Gender-Mainstreaming.

Im angelsächsischen Raum haben die Schriften von DIOTIMA, Luisa Muraro und Adriana Cavarero kaum Aufmerksamkeit erfahren, trotz der Vermittlungsversuche von Theoretikerinnen wie de Lauretis oder Braidotti.[134] Im deutschsprachigen Raum stehen unter anderem Andrea Günter und Antje Schrupp in der Tradition des italienischen

Differenzfeminismus. Ihre Schriften führen ebenso wie die italienischen Originaltexte, meist erst im Abstand von einigen Jahren ins Deutsche übersetzt, im hiesigen akademischen Diskurs ein Schattendasein und scheinen mehr von Aktivistinnen in den Projekten rezipiert zu werden. Ebenso wie die Differenztheorien sind die Kritische Theorie sowie **ökofeministische und marxistische Positionen** gegenüber den postmodernen Theorien ins Hintertreffen geraten. Seyla Benhabib glaubt, dass die Abkehr der meisten Feministinnen vom Marxismus und Sozialismus (Frigga Haug ist eine der wenigen Ausnahmen) mit dem generellen Rückzug politischer Utopien zu tun hat. Feministinnen hätten sich für eine verführerische Messaillance, ein prekäres Bündnis mit der Postmoderne, entschieden.[135]

In den universitären Kanon hat die **Theorie der sozialen und kulturellen Konstruktion von Geschlecht** Eingang gefunden, die im deutschsprachigen Raum von Carol Hageman-White 1984 eingeführt wurde. Sie geht von der Null-Hypothese aus, d. h. es gibt keine Zweigeschlechtlichkeit per se, sondern Geschlecht als kulturelles System.[136] Dieses wird durch miteinander verschränkte Regeln, Überzeugungen und Praktiken gestützt und erzeugt Deutungen, Normen und Bewertungen, in die Subjekte sich als männlich und weiblich selbst zuordnen. Geschlecht als Strukturkategorie fungiert so gut wie in allen Gesellschaftsformationen als Kategorie

- der gesellschaftlichen Arbeitsteilung
- des Ein- und Ausschlusses aus oder in bestimmten Funktionen und Rollen
- der Verteilung von Macht und Ressourcen.[137]

Die Unterscheidung von sozialem (gender) und biologischem Geschlecht (sex) im Englischen betont die kulturelle Konstruktion von Geschlecht. Inzwischen haben die EthnomethodologInnen West und Zimmermann (1987) noch eine dritte Kategorie zu ›gender‹ und ›sex‹ (als Geburtsklassifikation aufgrund vereinbarter biologischer Kriterien) eingeführt: ›sex-category‹ als interaktiv und identifikatorisch hergestellte Zuordnung zu einem Geschlecht, die der Geburtsklassifikation nicht entsprechen muss.[138]

Sie erstellten das Konzept des ›doing gender‹, das Geschlechtszugehörigkeit als fortlaufenden Herstellungsprozess versteht und einen Paradigmenwechsel in der Frauen- und Geschlechterforschung einleitete. Das ›doing gender‹ impliziert die eigene Aneignung und Aufrechterhaltung des Systems der Zweigeschlechtlichkeit. Die ständige Reproduktion und Naturalisierung von Praktiken der Geschlechtsunterscheidung bezeichneten schon Garfinkel (1967) und Kessler/McKenna (1978) als omnipräsent: *»Gender is an anchor, and once people decide what you are, they interpret everything you do in the light of that.«*[139] Das bedeutet, dass die Zuordnung jedes Menschen zu einem Geschlecht eine zentrale Wirkmacht der gesellschaftlichen Ordnung ist.

Neuere Studien (wie Heintz 1997) zeigen allerdings, dass Geschlechtsunterschiede sehr wohl in den Hintergrund treten können. Die Neutralisierung der Geschlechterdifferenz, als ›undoing gender‹ bezeichnet, ist offensichtlich von Status- und Wertunterschieden (gender-status-beliefs) abhängig. Während Männer in frauendominierten Berufen wie in der Pflege ihre Geschlechtszugehörigkeit betonen, neigen Frauen in männlichen Sphären wie dem Militär oder der Polizei zum umgekehrten Verhalten.[140] In der Hoffnung auf Partizipation sind Frauen offensichtlich bereit, sich einem männlichen Habitus und Aussehen anzupassen. Der Genderdiskurs mit seiner Beflissenheit, den kulturellen Setzungen von Geschlechterzuschreibungen zu entrinnen, kann dazu führen, Frauenanliegen zu torpedieren. So kritisierten Gildemeister und Wetterer das Instrumentarium der Frauenförderung, da es ungewollt die Geschlechterdifferenz stabilisiere.[141]

Maria Mies beklagt den inflationären Gebrauch von Gender: *»Wenn man wenigstens von Geschlechterforschung reden würde, wäre dieses Nachplappern des angelsächsischen Diskurses weniger peinlich.«*[142] Sie sieht den Gender-Diskurs als Symptom einer Re-Akademisierung der feministischen Forschung. Um Anschluss an den Mainstream zu bekommen, seien mit dem Gender-Begriff organische weibliche Körper und Sexualität von den abstrakten, ›höheren‹ Bereichen wie Kultur, Gesellschaft, Geschichte, Ökonomie abgetrennt worden. Die Trennung zwischen sex und gender lehnt Mies deshalb ab.

2.1.3 Das Ideal der Selbstbestimmung und das postmoderne Subjekt á la Butler

Auch Judith Butler hält die Unterscheidung zwischen sex und gender für belanglos, allerdings deshalb, weil es für sie gar kein biologisches Geschlecht gibt. Geschlecht ist nach Butler Teil einer regulierenden Praxis, die über diskursive und kulturelle Praktiken Körper performativ herstellt und beherrscht. Die Materialität des Körpers mutiert zum Text, zum reglementierenden Ideal, das biologische Geschlecht zum ›phantasmatischen Feld‹. Die ständig notwendige Wiederholung normativer Ideale zeige, dass Körper sich nie völlig den Normen fügen, mit denen ihre Materialisierung erzwungen wird.[143] Die Subjekte seien in der performativen Wiederholung der Geschlechterkonstruktion, der zwangsheterosexuellen Matrix gefangen. Laut Butler ist die Geschlechtsidentität eine Imitation, zu der es kein Original gibt. Sie hält die Kategorisierung in Männer und Frauen für absurd, fordert den Verzicht auf die Kategorie ›Frau‹. Der ›hegemonialen Heterosexualität‹ könne nur mit Subversion, Parodie, Travestie begegnet werden. Butler konstruierte ein neues ›Wir‹, die Gemeinschaft derer, »*die wir uns außerhalb der heterosexuellen ›Familie‹ befinden*«[144], ein Ort des Experimentellen, der Queers. Donna Haraway geht noch weiter: ihre hybriden ›Cyborgs‹ überschreiten die Gattungsgrenzen, die Grenzen zwischen Mensch und Maschine, imaginärer und materieller Realität.[145]

Butlers Aussage »*Das feministische ›Wir‹ ist stets nur eine phantasmatische Konstruktion*«[146] erntete bei vielen jungen Frauen Zustimmung. Butlers ›Unbehagen der Geschlechter‹ sehen sie als Antwort auf die kollektive Ernüchterung und die individuelle Veränderungslust der 90er Jahre.[147] Das Konzept des postsouveränen Subjekts bot ihnen eine Möglichkeit, mit Identitätskonzepten in einer fragmentierten Welt zu experimentieren. Den Butlerschen Dekonstruktivismus erlebten sie als neue Freiheit im Kopf. Der Vorwurf der Entpolitisierung des Feminismus durch Butler sei nicht haltbar. »*Die Dekonstruktion der Identität beinhaltet keine Dekonstruktion der Politik; vielmehr stellt sie gerade jene Termini, in denen sich die Identität artikuliert, als politisch dar.*«[148] Butlers Dekonstruktivismus diente als Anstoß, soziale Realitäten, Dichotomien und Diskurse zu hinterfragen, Festschreibungen und idealisierende Repräsentationen aufzuheben. Die Dekonstruktion von Ideologie ist für de Lauretis Voraussetzung für die Neukonstruktion von Perspektiven und sozialen Räumen in den Randzonen des hegemonialen Diskurses, in den Spalten der Wissens-Macht-Apparate.[149]

Andrea Trumann hält Butlers Theorie keineswegs für radikal. Sie habe nicht zu einer Delegitimierung von Geschlecht, Familie und Identität geführt, sondern nur zu deren Flexibilisierung beigetragen.[150] Martha Nussbaum wirft Butler nicht nur eine Nähe zu neoliberalen Standpunkten vor, sondern greift auch ihren kryptischen unverständlichen Schreibstil an. In »*hehrer Obskurität und hochmütiger Abstraktheit*«[151] reihen sich ihre Schriften ein in die Abwendung des amerikanischen Wissenschaftsbetriebs von der materiellen Seite des Lebens. Diese rein verbale symbolische Politik lasse kaum noch Berührungspunkte mit den Lebensbedingungen realer Frauen erkennen. Der gegenwärtige Trend zur Pluralisierung von Identitäten und Subjektpositionen sei Ausdruck gesellschaftlicher und globaler Ausdifferenzierungs- und Neustrukturierungsprozesse. Damit stimmt auch Rosemary Hennessy überein, die den kulturkritischen spätfeministischen Theorien, explizit auch Butler vorwirft, die gänzlich unflexiblen Lebensbedingungen der Unterdrückten auszublenden und sich in parodistischen Performances an liberalen Universitäten zu ergehen.[152] Mit Dekonstruktion lässt sich zwar eine wissenschaftliche Karriere aufbauen, aber kein Leben, bemerkt Koppert lakonisch. Sie analysiert den feministischen Dekonstruktivismus Butlers als »*einen theoretisch verbrämten Wunsch nach Selbstabschaffung von Frauen, dem auf der Seite der Männer nichts Vergleichbares gegenübersteht*«[153]. Feministische Theoretikerinnen hätten alles getan, um den Kollektionsnamen ›Frauen‹ von realen und natürlichen Gehalten zu entleeren. Dies zeuge von einer hohen Ambivalenz gegenüber dem eigenen Geschlecht.

> »*Dass es Frauen sind, die die Kinder gebären, dass diese Tatsache grundlegende Beziehung stiftet, taucht in der Rede von der historischen Wandelbarkeit der Geschlechter und Geschlechtsidentitäten nicht auf. Kein Wort davon, dass wir in einer Generationenfolge stehen, dass wir nicht aus uns selbst heraus sind. Kein Wort davon, dass das Geschlecht – bei aller gesellschaftlichen Formbarkeit und allem wünschenswerten Definitionsspielraum – genau der Anteil unseres Menschseins ist, der uns mit der Tatsache konfrontiert, dass wir auch Gattungswesen sind (geboren wurden und sterben werden, gebären können oder nicht können).*«[154]*

Koppert glaubt, der Groll gegen die Mütter, denen letztlich alle ihr Leben verdanken, macht sich bei Frauen als Selbsthass und Schuldgefühle bemerkbar, bei Männern als Bereitschaft zum Frauenhass. Barbara Duden empört sich in ihrer Replik auf Butler über die ›dekonstruktiven Modenschauen‹ der entkörperten Frau und bekennt sich zur Materialität der Körper. Hilge Landweer erkennt Parallelen zwischen dem beschworenen Aufbruch aus der Zweigeschlechtlichkeit und dem neuen Machbarkeitswahn der Medizin und der Gentechnologien.[155]

Butlers Theorien sind »*inzwischen herrschende akademische Meinung, sie haben den Sprung ins Feuilleton geschafft und sorgen in ei-*

nigen subkulturellen Zusammenhängen als Transgender zuverlässig für Konfusion und Aufregung und bei vielen für ratloses Schulterzucken«.[156] Auch Transgender- bzw. Queer-Theorien haben inzwischen den Sprung von der Subkultur ins Feuilleton und den Einzug in die Universitäten geschafft.

2.1.4 ›Wish you were Queer‹

Die Queer-Theorien, die auf Butlers postmodernen Konzepten basieren, zielen auf die Destabilisierung von Heterosexualität als gesellschaftlichem Ordnungsprinzip. Sexualität wird in der queeren Perspektive als eine Kategorie von Macht verstanden, wobei *»Geschlecht (-skörper) und Sexualität als Instrumente und Effekte bestimmter moderner Bezeichnungs-, Regulierungs- und Normalisierungsverfahren«*[157] fungieren. Im Gegensatz zu Foucault, der auf einer Dezentralität der Machtdiskurse bestand, geht Butler von einem bestimmenden Diskurs aus, der ›zwangsheterosexuellen Matrix‹.[158]

Einen Beleg dafür, wie formbar die ›zwangsheterosexuelle Matrix‹ ist, wie Abweichungen dem hegemonialen Diskurs einverleibt werden und ihn damit letztlich stützen, fand ich in der wöchentlichen Hochglanzbeilage ›Rondo‹ zur Tageszeitung ›Der Standard‹. Unter dem Titel ›Wish you were Queer‹ werden Homosexuelle (wohlgemerkt männliche) als kaufkräftige Zielgruppe angesprochen: *»Wie eine aktuelle österreichische Studie zeigt, verdienen Homosexuelle nicht nur besser als Heterosexuelle, sie sind auch konsumorientierter.«*[159] In diesem Beitrag, garniert mit einer Werbung von Dolce & Gabbana, wird der Designer Wolfgang Joop zitiert: *»Die Gesellschaft homosexualisiert sich zusehends. Die letzten echten Männer sind die Lesben.«*(!) Nach einem Verweis auf den Film Brokeback Mountain, eine Liebesgeschichte zweier Cowboys, darf sogar Foucault zu Wort kommen: Er warnte schon in den 70er Jahren davor, dass das Gerede über Sex Homosexuelle nicht befreit, sondern im Gegenteil zu diskursivierten Körpern und normierten Biographien führt. Im selben Rondo wird die neueste Frauenmode angepriesen: *«Puppen-Outfits bestimmen in diesem Frühjahr unsere Mode.«* Diesmal sind Frauen als Zielgruppe angesprochen, die sich doch so kleiden mögen wie *»die unheimlichen Babydiven«* mit ihren *»unschuldigen Roben«*. Der Autor liefert eine ›Leseanleitung‹ der neuen Mode für mögliche Kritikerinnen gleich mit: Diese Mädchen seien mehr als nur Repräsentationen einer entmündigten Weiblichkeit, ja, es *»künden diese ätherischen Wesen von den Kämpfen darum, was eine Frau heute ist und sein sollte.«*[160]

Queer ist chic, wie Babydiven, Huren-Outfits und androgyne Körper. Queer ist auch an Universitäten chic. In Deutschland wurde 2003 in Hamburg der erste Lehrstuhl für Queer-Studies eingerichtet. Sabine Hark, die diesen Lehrstuhl innehatte, ist sich des Preises der Verwandlung von kritischem, undiszipliniertem Wissen in disziplinäres Wissen durchaus bewusst: Die Kanonisierung und Systematisierung bedeutet, dass Seiten-, Neben- und Umwege der Theoriebildung im didaktisch aufbereiteten Wissen unterzugehen drohen und die Vermittlung von Konfliktpositionen auf der Strecke bleibt. In ihrem neuen Buch stellt sie fest:

> *»Zum ersten Mal in der Geschichte tritt Feminismus in diesem neuen Gewand als Teil einer gesellschaftlich mächtigen Institution auf, wird er wohl auf Dauer Teil derjenigen Institution – Wissenschaft –, der gesellschaftlich eine nahezu autoritative Definitionsmacht zugestanden wird und die das für unsere Gesellschaften (noch) mächtigste Wissen, nämlich wissenschaftliches Wissen, produziert.«*[161]

Von einem ›feminist turn‹ kann noch keine Rede sein, die Erkenntnisse der Frauen- und Geschlechterforschung bleiben an den Rändern der ›Matrix des Wissens‹. Birgit Sauer spricht vom ›Prinzip der Invisibilisierung‹ in ihrem Fach, den Politikwissenschaften, Cornelia Klinger von Immunisierung im Bereich der Philosophie, von Lippenbekenntnissen und der Beförderung der feministischen Kritik in die Vergangenheit.[162] Feministische Wissenschafterinnen erkennen die Gefahren der Disziplinierung des ›undisziplinierten Geschlechts‹ in den allgegenwärtigen und doch nirgends greifbar verändernden Genderkonzepten und suchen nun wieder nach ›einem Zimmer für sich allein‹ in den ›Häusern des Wissens‹.[163] Nur bestimmte feministische Positionen scheinen die ›doormat‹ dieser Häuser überschreiten zu können. An der Hamburger Universität können ›Gender und Queer Studies‹ in Magister- und Diplomstudiengängen studiert werden.[164] ›Frauenstudien‹ sind ein interdisziplinäres Weiterbildungsprojekt, das mit einem schlichten Zertifikat bescheinigt wird.[165] Auf der politischen Ebene ist eine ähnliche Dynamik zu beobachten: Frauen(förder)projekte traten gegenüber Gender Mainstreaming-Programmen in den Hintergrund.

2.1.5 Gender Mainstreaming oder die Selbstabschaffung von Frauen

Gender Mainstreaming wurde laut Stella Jaegher zuerst im entwicklungspolitischen Kontext eingesetzt, weil Frauenförderprogramme ohne entsprechende politische und institutionelle Rahmenbedingungen oft gescheitert waren. Gender Mainstreaming sollte im Sinne einer ›Doppelstrategie‹ makroökonomische und makropolitische Entscheidungsebenen einbeziehen, ohne frauenspezifische Maßnahmen und Budgetposten auszuhebeln.[166] Hier zuerst eine Definition von Barbara Stiegler:

> »Gender Mainstreaming besteht in der (Re-) Organisation, Verbesserung, Entwicklung und Evaluation von Entscheidungsprozessen in allen Politikbereichen und Arbeitsbereichen einer Organisation. Das Ziel von Gender-Mainstreaming ist es, in alle Entscheidungsprozesse die Perspektive der Geschlechterverhältnisse einzubeziehen und alle Entscheidungsprozesse für die Gleichstellung der Geschlechter nutzbar zu machen.«[167]

An dieser Formulierung hätte der emeritierte Sprach- und Literaturprofessor Uwe Pörksen seine helle Freude. Da tummeln sich ›Plastikwörter‹[168] wie ›Verbesserung, Entwicklung, Entscheidung, Prozesse, Bereiche‹ aller Art rund um einen der vielen Anglizismen, die unsere Sprache und nicht zuletzt die feministische Wissenschaft durchsetzen. Als i-Tüpfelchen steht das Nutzbarmachen, denn ohne Nutzbarmachen gibt es keinen Nutzen, kein Machen, keinen Fortschritt und keine gewinnbringende Zukunft ... Susanne Schunter-Kleemann kritisiert die Unschärfe des Begriffs Gender Mainstreaming. Er konnotiere bürokratisch angehauchtes ›malestreaming‹ und damit die Ausgrenzung emanzipatorischer Perspektiven, was eigentlich verhindert werden sollte.[169] Gender Mainstreaming ist ein Top-Down-Konzept. Die Führungsebene muss den institutionellen Veränderungsprozess aktiv unterstützen, in Anbetracht der männerdominierten Machtzentren oftmals nur ein frommer Wunsch. Interessant ist die wirtschaftsliberale Herkunft des Begriffs. GM basiert auf einem in den USA entwickelten Management-Konzept zur Verbesserung der Wettbewerbssituation eines Unternehmens durch die Einbindung der Leistungsbereitschaft aller Belegschaftsmitglieder unterschiedlichen Geschlechts und kultureller Herkunft (›Managing Diversity‹).[170] Gender Mainstreaming kann also bedeuten, die Humanressource ›Frau‹ besser in marktliberale Interessen einzubinden.

Stiegler fragt, ob Gender Mainstreaming als ›Postmoderner Schmusekurs oder geschlechterpolitische Chance‹ zu begreifen ist.[171] Für sie ist es ein Erfolg, dass damit feministische Anliegen Eingang gefunden haben in internationale politische Netzwerke wie UNO und EU. Nach der Weltfrauenkonferenz in Beijing 1995 wurde Gender Mainstreaming in das Schlussdokument aufgenommen. Daten und Informationen zu geschlechtsspezifischen Defiziten werden gesammelt. Jaegher gibt jedoch zu bedenken, dass Gender Mainstreaming eine willkommene Gelegenheit war, den Feminismus in eine anachronistische Ecke zu stellen.[172] Die Gefahr ist groß, dass die Strategie Gefahr läuft, sich auf ›Erbsenzählerei‹ und Lippenbekenntnisse zu beschränken.

Die EU-Definition unterscheidet sich von obiger durch den Fokus auf die Politik und das Wörtchen ›alle‹: *»eine geschlechterbezogene Sichtweise in alle politischen Konzepte auf allen Ebenen und in allen Phasen durch alle an politischen Entscheidungen beteiligten Akteure und Akteurinnen einzubeziehen.«*[173] Eine Sichtweise einzubeziehen bedeutet noch lange nicht, die Konzepte auf allen Ebenen zu ändern. Im EU-Vertrag von Amsterdam von 1997 haben sich die Mitglieder verpflichtet, Ungleichheiten zwischen den Geschlechtern zu beseitigen. Gleichzeitig enthält der Vertrag jedoch wirtschafts- und währungspolitische Ziele, die zu Einsparungen in den Sozialausgaben und zur Privatisierung im öffentlichen Sektor führten, die Frauen besonders treffen. Die vielen EU-Dokumente, in denen Gender Mainstreaming-Leitlinien verankert sind, bedeuten keine verbindliche Rechtsgrundlage. So darf im Mitgliedsland Österreich die Einkommensschere weiter auseinanderklaffen, es gibt keine Sanktionen. Im Namen des Gender Mainstreaming werden in Österreich Mittel der Frauenförderung zur Familien- und Männerarbeit umverteilt. Es wird zwar viel von Gender Budgeting geredet, es werden Projekte und Leitfäden erarbeitet, Interministerielle Arbeitsgruppen und Gender Mainstreaming-Beauftragte eingerichtet. Doch immer noch geraten viele Frauen in Armut, während einige mit der einen oder anderen Schramme den Sprung an oder durch die gläserne Decke schaffen. Faktoren wie Herkunft, Hautfarbe, Bildungsstand, Alter, sexuelle Orientierung, Aufenthaltsstatus und Familiensituation sorgen für Ungleichheit unter Frauen und machen auch unter dem Dach des globalen Gender Mainstreaming eine ›global sisterhood‹ unmöglich.

2.1.6 Power-Mädchen gegen ›Opferfeministinnen‹?
Ein Generationenkonflikt

Die aufgekündigte Sisterhood wird häufig auch auf einen Generationenkonflikt zurückgeführt. Die Auseinandersetzungen zwischen den ›alten‹ Feministinnen und ihren meist jüngeren Kritikerinnen erinnern in vieler Hinsicht an einen Mutter-Tochter-Konflikt, bei dem die Fetzen fliegen. Die ›Töchter der Emanzen‹[174] der ersten Generation, die sich gegen die feministischen Dogmen der 68er-Tomatenwerferinnen abgrenzten, sind inzwischen selbst in eine Generation vorgerückt, die mit der Riot-Grrrl-Bewegung nicht viel anzufangen weiß. Den ›akademischen Berufsfeministinnen‹ treten an der Uni junge Frauen mit nackten gepiercten Bäuchen auf Stöckelschuhen entgegen, die dem ›Feminismus-Bashing‹ frönen. Naomi Wolf bezichtigt die ›Opfer-Feministinnen‹ der alten Schule, den Bezug zur Basis verloren zu haben, die wirkliche Befreiung der Frau zu verzögern und die Kluft zwischen den Geschlechtern künstlich aufrecht zu erhalten.[175] Sie ruft einen neuen ›Power-Feminismus‹ aus, in dem die Frauen Demokratie und Kapitalismus nutzen, um nach Geld, Macht und Vergnügen zu greifen. Katharina Rutschky verweist ›Emma und ihre Schwestern‹ und deren ›larmoyante Aggressivität‹ aufs Ausgedinge der Geschichte.[176]

In popkulturellen Kontexten sind zwar weibliche Rollen immer noch oft auf Stereotypisierung, Vermarktung und Ausgrenzung reduziert. Junge Frauen entwickeln trotzdem eigene Formen von Selbstbewusstsein und Kreativität und schaffen sich Räume, die den maskulin dominierten Status Quo im Musikbusiness unterwandern. Riot Grrrls und Ladyfeste schaffen es, unterschiedliche feministische Ansätze, Bands und Musikerinnen-Generationen zusammenzubringen.[177] Eine junge Lesbe weiß zwar die Infrastruktur der Frauenszene zu schätzen und bewundert, wie die Pionierinnen ihre Utopien verwirklicht haben. Sie selbst hätte die Entbehrungen und Unsicherheiten, die mit dem Aufbau der Projekte verbunden waren, jedoch nicht unhonoriert auf sich genommen. Sie will sich qualifizieren und dabei kein schlechtes Gewissen haben müssen. Schließlich sei dies logische Konsequenz der frauenbewegten Forderung nach gesellschaftlicher Anerkennung und Bezahlung von Frauenarbeit.[178] Eine andere Frau, die in den 90er Jahren in einer »seltsam gegensätzlichen Mischung politischer Leitsätze und Engagements und privaten Realitäten« in frauenbewegten Kreisen aufgewachsen ist, beschreibt ihre Ablösungsversuche aus deren Widersprüchen und

Denk-Ausschlüssen.[179] Sie ärgert sich über den Vorwurf, die ›junge Generation‹ habe keinen Kampfgeist und keine Visionen mehr. Die jungen Frauen hätten sehr wohl eine Wut, doch tritt sie zerstreut und schwer zu fassen auf. Die unterschiedlichen nicht-weißen Stimmen, die in die Debatte eintraten – black feminist writers, queer poeple, jüdische Lesben, islamische Feministinnen – ermöglichten ihrer Generation neue Artikulationen dieser Wut. [180] Nach Ansicht von Helga Bilden muss auch die feministische psychosoziale Arbeit auf jüngere Frauen schauen, ihnen zuhören und deren Realität kennen lernen, um zu einer Revision ihrer Arbeitskonzepte zu kommen.[181]

> *»Die jungen Frauen bewegen sich anders und haben andere Strategien, es passiert immer wieder der Fehler, dass man sagt, die sind nicht bewusst, aber ich glaube, dass sie einfach einen anderen Umgang haben. Ich habe mir darüber schon viel Gedanken gemacht, bin aber noch nicht wirklich zu einem Schluss gekommen. Ich weiß nur, dass die Diskussionsforen und Reflexionsforen veraltet sind, die es in den 70er Jahren gegeben hat und denen zum Teil die Frauen, die im Team sind, altersmäßig zugehören«,* meint eine Belladonna-Vorstandsfrau. (Interview 3, 65–70)

Manchmal sieht es danach aus, als würden sich ›die Alten‹ nur noch als Gralshüterinnen der Bewegung gerieren, während die Jungen unbekümmert die Früchte ihrer Arbeit ernten. Maria Mies spricht im Zusammenhang mit den postmodernen feministischen Theorien sogar von einem ›akademischen Muttermord‹. Die Reduktion der Realität zu einem Text, zu neuen ›Erzählungen‹ vernichte die individuelle und kollektive Erinnerung.[182] ›Mütter‹ wie Trömel-Plötz, Pusch oder Bennholdt-Thompson fänden keinen Platz mehr an den Universitäten. Der postmoderne ›Mainstream‹ an den Universitäten verleugne die deutschsprachige Frauenforschung und beziehe sich nur auf US-amerikanische Quellen. Diese Differenzen auf einen Generationenkonflikt zu verkürzen, hält de Lauretis für kurzsichtig. In der feministischen Selbstrepräsentation reiben sich ihrer Meinung nach immer zwei Impulse: ein erotischer, narzisstischer, der auf Rebellion, Kraft, Kühnheit und Vergnügen pocht und alle Bilder von Machtlosigkeit und Aufopferung zurückweist, und ein ethischer, der auf Kollektivität und verantwortungsvolle Schwesterlichkeit zielt, ... *»auf die Zugehörigkeit zu einer gemeinsamen Welt von Frauen oder auf das, was Adrienne Rich ›den Traum einer gemeinsamen Sprache‹ genannt hat«.*[183] Es geht also bei der so genannten Generationendebatte um politisches, lebensweltliches Handeln und Denken und nicht nur um Altersfragen.

2.1.7 Von der Differenz zum strategischen ›Wir‹

> Eine besondere Beschaffenheit des Wir bekundet sich darin,
> daß zwischen seinen Gliedern eine wesentliche Beziehung besteht. [...]
> Nur Menschen, die fähig sind, zueinander wahrhaft Du zu sagen,
> können miteinander wahrhaft Wir sagen.
>
> Martin Buber[184]

Feministinnen bewegen sich heute auf dem dünnen Grat zwischen dem ›Wir‹ der Frauenbewegung und der Vereinzelung der ›wirlosen Iche‹ (Norbert Elias). Statt der Zugehörigkeit zu einer gemeinsamen Welt oder ›einer gemeinsamen Sprache‹ scheint alles darauf hinzuweisen, *»dass wir uns mit dem völligen Auseinanderfallen der Realität zufrieden geben müssen, einem nicht mehr rückbindbaren Pluralismus, in dem jede ›ihrs‹ denkt und macht und jeder ›seins‹«.*[185] Die Enttraditionalisierungstendenzen einer neoliberalen Gesellschaft, der Bruch mit einengenden Lebensverhältnissen, die Suche nach Neuorientierung und Bindung in den Lebens- und Arbeitsformen schufen ein oft schwer erträgliches Spannungsfeld von Individualisierungs- und Integrationsprozessen. Nun geht es darum, in diesem Spannungsfeld einen Anschluss an politische Handlungsfähigkeit zu finden.

– Seyla Benhabib (1993) fordert einen differenzierten Umgang mit postmodernen Konzepten ein. Sie könnten vor den fundamentalistischen Fallen utopischen Denkens bewahren, ohne dass damit jedes utopische Denken aufgegeben werden muss. Die Situiertheit des Subjekts in unterschiedlichen Kontexten ist zu reflektieren. Wenn diese aber auf einen bloßen Zustand der Veränderung reduziert werden, trägt das nicht zu einem Autonomiegewinn von Frauen bei.[186]

– Frigga Haugs Verständnis von einem produktiven Umgang mit Differenz sieht so aus: *»Es geht jetzt darum, für alle gleiche Chancen zu erstreiten dafür, dass Ungleichheit gelebt werden kann, ohne in Unterwerfung, Marginalisierung, verkürzte Lebensmöglichkeiten, Armut, Ausbeutung, weniger Zeit und Raum für Entwicklung und weniger Handlungsfähigkeit zu münden.«*[187]

– Brigitte Hipfl plädiert für Theorien und Methoden auf der Basis der gegenwärtigen theoretischen Entwicklungen, die den Gemeinsamkeiten und Unterschieden unter Frauen gerecht werden und Konzeptionen von Handlungsfähigkeit und Subjektivität erarbeiten. Vom ›Power-Feminismus‹ könnten Feministinnen lernen, ihren Sehnsüchten nach Ästhetik, Begehren, Genießen Raum zu geben.[188]

- Gayatri Spivak spricht von einem ›strategischen Essentialismus‹, der das Sprechen im Namen ›der Frau‹ für politisch-strategische Zwecke akzeptiert, obwohl die Kategorie immer wieder hinterfragt werden muss.[189]
- Cornelia Klinger fordert nach dem ›cultural turn‹ der letzten Jahre einen ›social (re)turn‹, eine erneute Hinwendung zu Fragen der Gesellschaftsanalyse und Gesellschaftskritik unter Berücksichtigung der veränderten Bedingungen.[190]
- Larissa Krainer meint, die verloren gegangene feministische Diskurskultur sollte angesichts der Innovationshysterie der Beschleunigungsgesellschaft wieder belebt werden. Die Krise des Feminismus könne als Chance für eine notwendige Atempause zur Reflektion genutzt werden.[191]

Immer mehr Stimmen werden laut, die sich der Frontstellung des Entweder/Oder widersetzen. Es ist zu einfach, die feministische Theorie je nach Perspektive zu verkürzen auf eine Erfolgsgeschichte (vom altbackenen essenzialistischen Feminismus zum zeitgemäßen dekonstruktivistischen kontextsensiblen (Post-) Feminismus) einerseits oder eine Wendung zum Schlechten (Entpolitisierung und Akademisierung) andererseits.[192] Ein Zeichen, dass sich die Frontstellungen in der Theoriediskussion bewegen, sind interdisziplinäre universitäre Netzwerke, aus denen zum Beispiel das von Becker und Kortendieck herausgegebene Handbuch der Frauen- und Geschlechterforschung entstand.[193] Eine solche Interdisziplinarität ermöglicht die gegenseitige Kenntnisnahme empirischer Erfahrungen, die Bezugnahme auf zentrale theoretische Konzepte und bietet eine Plattform für die verschiedensten Autorinnen von Göttner-Abendroth bis Villa.

Der Abschied vom dominanten weißen Mittelschichtsfeminismus macht internationale feministische Bewegungen keinesfalls obsolet. Postkoloniale Theoretikerinnen wie Gayatri Spivak und María do Mar Castro Varela halten die dekonstruktive Perspektive für die feministische Politik für sinnvoll, wenn die eigenen Privilegien hinterfragt werden. Die Privilegierten müssten jedoch bereit sein, den eigenen Diskurs zu verlernen, um sich auch Nicht-Akademikerinnen verständlich zu machen.[194] Andere wehren sich dagegen, feministische Theorie mit Versatzstücken aus postmodernen Diskursen und der Rassismusdiskussion aufzupeppen. In erster Linie müsse eine tragfähige internationale Bündnispolitik angestrebt werden.[195] Die Thematisierung der

Differenzachsen in der feministischen Theorie soll nicht vergessen machen, dass erst eine Aporie der gemeinsamen Betroffenheit den Boden für sie bereitet hat. Die feministische (Selbst-)Kritik artikuliert sich vehementer als dies in der Scientific Community üblich ist. Das zeugt von einer hohen Kultur der Selbstaufmerksamkeit, Reflexivität, des Beziehungssinns und Unterscheidungsvermögens.[196]

Wenn Feministinnen sich *»nicht mit der Beteuerung oder dem leeren Traum von Freiheit abfinden wollen«*[197], müssten sie sich mit den Enttäuschungen von Utopie konfrontieren und doch daran festhalten. Utopisches Denken verweigert sich dem Mainstream-Diskurs. Es hebt sich von banaler Gedankenlosigkeit und akademischem Elitismus ab. Zynismus ist für do Mar Castro Varela kein geeignetes Instrument gegen die Herrschaftsfigurationen dieser Zeit. Experimentelle Impulse, die heute so schmerzlich vermisst werden, könnten solche Instrumente sein. Frauenprojekte waren experimentelle Impulse. Ihnen widmet sich die Analyse des nächsten Kapitels.

2.2   FrauenStandorte.
Zwischen Autonomie und Institutionalisierung

2.2.1 Von der Frauenbewegung zum Frauenprojekt

Belladonna ist eines der vielen Frauenprojekte, die aus der zweiten Frauenbewegung entstanden sind. Die Projekte verstanden sich als Ausdruck einer subversiven feministischen Alternativkultur mit neuen egalitären Organisationsformen jenseits von Arbeitsteilung, Konkurrenz und Leistungsprinzip. *»Die Verschränkung von Öffentlichem und Privatem, politischem Kampf und alltäglicher Praxis gehörte zu den Grundsätzen feministischer Frauenprojekte.«*[198] *Eine* Frauenbewegung gab und gibt es laut Birgit Meyer nicht, sondern verschiedene Phasen:

1. Phase des Aufbruchs: Thematisierung des weiblichen Körpers als Ort der verlorenen Selbstbestimmung, Auseinandersetzung mit sozialistischen Positionen, Politisierung des Privaten, Forderung nach Abschaffung des Abtreibungsparagrafen.
2. Phase der Konsolidierung und öffentlichen Wahrnehmung: Analyse von Frauendiskriminierung, Selbsterfahrung, Selbstuntersuchungs- und Selbstverteidigungsgruppen; erste Frauenzentren, öffentliche Präsenz.

3. Projektphase: Aufbau einer feministischen Gegenkultur. Erste Frauenverlage, -buchläden, -theater, -cafés, Gesundheitszentren u. v. m. Starke Konzentration auf die eigene Kultur und Politik, Umwertung der als defizitär beschriebenen ›weiblichen‹ Eigenschaften als Stärken.
4. Phase der politischen Einmischung und Partizipation, Ausdifferenzierung verschiedener Interessensgruppen, Trend zur Professionalisierung, Theoriebildung, Frauenförder- und Gleichstellungsprogramme.
5. Phase der Differenz: Neben- und Miteinander von Fort- und Rückschritten, von Vereinzelung und Netzwerken. Neue Zwänge, Gefahr der Vereinnahmung durch die traditionelle Politik und Gegenstrategien.[199]

Diese Reihung mag für großstädtische westeuropäische Settings Gültigkeit haben, nicht jedoch für randständige Zonen wie Kärnten. In den ersten Jahren von Belladonna kann von einem Neben- und Miteinander der von Meyer angesprochenen Tendenzen ausgegangen werden: die Konzentration auf Selbsterfahrung und die Konsolidierung in eigenen Räumen lief parallel zu Professionalisierungsbestrebungen, politische Einmischung und Rückzug gingen Hand in Hand.

Meyers Chronologie ist also nicht unmittelbar auf Belladonna übertragbar. Sie hat ihren Befund Anfang der 90er Jahre aufgezeichnet. Zehn Jahre später hat Ilse Lenz eine Ereignisdatenbank der Neuen Frauenbewegung bis ins Jahr 2000 erstellt. Darin erfasste sie die frauenpolitischen Aktivitäten in den Bereichen Sexualität, Gesundheit und Körper, Politik und Demokratisierung und sexuelle Gewalt. Ihr Datenmaterial widerspricht der üblichen Erzählung, dass es nach den aktiven Anfangsjahren und der Ära der institutionellen Integration zu einem Niedergang der Bewegung gekommen ist. Das Niveau der Mobilisierung stieg von 1990 bis 1995 noch einmal deutlich an und flachte erst gegen Ende der 90er Jahre ab. Es blieb in der letzten Dekade des vorigen Jahrhunderts aber insgesamt höher als in den beiden Jahrzehnten zuvor, da mehr frauenspezifische Aktivitäten in Institutionen, Parteien, Verbänden und Kirchen zu verzeichnen waren.[200] Durch die institutionelle Integration bewegte sich die Frauenpolitik von der Straße in die Veranstaltungssäle und an die Verhandlungstische. Es ist allerdings fraglich, ob der Grad der frauenpolitischen Mobilisierung wirklich quantitativ erfasst werden kann. Lenz schlägt folgende Einteilung vor:

- 1968–1976 Bewusstwerdungs- und Artikulationsphase
- 1976–1988 Thematische Differenzierung, Projektbildung und institutionelle Integration
- 1989–2000 Internationalisierung und Neuorientierung

Die dritte Phase bewertet die Autorin als Reifezeit, in der v. a. in Westeuropa rechtliche Reformen durchgesetzt werden konnten. Nach der Pekinger Weltfrauenkonferenz 1995 seien international weitreichende Zukunftsmaßnahmen auf den Weg gebracht worden. Ihr Fazit: *»Es geschieht sehr viel, aber niemand weiß das noch.«*[201] Das war in der Gründungsphase der Projekte anders. Da wussten alle, was geschieht. Margit Brückner erinnert an *»unkalkulierbare Risikofreude, Abenteuerlust und kreatives Querdenken«* der Gründerinnen.[202] Von einem überraschenden Widerstands- und Aggressionspotential, einem selbstbewussten *»Bestehen auf der Lust und List, eine Frau zu sein«* spricht Metz-Glöckel,[203] Ulrike Hänsch von einem hellwachen engagierten Lebensgefühl, auf das wir heute manchmal wehmütig zurückblicken.[204] Theorieentwicklung und Praxis waren in den ersten Jahren eng verzahnt. Die methodischen Postulate der Frauenforschung von Maria Mies – Parteilichkeit und Betroffenheit – entsprachen den Grundprinzipien der Frauenprojektarbeit. Frauensommeruniversitäten wurden von einer bunten Mischung von Akademikerinnen und Nicht-Akademikerinnen besucht. Viele theoretische Beiträge, z. B. zur feministischen Psychologie, stammten von Praktikerinnen – auch wenn diese Arbeiten nach wie vor vom offiziellen Fachdiskurs als Randerscheinung gehandhabt werden.[205]

1993/94 gab es in Deutschland ca. 2.200 Frauenprojekte, in Österreich dürften es 220 gewesen sein.[206] Ihr Arbeitsspektrum reichte von Beratung und Bildungsarbeit bis zu Frauenhäusern und Frauenforschung, von Notrufen und Lesbenarchiven bis Migrantinnennetzwerken, von Existenzgründungskursen bis Arbeitsloseninitiativen, Mädchenschulen bis Reiseagenturen, Kunst- und Kulturzentren bis zu Zeitschriftenkollektiven. Diese im mittel- und großstädtischen Milieu verortete Frauenprojektekultur stellte mit ihren vielfältigen Angeboten eine beachtliche feministisch-urbane (Teil-)Öffentlichkeit dar.[207] Bei all diesen Projekten handelte es sich wie

»überall da, wo Frauen um eine gleichwertige Existenz in dieser Gesellschaft kämpfen, um ein historisches und politisches Experiment – individuell und gesellschaftlich. Für die Analyse unserer politischen Erfahrungen, den Schwie-

rigkeiten und Erfolgen unserer Praxis ist diese Tatsache nicht unbedeutend. Diese Einsicht verschwindet jedoch hinter dem oft mühsamen Gerede über Gleichberechtigung, Förderpläne, Quotierung, Verbindung von Beruf und Familie und der häufig nur noch als Zitat geübten Emanzipationsrhetorik.«[208]

Obwohl viele unterschiedliche Projekte Fuß fassen konnten, ist in der Literatur ab Anfang bis Mitte der 90er Jahre von einer Dauerkrise die Rede. Überfliegt man die Titel der zahlreichen deutschsprachigen Publikationen aus den 90er Jahren zu Frauenprojekten und zur Frauenbewegung insgesamt, fällt die Bilanz ernüchternd aus. *Alltag und Desaster, Alpträume in Frauenräumen, Aufstieg und Fall der Frauenbewegung, Probleme mit der Bewegung* und *Der Widerspenstigen Lähmung* nannten sich einschlägige Publikationen aus dieser Zeit (vgl. Koch-Klenske 1991, Koppert/Rieger 1993, Hagel/Schuhmann 1994). Birgit Meyer konstatierte: *»Die Frauenbewegung hat keines ihrer Ziele erreicht.«* [209] Weder die weibliche Armut noch die Gewalt gegen Frauen seien eingedämmt worden. Der Frauenbewegung sei es nicht gelungen, nennenswerte gesellschaftliche Macht zu erlangen.

Ernüchtert und desillusioniert fallen auch die Statements von ›autonom-politischen Frauen‹ im österreichischen Frauenbericht 1995 aus. Eine Interviewpartnerin beklagt, dass *»der Frauenbewegung irrsinnig der Wind aus den Segeln genommen ist mit dieser Institutionalisierung in der allgemeinen Politik«*, eine andere, dass *»die Akzeptanz von feministischen Anliegen immer geringer wird«*. Rückschläge vor allem im ökonomischen Bereich, ein verschärftes Klima und der Verlust der langfristigen Vision werden konstatiert. [210] Eine Frau wünscht sich, dass einmal alle Flügel der Frauenbewegung – der außerparlamentarische, der autonome, der institutionelle und die Frauen in gemischten Zusammenhängen – über Politikstrategien diskutieren. Und dabei *»endlich einmal die Illusion wegstreichen, dass sich die Frauen immer, überall und jederzeit lieben müssen«*.[211] Dass die kritischen Positionen der Frauenszene in den Bericht aufgenommen wurden, dokumentiert das Interesse und die Dialogbereitschaft der damaligen Frauenministerin als Auftraggeberin des Berichts. Abgesehen davon, dass ein offizieller Frauenbericht 2005 ausgeblieben ist, würden wohl kaum die ›Autonomen‹ darin zu Wort kommen.

Heute trägt die Frauenprojektekultur zur städtischen Dienstleistungskultur, zur Weiterentwicklung sozialpolitischer Inhalte und Angebote, zur urbanen Kultur und nicht zuletzt zur Schaffung von Erwerbsarbeitsplätzen bei. Die durch die Projekte initiierten Diskurse haben in Organisationen und Institutionen wie Gewerkschaften und kommunalen Verwaltungen Resonanz gefunden. Die internationale Vernetzung ermöglicht, Interessen von unterschiedlichen Gruppen z. B. auf EU- oder UN-Ebene verhandelbar und öffentlich zu machen.[212] Ehemalige Projekte wurden zu Organisationen, doch viele neue sind entstanden. Christina Schachtner hat 1999 bis 2003 über zwanzig lokale Frauenprojekte in Deutschland untersucht, die sich zu den Schwerpunkten Stadtentwicklung, Ökologie, Konsum und Lebensstile, Energie, Verkehr und Sicherheit, Wohnen und Arbeiten und für Eine Welt (Austausch und Unterstützung der Länder des Südens) engagieren.[213] Sie umfassen ein breiteres Spektrum von Akteurinnen als die erste Welle der Frauenprojekte: Jugendliche und Pensionistinnen, interkulturelle Stadtteilinitiativen und Gleichstellungsbeauftragte sind in diesen Gruppen und Netzwerken vertreten. Manche sind direkt auf die Agenda 21 bezogen, ein UN-Zukunftsprogramm zur Neugestaltung des sozialen, politischen und ökologischen Raums, andere agieren autonom und themenspezifisch.

Ein Begriff taucht in der Diskussion um die Frauenprojekte immer wieder auf: ›Autonomie‹. Schon 1979 gab sich die 4. Frauensommeruniversität den Titel ›Autonomie oder Institution‹. Die Frage nach dem Verhältnis von Utopie, Autonomie und Institutionalisierung stellte sich in den kommenden Jahren immer wieder und wird mich im nächsten Kapitel beschäftigen.

2.2.2 Autonomie – die schöne Blume Utopie und das Ideal der Selbstbestimmung

> Eine Weltkarte, auf der das Land Utopia nicht verzeichnet ist,
> verdient nicht einmal einen flüchtigen Blick,
> denn ihr fehlt das Land, das die Menschheit seit jeher ansteuert.
> Oscar Wilde

»*Die Utopie der Frauenbewegung hieß und heißt Autonomie*«.[214] Autonomie heißt Unabhängigkeit von patriarchalen Ideologien und Interessen, Eigenständigkeit und kritische Distanz gegenüber der Wirtschaft und Institutionen wie Universitäten, Trägerorganisationen sozialer Dienste, kommunalen Einrichtungen und Parteien.[215] Das Belladonna-Konzept betont Autonomie als elementaren Bestandteil des Selbstverständnisses. Um Utopien entwickeln zu können, müssten Frauen Gelegenheit und Zeit für Reflexion und Analyse finden, um etablierte Wertvorstellungen zu hinterfragen.

»Die patriarchale Ausrichtung des Gesellschaftssystems und die ihr inhären-
ten Strukturen und Organisationsformen erfordern zuallererst eine Distan-
zierung, Zeit für Reflexion und Analyse, um tatsächlich zu einem selbstbe-
stimmten Lebensentwurf zu gelangen.«[216]

Autonomie bedeutet auch, Unterschiede zwischen Frauen zuzulassen und das Schema von Opposition oder Assimilation zu überwinden.

Das feministische Autonomieprinzip forderte Selbstbestimmung über die eigene Lebensgestaltung und den eigenen Körper ein. Weitgehend war es aber gedacht als Loslösung von männlich bestimmter Politik und Gestaltung frauenbestimmter Räume. Es hat eine entscheidende Veränderung des Selbstbewusstseins, eine kulturelle Revolution nicht nur in den Köpfen, sondern auch in der Praxis der Projekte und auf dem Weg durch die Institutionen bewirkt. Ursula Nienhaus versteht den Begriff als geeignet, bei aller Vielfältigkeit einen Zusammenhang und zugleich eine Perspektive zu garantieren.[217] Sie bestand auf selbstverwalteten Einrichtungen unabhängig von Institutionen, um sich Kontrollinstanzen zu entziehen, bei gleichzeitigem Anspruch auf angemessene Ressourcen, eine gerechte Umverteilung gesellschaftlichen Reichtums. Autonomie als subjektives Konzept bedeutete *»die Courage, ohne Anlehnung an welchen Mann auch immer zu sagen: ich will und wir wollen«.*[218] Diese feministischen ›Pfade in Utopia‹ wollten nicht auf eine ideale Gesellschaft in der Zukunft warten, sondern im Sinne von Martin Buber ihre Utopien sofort leben, *»jeweils am gegebenen Orte und unter den gegebenen Bedingungen, also gerade ›hier und jetzt‹ in dem hier und jetzt möglichen Maße«*[219]: Die Projekte als ›Widerstandsnester in der Gesellschaft‹[220] sollten gegen Isolation und Rivalität im modernen Patriarchat antreten. *»Wir wollten aus unseren Bedürfnissen heraus mit einem Leben beginnen, das ein kleines Modell für die große Utopie sein sollte, dem andere Frauen folgen sollten.«*[221] Diese radikale frauenbewegte Utopie hatte just in der Phase Hochkonjunktur, als mit dem Zusammenbruch der sozialistischen Systeme die großen politischen Utopien zu Grabe getragen wurden. Utopien und Hoffnungen sind immer wieder von Enttäuschungen verstellt. Diese Gefahr war auch mit den buntesten Segeln nicht zu umschiffen.

Das scheinbar autonome Subjekt, das seine Entscheidungen trifft, ist ein Konzept der Moderne. Dieses patriarchale Identitätskonzept verleugnet die Abhängigkeit von der Fürsorge und der Arbeit anderer. In den Prinzipien der Aufklärung ist die Geschlechterdominanz eingeschrieben.[222] Gleichheit, Freiheit, Brüderlichkeit galt für die Bruderschaft des männlichen Geschlechts (und auch nur aus bestimmten Klassen), nicht für Schwestern. Feministinnen kritisierten das patriarchale Autonomiekonzept, traten mit dem Leitbild einer sexuell, beruflich und beziehungsmäßig freien Frau aber letztlich selbst dafür ein. Damit fungierten die Frauen, die vorgezeichnete Lebensbahnen verließen und ihrem Eigen-Sinn folgten, unversehens als Schrittmacherinnen eines neoliberalen Wertewandels. Autonome Subjekte, die zu changierenden Identitäten zerfallen, erweisen sich im deregulierenden Kapitalismus als auferlegte Ausgestaltungsnotwendigkeit.[223]

Ungleichheiten unter Frauen nehmen zu. Manche haben Zugang zu prestige- und geldträchtigen Positionen und Möglichkeiten der Selbstbestimmung. Unter überzogenen Vorstellungen an Leistungsvermögen, Emotionalität, Souveränität und Aussehen versuchen diese Frauen ihre privaten, beruflichen und sozialen Felder auszubalancieren. Für andere sind ökonomische, körperliche, familiäre Bedingungen oder die Herkunft existenzbestimmend. Herkömmliche nachteilige Lagen bestehen weiter neben gänzlich neuen.[224]

Beck entlarvt die Idee vom eigenen, selbstbestimmten Leben als Illusion. Er stellt die als weitgehend beliebig gedachten Lebensformen der Postmoderne in Frage. Das, was als Wahlbiografie gepriesen wird, wird in Wahrheit zur Bastel-, Bruch- und Zusammenbruchsbiografie.[225] Im Institutionen-Dickicht einer Gesellschaft, die in einzelne Funktionsbereiche zerfällt, werden wir in andauerndem Wechsel zu teilweise unvereinbaren Verhaltenslogiken gezwungen.

»Das eigene Leben ist gar kein eigenes Leben! Jedenfalls nicht in dem Sinne eines frei schwebenden, selbstbestimmten, allein dem Ich und seinen Vorlieben verpflichteten Lebens. Es ist vielmehr genau umgekehrt Ausdruck einer späten, geradezu paradoxen Form der Vergesellschaftung. Die Menschen müssen ein eigenes Leben führen unter Bedingungen, die sich weitgehend ihrer Kontrolle entziehen. Das eigene Leben hängt z. B. ab von Kindergartenöffnungszeiten, Verkehrsanbindungen, Stauzeiten, örtlichen Einkaufsmöglichkeiten usw., von den Vorgaben der großen Institutionen: Ausbildung, Arbeitsmarkt, Arbeitsrecht, Sozialstaat; von den Krisen der Wirtschaft, der Zerstörung der Natur einmal ganz abgesehen. Manchmal muss nur die Oma, die die Kinder hütet, ausfallen, und die windigen Konstruktionen des eigenen Lebens brechen in sich zusammen.«[226]

In ihren Worten drückt eine meiner Interviewpartnerinnen mit jahrelanger Erfahrung in der Frauenberatung dasselbe aus: *»Selbstbestimmt* *leben, das geht eigentlich nicht. Man redet zwar groß, aber es ist oft nicht möglich. Die Wahl ist nicht wirklich da.«* (Interview 1, Z. 130/131) In diesem Spannungsverhältnis zwischen Freiräumen, Fremdbestimmung und Freisetzung kann ein naives Autonomiekonzept kaum bestehen. ›Autonomie‹ kann nur als Formulierungsversuch verstanden werden, um in individuellen Lebensformen und feministischer Politik widerständige Perspektiven zu erhalten und die Fußangeln systemimmanenter Gleichberechtigungsversprechen zu meiden. Utopie ist keine naive Vorstellung vom Paradies, sondern ein Nicht-Ort, der andere Verhältnisse formulierbar macht.[227]

Die neuen Projekte, die Schachtner untersucht hat, pflegen den radikalen Autonomiebegriff der 70er und 80er Jahre nicht mehr. Auch sie formulieren Utopien, setzen gegen die Unwirtlichkeit öffentlicher Räume die Wiedergewinnung von Kommunikationsräumen, suchen in ihrem Engagement nach Verbundenheit, Authentizität und Emotionalität, den Eckpunkten des aristotelischen Konzepts vom ›Guten Leben‹.[228] Die Akteurinnen denken persönliche Autonomie und individuelle Emanzipation zusammen mit gemeinschaftsbezogener Bindung und Verantwortlichkeit, laut Holland-Cunz das typische Merkmal feministischer Utopien.[229] Die große politische Vision ist in diesen Initiativen nicht anzutreffen, doch sie haben eines gemeinsam: die Infragestellung der maskulinistisch geprägten Gesellschaftsordnung.[230] Trotz notwendiger Kompromisse sind Aktionen staatsbürgerlichen Ungehorsams möglich, meint Ursula Nienhaus. Kompromisse und Zugeständnisse müssen nicht zur gesellschaftlichen Wirkungslosigkeit führen. Spontaneität und Widerspenstigkeit können als Ausgleich zum Sachzwangdruck bewusst gepflegt werden.[231]

2.2.3 Der Widerspenstigen Lähmung

Für die Frauenprojektebewegung bedeutete Autonomie umfassende Selbstbestimmung im Privaten und Politischen *»und allemal dort, wo beides sich trifft – am Arbeitsplatz«.*[232] Die Hoffnung auf private und politische Selbstbestimmung im Frauenprojekt hat unrealistische Erwartungen an die Handlungsspielräume und die Kooperation unter Frauen genährt. Finanzielle Engpässe dämpften den Kampfgeist. Befristet geförderte Stellen führten zu personeller Fluktuation und geringerem Engagement. Anders als zu Beginn sahen viele Frauen in den Projekten bald einen Job und weniger ein frauenpolitisches Betätigungsfeld. Als Karriere, Alters- und Arbeitsplatzsicherung Thema wurden, wanderten qualifizierte Frauen in besser bezahlte, sicherere Arbeitsfelder ab. Einige der Projektmitarbeiterinnen konnten im universitären Raum Fuß fassen. Andere machten sich auf den Marsch in Institutionen, die einen gewissen Spielraum für feministisches Handeln versprachen. ›Auf glattem Parkett‹[233] von Parteien, öffentlicher Verwaltung, Medien, Bildungseinrichtungen, Gewerkschaften begannen sie sich mit institutionellen Hindernissen herumzuschlagen und ihre Kompetenzen und ihre Haltung in diese Felder hineinzutragen. Sie konnten zumindest auf ein regelmäßiges Gehalt zählen, einige auch Karriere machen.

Die Geschichte der Frauenprojekte verlief in drei Phasen: Die politische der 70er Jahre, die therapeutische der 80er Jahre und die Managementphase der 90er Jahre. Die Veränderungen vollzogen sich nach Margit Brückners Befunden vom ›Bewegungsmodell‹ zum ›Professionalitätsmodell‹.[234] Nach der kämpferischen Aufbruchszeit standen Lebensbewältigung, Lebensführung, subjektive Erfahrungen und Verletzungen im Zentrum, bis Konflikte in den Projekten und Kürzungen im Sozialbereich Fragen der Professionalisierung und Organisationsentwicklung bis zur nackten Existenzsicherung in den Vordergrund rückten. Mit dem Rückgang politischer Zielsetzungen und der sozialarbeiterischen Ausrichtung von Frauenprojekten kam es zu einer *»Umformung des Politischen«,* was einige als Verflüchtigung erlebten.[235]

Die Professionalisierungs- und Institutionalisierungsanstrengungen der Projektbewegung haben *»feministische Politik zur Geldbeschaffungspolitik degradiert«,* stand im Editorial der ›beiträge zur feministischen theorie und praxis‹. Die meisten Frauenräume seien an den Arbeitsplatzinteressen von Mittelschichtsfrauen orientiert, die Frauen, die sie aufsuchten, zu Klientinnen und Konsumentinnen geworden. Die Frauenbewegung habe keinen öffentlichen Ort mehr. Eine Vermittlung zwischen Theorie und Praxis, das Essential feministischer Politik, finde nicht mehr statt. Während sich die feministische Theoriebildung in die dünne Luft des universitären philosophierenden Diskurses verflüchtigt habe, wo die *»jeweiligen wissenschaftlichen Vorgärten gepflegt und ausgebaut«* werden, sei in den Projekten die Theorieabstinenz ausgebrochen.[236]

Brigitte Sellach warf den Frauenprojekten ein ritualisiertes Vortragen der herrschenden Unterdrückungsmechanismen und der eigenen Verdienste vor. So aber sei nicht mehr selbstverständlich mit öffentlicher Unterstützung zu rechnen. Als »*die scheinbar Übriggebliebenen der Bewegung*«[237] würden sie untätig auf Anerkennung durch die politischen Gremien warten. Gabriele Freytag fühlte sich in Fraueneinrichtungen oft an Klagen über die tägliche Hausarbeit erinnert: »*Da ist die Rede von nie enden wollendem Kleinkram, von der ständigen Arbeitsüberlastung und vom Leiden an der Unachtsamkeit anderer.*«[238] Sie hat provokante Thesen über die Ähnlichkeit von Hausarbeit und Projektarbeit verfasst:

1. **Das Bewusstsein von Kompetenz**
   Eine Projektfrau kann wie eine Hausfrau alles. Ihre Kompetenzen werden nach innen und außen kaum wahrgenommen. Sie neigt dazu, mehrere Arbeiten bei permanenter Überforderung und gestreuter Aufmerksamkeit gleichzeitig zu verrichten. Durch mangelnde Strukturierung und Festlegung der Arbeitsfelder bleibt die Qualität der eigenen Arbeit diffus.

2. **Arbeitsorganisation**
   Die Arbeit der Hausfrau wie auch der Projektfrau hat nie ein Ende. Veränderungen, eigene Bedürfnisse, Begeisterung für Neues - anfangs Motivation für den Projektarbeitsplatz - werden oft abgewehrt. ›Mütterliche‹ Werte wie emotionale Bindung, Erhalt des Status quo, Verzicht auf Ambitionen außerhalb des Projektes werden wie in der klassischen Rollenteilung der Familie gegen ›väterliche‹ wie Expansion, Risikobereitschaft, Erneuerung verteidigt.

3. **Unentbehrlichkeit**
   Hausfrauen und Projektfrauen sind unentbehrlich. Sie können nicht delegieren - und tragen schwer daran. Anfangs kämpfen die Frauen noch um den ›Unentbehrlichkeitspokal‹. Mitunter gewinnt eine den Kampf, dann können sich die anderen zurücklehnen und den Groll über die eigene zweitrangige Position pflegen.

4. **Gegenseitige Anerkennung**
   Die Arbeit der Hausfrau wie auch der Projektfrau wird kaum gesehen und gewürdigt, es gibt keine qualitative Differenzierung und Kompetenzzuschreibung. Von Kolleginnen und Fachkreisen bzw. der Familie bleibt Anerkennung oft aus. Die, die gelobt werden, neigen dazu, ihre Leistungen zu bagatellisieren (›War doch nichts Besonderes‹).

5. **Bezahlung**

Hausfrau und Projektfrau müssen mit dem, was da ist, auskommen. Als Ausgleich für Unterbezahlung und finanzielle Unsicherheit werden ideelle Werte hochgehalten. Da die Frauen als Klientel wenig bis kein Geld haben, werden staatliche Zuschüsse als eine Art Wiedergutmachung eingefordert.

6. **Arbeit und Liebe**

Die Hausfrau wie auch die Projektfrau tut ihre Arbeit aus Liebe oder zumindest aus moralischen Gründen. Das Projekt gilt als ›Familie von Freundinnen‹, weniger als Arbeitsplatz. Oft gibt es keine verbindlichen Verträge, Grenzen und Regeln. Damit sind Zufriedenheit und Arbeitsplatzsicherheit zu sehr von den Beziehungen im Team abhängig, Angst und Angstabwehr sind die Folge. Bei Liebesverlust droht die Scheidung.

7. **Macht und Leidenschaft**

Einem Haushalt wird ebenso wie einem Frauenprojekt keine Leidenschaft und keine Macht zugeschrieben. Hausfrauen und Projektfrauen gelten als gesellschaftlich machtlos. Gleichzeitig werden sie als übermächtig phantasiert (›Die Mutter ist an allem schuld‹ bzw. ›Wir retten die Frauen und die Welt‹).[239]

Das Frauenprojekt als ›My home is my Castle‹ kann zum Bollwerk gegen die Welt draußen geraten. Drinnen sitzen die Schwestern bei ihrer ›Mutter‹, die ihnen Schutz und Fürsorge angedeihen lässt und sie (mit einem regelmäßigen Gehalt) versorgt. Das Projekt als Mutter kann aber auch kontrollierende Seiten zeigen, Eigenständigkeit und abweichendes Verhalten nicht zulassen und Aggressionen und Rivalitäten ersticken, bis es zum großen Krach kommt. Freytag fragt danach, ob Projektfrauen die Hausfrauen der Bewegung geworden sind. Wenn sie staatliches Geld wie Schmerzensgeld forderten und nicht bereit seien, inhaltliche Interessen und Arbeitsbündnisse auch temporäre emotionale Unverträglichkeiten überdauern zu lassen, schwächten sie ihre kollektive Macht. Sie ermuntert dazu, sich nicht mit den kleinen Freiheiten zu begnügen, sondern deutliche Spuren in die Welt zu setzen. Negierte Dimensionen des Weiblichen müssen so weit bearbeitet werden, dass die Projektfrauen zu ›Täterinnen‹, zu aktiv Handelnden im Projekt und im öffentlichen Raum werden können, meint auch Margit Brückner.[240] Sichtermann und Siegel zeichneten folgendes Bild der Projektepraxis:

»Es zeigt sich, dass eigentlich alle Projekte an einem Markt agierten, sie haben ihre Ideen angeboten und verkauft, dem Staat, den großen Verbänden, den Politikerinnen, der Frauenbewegung, den Frauen.«[241]

Die Geldbeschaffungspolitik schien vielen Fraueneinrichtungen legitim. Die Forderung nach ›Staatsknete‹ wurde damit gerechtfertigt, dass sie gesellschaftlich notwendige Arbeit im Interesse von mehr als der Hälfte der Bevölkerung leisteten und damit auch am gesellschaftlichen Reichtum partizipieren sollten. In einer Zeit wirtschaftlicher Prosperität und einer erstarkenden Frauenbewegung konnten die Subventionsansprüche auch mit einem gewissen Selbstbewusstsein geltend gemacht werden. Viele Projekte gerieten jedoch wiederholt in finanzielle Krisen oder in Abhängigkeit von den jeweiligen parteipolitischen Machtverhältnissen in Gemeinderäten, Landesparlamenten und Ministerien. Schuld daran waren laut Sellach Versäumnisse der Projektfrauen. Sie hätten nur dann eine Zukunft, wenn sie sich *»auf den notwendigen Professionalisierungsschub einlassen«.*[242] Nach der schon gelungenen inhaltlichen Professionalisierung sollten sich Fraueneinrichtungen als ›Produzentinnen von Dienstleistungen‹ der Konkurrenz anderer Anbieter stellen. Es gelte, Lobbyismus zu betreiben und Verbündete zu suchen. Wenn von Politikerinnen Unterstützung eingefordert werde, sollten sie sich nicht vor den Ansprüchen der ›Berufsfeministinnen‹ fürchten müssen. Die Widerstände in den eigenen Reihen seien belastend genug.[243]

Marie Sichtermann plädiert nach wie vor für autonome Frauenräume, weil sie für die Handlungsfähigkeit von Frauen stehen.[244] Ihre Zustandsbeschreibung von heute sieht so aus:

»Frauen, die miteinander in einem Frauenprojekt arbeiten, befinden sich auf einer Gratwanderung zwischen Ideologie und Haushaltsplänen, öffentlicher Abwertung und Umarmungsversuchen, zwischen eigenen Interessen und den Ansprüchen einer Klientel, die oft genug dem Feminismus fern steht. Sie brauchen außer Klugheit und Umsicht auch Methoden der Auseinandersetzung und der Theoriebildung. In renommierten Projekten, die es geschafft haben, sitzen die Frauen und finden sich gut. Sie fangen an, über ihre Altersversorgung nachzudenken. In den Projekten, die es nicht geschafft haben, sich zu etablieren, wird kollektiv an den Nägeln gekaut.«[245]

Die feministischen Impulse, die von Frauenprojekten ausgingen, wurden in andere gesellschaftliche Räume und Institutionen hineingetragen. Die Frauenprojektebewegung machte die strukturelle Benachteiligung von Frauen als Geschlecht öffentlich und reagierte auf Differenzen unter Frauen, indem sie für verschiedene Interessenslagen Angebote schuf und Problemlösungen suchte. Sie verhandelte ebenso wie die feministische Theoriediskussion die großen Themen Differenz, institutionelle Vereinnahmung und politische Strategien, nur auf einer anderen Ebene. Leider ist der Dialog zwischen den Theoretikerinnen und den Projekten ausgedünnt, was zu Defiziten in beiden ›Lagern‹ führte.

Am Beispiel von Belladonna zeigt sich, wie sich die Themen Selbsthilfe, Kultur, Bildung, Gesundheit, Beratung, die anfangs noch unter einem Dach versammelt waren, ausdifferenzierten. Kortendieck und Cottmann unterscheiden inzwischen Frauenprojekte im Bereich der Sozialen Arbeit nach Schutzhäusern und Wohnprojekten, Bildungsprojekten und Beratungsprojekten.[246] Belladonna ist der Kategorie Beratungsstellen zuzuordnen. Diese werden mich im nächsten Kapitel beschäftigen.

2.3 FrauenArbeit – Frauenberatungsstellen zwischen Anspruch und Arbeitsplatz

2.3.1 Feministische Projekte oder institutionalisierte Versorgungsangebote

Institution (lat. institutio – Einrichtung) ist in der Soziologie eine mit Handlungs-Rechten, Handlungs-Pflichten oder normativer Geltung belegte soziale Wirklichkeit, durch die Gruppen und Gemeinschaften nach innen und nach außen hin verbindlich (geltend) wirken oder handeln.[247]

Frauenberatungsstellen haben sich im Lauf der Jahre in professionell arbeitende Organisationen verwandelt. Mit der Ausdifferenzierung und Spezialisierung war ihre Institutionalisierung verbunden. *»Gleichwohl scheint es angemessen, auch bei den Frauenprojekten von Institutionen zu sprechen«*, lautet die Konklusion einer hessischen Frauenprojekte-Studie.[248] Foucault beschreibt Institutionen als Disziplinierungsinstrumente der modernen Gesellschaft, die ihre Macht über kulturelle Praktiken und Techniken in die Subjekte diffundierten und von diesen internalisiert werden. Cornelia Eichhorn wirft den Frauenberatungsstellen vor, als ein solches Disziplinierungsinstrument zu fungieren, indem sie ein öffentlich anerkanntes ›Problem Frau‹ als neuen Zweig der Sozialarbeit inszenieren. Damit würden sie die *»soziale Hilfsthätigkeit«* (Alice Salomon 1908) der bürgerlichen Frauenbewegung fortsetzen.[249]

Psychosoziale Beratung ist eine kulturelle Innovation des 20. Jahrhunderts. Die Auflösung traditioneller Lebens- und Arbeitsformen führte zu soziokulturellen Verwerfungen. Damit kommt es häufig zu Desorientierung, Unsicherheiten und Konflikten.[250] Psychosoziale Beratung aus einer sozialhistorischen Perspektive gesehen ist also ein Produkt gesellschaftlicher Konflikte und Gegensätze.

> *»Die Konflikte, die zur Entstehung von Beratung geführt haben, werden durch diese neue Interventionsform nicht gelöst – jedenfalls nicht in der Form, in der sie sich gestellt haben – sondern durch das Schaffen eines ›Zwischenraumes‹ in neuer Weise kommunikabel gemacht.«*[251]

Die Möglichkeit, Orientierungsprobleme mit Hilfe von Beratung zu lösen, setzt gesellschaftliche Konstellationen voraus, die zumindest gewisse Handlungsspielräume erwarten lassen. Psychosoziale Beratung agiert in einem Umfeld, in sozialen und kulturellen Feldern. Paul Bourdieu beschreibt die Struktur dieser Felder als ›Soziotope‹. Das Zurechtkommen und die Ressourcen der Personen, die in diesen sozialen Feldern agieren, bezeichnet er als ›Habitus‹. Beratung übernimmt als eigenständiges, autopoietisches System die Funktion, soziale Spannungen in bearbeitbare individuelle psychische Störungen umzuwandeln. Ruth Großmaß fordert eine Analyse der Felder, auf die sich eine Beratungseinrichtung bezieht. Die Betrachtung der eigenen Klientel in diesen Feldern ermögliche einen nüchternen Blick auf die eigene Arbeit und trage zur Entpathologisierung der Krisen bei, wegen denen die Beratungsstelle aufgesucht wird.[252]

Frauenberatungsstellen mit ihrer Angebotspalette sind *eine* Antwort (von mehreren) auf die veränderten gesellschaftlichen Rahmenbedingungen und die Art und Weise, wie Frauen damit zurechtkommen – oder eben oft auch nicht. Frauenberatungsstellen haben sich für die Abhängigkeit von staatlichen Zuwendungen, von Bund, Ländern, Gemeinden und Arbeitsämtern entschieden, damit sie kostenlose Angebote machen können. Damit übernehmen Frauenberatungsstellen aber auch politische Arbeitsaufträge. Bei diesen Aufträgen an die Beratungsstellen handelt es sich um Interventionen des politischen Felds zur Umdefinition der in gesellschaftlichen Verschiebungskämpfen verhandelten Themen. So wurde z. B. aus der Forderung: ›Mein Bauch gehört mir!‹ ein Schwangerschaftskonflikt, der in einer bestimmten Form und Beratungssituation kommuniziert wird.[253] Die Wahrnehmung von Abweichung und Normalität ist das Ergebnis gesellschaftlicher Definitions- und Aushandlungsprozesse. Feministisch orientierte Beratung und soziale Arbeit sind gefordert, Normalitätskonzepte immer wieder neu zu hinterfragen.[254]

Einen Aspekt spricht Ruth Großmaß noch an: dass die ›Gesamtinszenierung Beratungsstelle‹ den Übergang strukturiert von sachlichinformativen Anliegen zu persönlichen Konflikten und Krisen. Das intime Gespräch, als *»professionelle Verständigung«* (Redlich 1997) oder *»kunstvoller Dialog«* (Schrödter 1997)[255] wird gemeinhin als Kern der Beratung gesehen. Ihm wird mehr Prestige und Bedeutung zugemessen als den Tätigkeiten, die bereitstellen, vorbereiten, Struktur schaffen (metaphorisch gesprochen der ›Hausarbeit‹). Damit wird die Beziehungsseite entmaterialisiert. Die Infrastruktur, Herstellung des Beratungssettings und Erstellung von Materialien sind entscheidend für das Gelingen von Beratungsprozessen und werden in der Diskussion um Qualitätssicherung kaum berücksichtigt.[256]

Frauenberatungsstellen kommen durch ihre Institutionalisierung in eine schizophrene Lage. Als soziale Non-Profit-Organisationen (NPOs) im Dritten Sektor haben sie die Funktion, ein Gegengewicht zum Staat und seinen Einrichtungen herzustellen. Sie übernehmen darüber hinaus Anwaltsfunktion für bestimmte, oft ausgegrenzte soziale Gruppen, erfassen gesellschaftliche Problemlagen und konzipieren Problemlösungsstrategien. Die Rolle sozialer NPOs wird wissenschaftlich auf unterschiedlichen Ebenen diskutiert:

-   Aus volkswirtschaftlicher Sicht begründet sich die Existenz dieser Organisationen aus Staats- und Marktversagen in der Dienstleistungsproduktion. Sie werden dort aktiv, wo andere Institutionen nicht oder unzureichend die Bedürfnisse der Zielgruppe erfüllen.
-   Politikwissenschaftliche Ansätze sehen den Dritten Sektor als Pufferzone zwischen Markt und Staat, die soziale Spannungen und politische Konflikte mildern bzw. lösen soll. Sein ihm zugeschriebener ›funktionaler Dilettantismus‹ (nach Seibel 1992 die gesellschaftliche Funktion, ineffizient und irrational zu reagieren) soll die Zweckrationalität des Marktes kompensieren.
-   Organisationstheoretische Ansätze betonen Solidaritätsaspekte und den Reiz von mehr Autonomie und geringerer Formalität als in anderen Arbeitsbereichen.[257]

Sozialen NPOs sind die großen Wohlfahrtsverbände ebenso zuzurechnen wie lokale zivilgesellschaftliche Initiativen. Durch die enorme Expansion des Sozialbereichs wurden sie zu einem bedeutenden Wirtschaftsfaktor. Das bedeutet Arbeitsplatzsicherung, aber auch steigenden Konkurrenzdruck und wachsende Anforderungen an Effizienz und Leistungsqualität. Durch das Vordringen gewinnorientierter Unternehmen in den sozialen Sektor gibt es *»immer weniger Bereiche, in denen Unternehmen ungestört von kommerzieller Konkurrenz agieren können.«*[258] Unter dem Modernisierungsdruck kam es auch zu einer Polarisierung zwischen staatlich unterstützten, professionalisierten Dienstleistungsunternehmen einerseits und alternativen, ehrenamtlichen Basisorganisationen andererseits, die sich auf dem Markt schwer behaupten können.[259]

Mit der Institutionalisierung von Frauenberatungsstellen hat sich ihre frauenpolitische Positionierung mehr auf individuelle Begleitung und Unterstützung verlagert. Eine der ältesten in Österreich ist die 1981 gegründete Wiener Frauenberatungsstelle ›Frauen beraten Frauen‹. Wurde die Handlungsleitlinie bis 2004 auf der Website noch so formuliert:

> *»Wir bestärken Frauen in ihren eigenen Ressourcen und begleiten sie in ihrem Prozess, mögliche neue Lösungsschritte und Veränderungen zu entwickeln. Wir greifen frauenpolitische Anliegen auf, entwickeln dafür Angebote und geben insofern Impulse, daß auf politischer und individueller Ebene neue, vielfältige Frauen-Lebensräume und Visionen realisiert werden«*[260],

heißt es heute:

> *»Wir beachten in unserer Arbeit die Zusammenhänge und Wechselwirkungen von materiellen, sozialen, körperlichen und psychischen Bedingungen. Wir bestärken Frauen in ihren eigenen Ressourcen und begleiten sie in ihrem Prozess, neue Perspektiven und Veränderungsmöglichkeiten zu entwickeln.«*[261]

Statt von neuen Lebensräumen und Visionen auf politischer und individueller Ebene ist nun von den Ressourcen und Perspektiven der Nutzerinnen die Rede. Diese inhaltliche und strukturelle Umformung stellte sich als Professionalisierung dar, ein Begriff, den ich im nächsten Kapitel genauer untersuchen möchte.

2.3.2 Das Zauberwort Professionalität

Was tun Frauen in ihren Bezügen und Betrieben?, fragt Marie Sichermann und antwortet: Sie reiben sich gegenseitig das Wort ›unprofessionell‹ unter die Nase. *»Dieses beliebteste Schimpfwort der letzten Jahre ersetzt andere nasse Handtücher, mit denen frau nach einer anderen schlagen konnte.«*[262] Ob der Maßstab für Professionalität wohl unser eigener sei, fragt sie weiter. Und warnt vor der Illusion, Professionalität mit einer Eintrittskarte in die Herrschaftsmacht zu verwechseln. Frauen müssten erkennen, dass sie nach all der Arbeit und Mühe, die sie auf sich geladen haben, nach all den Weiterbildungen und Qualifikationen, immer noch weitgehend von gesellschaftlicher Macht ausgeschlossen sind. Bemühungen um Professionalisierung als Strategie der kollektiven Statusverbesserung müssen keineswegs zu mehr Handlungsspielraum und Anerkennung führen.

›Professionell‹ bzw. ›unprofessionell‹ ist ein Begriff, der nicht nur in der Frauenszene herumschwirrt. Es ist eines der neuen Wörter, die inflationär unsere Sprache überschwemmen. Uwe Pörksen nennt diese Wörter ›Plastikwörter‹. Ihre Merkmale sind:

- In unzähligen Kontexten verdrängen sie Synonyme und sprachlichen Reichtum.
- Sie wurden von einer eher wissenschaftlichen Sphäre in die Alltagssprache verlagert.
- Sie stiften Konsens, sind mehrheitsfähig, verleihen der Sprache eine autoritäre Aura.
- Sie haben keine historische und geografische Einbettung, *»sind neu und schmecken nach nichts«.*
- Sie wecken Bedürfnisse, erhöhen das Prestige des Sprechers und fungieren als Brücke zur Welt der Experten. [263]

In der Internetsuchmaschine Google fand ich für ›professionell‹ 17 Mio. Treffer. ›Professionalität‹ kommt immerhin noch 3 Mio. mal vor, ›Professionalisierung‹ 1,5 Mio. mal. Die ›Profession‹ bringt es nur noch auf 200.000 (es von der ›Professionalisierung‹ zur ›Profession‹ zu schaffen, gelingt wohl nicht allen ...), ›Feminismus‹ kann es mit 1.430.000 Nennungen nicht einmal mit ›Professionalisierung‹ aufnehmen, ›Feministin‹ kommt nur 250.000-mal vor.[264]

Was heißt denn nun Professionalisierung? Professionalisierung ist an Hierarchisierung, Spezialisierung und an die Sicherung von Arbeitsbereichen, Macht- und Einflusssphären gebunden. Professionalisierung bedeutet den Transfer von Aufgaben aus dem Familienverband oder aus ehrenamtlichen Tätigkeiten in bezahlte. Sie bezeichnet auch die Auffächerung in abgegrenzte Tätigkeiten mit eigener Berufs- und Funktionsbezeichnung und eigenem Qualifikationsniveau.[265] Die Frauenberatungsstelle Köln begründet ihren Professionalisierungsprozess mit dem zu bewältigenden Arbeitspensum, den Anforderungen sowie ihrem Wunsch nach Qualifikationen. Klar umrissene Arbeitsbereiche, mehr Struktur, Kontur und Individualität wurden notwendig.[266] Klassische Professionen – Ärzte, Apotheker, Juristen – sind die Säulen der patriarchalen Gesellschaft. ›Profession‹ hat einen autoritären Anstrich. Sie zeichnet aus, dass meist monopolisierte Arbeitsleistungen mit relativ hohen Chancen auf Erwerb, Versorgung, Ansehen und Einfluss verbunden sind. Außerdem verfügen Professionen über Berufsverbände mit eigener Disziplinargewalt und Regulationsmöglichkeiten. Die Zulassung erfolgt nach lang dauernder akademischer Spezialausbildung. Die Berufsausübung geschieht in weitgehender Autonomie gegenüber ihrer Klientel und Institutionen, häufig als selbstständige Tätigkeit. Die Stilisierung als ›gehobener Beruf‹ dient der Rechtfertigung eines lukrativen Monopols, der Abschottung und der Sicherung von gesellschaftlichem Respekt.[267]

Den klassischen Professionen stehen überwiegend weiblich besetzte Semi-Professionen gegenüber. Dazu gehören Gesundheitsberufe wie die Pflege oder soziale Dienstleistungen wie die Sozialarbeit. Sie haben weder eine klare Berufsautonomie und Zugangsregeln noch ein Kompetenzmonopol gegenüber konkurrierenden Berufsgruppen oder ihrer Klientel. Dies führt zu einem geringen Maß an beruflicher Spezialisierung, zu einer ›diffusen Allzuständigkeit‹.[268] Diese Berufe sind mit sozialen Zuschreibungen und ›weiblichen Werten‹ überfrachtet. Die ›unvollständigen Professionen‹ bemühen sich seit geraumer Zeit darum, zu den klassischen Professionen aufzuschließen, auch wenn gegenläufige Tendenzen zur De-Expertisierung diskutiert wurden. Professionalisierung ist an die Prinzipien der Arbeitsteilung und der ›Verwissenschaftlichung‹, damit an Hierarchisierung und Sicherung von Einflusssphären und Kompetenzbereichen gebunden.[269] So wurde die Akademisierung dieser Berufsgruppen erfolgreich vorangetrieben oder wurden zumindest die Ausbildungen verlängert und vertieft. Dies kann auch den Preis der Praxisferne und der abnehmenden Klientinnenorientierung bedeuten.

»Professionalisierung in den Projekten ist gekennzeichnet durch verstärkte Sachorientierung und Effizienz; erforderlich ist Kompetenz in Sprache und Umgangsformen staatlicher und kommunaler Verwaltungen«, gibt Hänsch zu bedenken.[270] Damit spricht sie die Aneignung und Vermischung von Diskursen an, die bislang getrennte Welten kennzeichneten – den hegemonialen Diskurs und einen oppositionellen. Eine feministische Organisation in das Korsett von unhinterfragten Professionalisierungskriterien zu stecken, kann technizistische Haltungen befördern.

Die Beschwörung von Professionalität kann nicht darüber hinwegtäuschen, dass es Lücken und Differenzen gibt bei Anforderungsprofilen und Qualitätskriterien in Frauenberatungsstellen. Auch wenn die gefühlsbelastete Schwesterlichkeit durch eine neue Kollegialität abgelöst wird, kann es unter der Oberfläche – unausgesprochen – bewegt zugehen.

Mit den Professionalisierungsansprüchen sei die permanente Überlastung und Zeitnot in die Fraueneinrichtungen eingezogen, meint Ulrike Hänsch. Durch Hektik und Überforderung würden sich die Projektfrauen Relevanz verleihen wollen, um die Erkenntnis zu verdrängen, dass ihnen gesellschaftliche Anerkennung weitgehend verwehrt bleibt. Die Herstellung von Dauerstress verbinde die feministischen Kolleginnen in den Projekten übrigens mit denen in der Wissenschaft.[271] Beide Gruppen zeigten die Tendenz zu ›mehr, größer, bedeutender‹ (mehr Stellen, Gelder und Akzeptanz im Wissenschaftsbetrieb, mehr nationale und transnationale Projekte oder tolle personelle und finanzielle Ausstattung bei den Fraueneinrichtungen), während sie meist das übliche weibliche Haushalten unter unzureichenden Bedingungen praktizieren müssen.

Hänsch hält es für unumgänglich, »*das Bedürfnis nach materieller Absicherung und gesellschaftlicher Anerkennung einerseits und die Fähigkeit zu Patriarchatskritik und feministischem Eigensinn andererseits als nicht lösbaren Widerspruch zu realisieren und dieses Verständnis in die Projektepraxis zu integrieren.*«[272]

2.3.3 Was haben Erfahrung und Wissen mit Qualifikation zu tun?

Im Belladonna-Konzept wird Professionalität bezeichnet als »*eine entsprechende Qualifikation, Erfahrung und Wissen um frauen- und mädchenspezifische Lebenszusammenhänge. Durch die regelmäßige Teilnahme an Tagungen, Fortbildungsveranstaltungen, den Austausch mit Kolleginnen und anderen Fachfrauen gewährleisten wir eine qualifizierte Beratung*«.[273]

Erfahrung und Wissen sind zwei weit gefasste Begriffe. Die Erkenntnistheorie hat eine große Palette von Deutungsansätzen zum Erfahrungsbegriff zu bieten. Im Alltagsverständnis wird ›Erfahrung‹ als eine persönlich in einem Wahrnehmungs- und Verarbeitungsprozess erworbene Kenntnis oder Verhaltensweise verstanden, Wissen kann auch frei von Erfahrung eines Subjekts erlangt werden.[274] Wikipedia hat Zitate hierzu gesammelt (meist von Männern – wie sollte es anders sein):

- Die Maske des Erwachsenen heißt Erfahrung. *Walter Benjamin*
- Die Erfahrung schafft die Grundsätze. Die Grundsätze gehen niemals der Erfahrung voraus. *Antoine de Saint-Exupéry*
- Erfahrung nennt man die Summe aller unserer Irrtümer. *Thomas Eddison*
- Wäre es überhaupt möglich, eine Erfahrung zu machen, ohne eine Illusion gehabt zu haben? *Martin Kessel*[275]

Darin kommt eine skeptische Grundhaltung zum Ausdruck, wie sie auch die amerikanische Historikerin Joan Scott einnimmt. Sie meint, die allgemein angenommene Authentizität und Definitionsmacht von Erfahrung, die ›evidence of experience‹ vernebelt mehr als sie erhellt. Erfahrungen werden immer erst aufgrund vorhandener Werte und Normen gemacht und mit Sinn versehen. Deshalb solle sich die Geschichtswissenschaft besser der Untersuchung von Diskursen zuwenden, statt sich mit Erfahrung zu beschäftigen.[276] Der postulierte Gegensatz von Erfahrung und Diskurs führte zu einer intensiven kontroversen Diskussion in der Geschlechterforschung. Mit dem ›linguistic turn‹ verschwand der Begriff ›Erfahrung‹ ebenso wie der Begriff ›Arbeit‹ aus dem dekonstruierenden Blickfeld. Das Subjekt mit seiner Erfahrung wurde aus der Schnittstelle von Selbst und Gesellschaft verdrängt, wo letztlich Geschichte gemacht wird, kritisiert Brian Palmer.[277] Kathleen Canning als Vertreterin der englischen Cultural Studies tritt dafür ein, die Dichotomie von Erfahrung und Diskurs wieder aufzulösen und beruft sich dabei auch auf Raymond Williams (1976). Er beschrieb gegenwärtige Erfahrung als eine zentrale offene und aktive Art von Bewusstsein und vergangene Erfahrung als Prozess von Abwägung und Analyse sozialer Praxis. Durch das Sich-Aneignen und gleichzeitige Verwandeln von Welt und Beziehung finden historische Subjekte zu ihrem Eigensinn.[278] Damit nehmen AkteurInnen Platz ein in den Diskursen, die sie produzieren und bekämpfen, geraten Diskurse weniger ›disembodied‹. »*Erfahrungen gibt es nicht, sie werden (unter Umständen in derselben Situation von verschiedenen Menschen in ganz unterschiedlicher Weise) gemacht.*«[279] Erfahrung ist und bleibt ein Schlüsselwort in der Erinnerungskultur, der Körpergeschichtsforschung, der Subjektivitätstheorie, der feministischen Theologie – und in der feministischen psychosozialen Praxis.

Andrea Günter hat einen positiven frauenspezifischen Erfahrungsbegriff: Erfahrung ist eine »*Praxis, in der Freiheit wohnt.*« Sie erfordert, innerhalb der konkreten Widersprüche, die eigenen Erfahrungen zu benennen, zu deuten und zugleich die gewohnten Existenzweisen und Denkmuster auseinander zu nehmen.[280] Großmaß verwendet ›Erfahrung‹ und ›Wissen‹ zur Beschreibung von Beratungskompetenz als situationsangemessene Flexibilität des kommunikativen Verhaltens.[281] Erfahrung scheint auch für die Vorstandsfrauen feministischer Organisationen wichtig zu sein. Im Rahmen des EU-Projekts FARE hat das Netzwerk der österreichischen Frauen- und Mädchenberatungsstellen Interviews mit Vorstandsfrauen aus feministischen Vereinen geführt, um ihre Motive und Kompetenzen für ihr Ehrenamt zu analysieren.[282] Die Interviewten gaben als Motiv für ihre Vereinsfunktion ihr feministisches Engagement und das Bedürfnis an, ihre Erfahrungen in den Dienst des Vereins zu stellen. Das ist auch bei der von mir interviewten Belladonna-Vorstandsfrau so. Sie hat langjährige Erfahrung in unterschiedlichen Vereinen: »Diese Erfahrungen habe ich, ich weiß, um was es geht, und ich weiß auch, wie es geht und welche Probleme auftauchen können.« (Interview 2, 77–79) Erfahrung schafft Selbstbewusstsein, macht Mut, Verantwortung zu übernehmen.

Im Belladonna-Konzept werden die unterschiedlichen Begriffspaare Erfahrung/Wissen und Qualifikation/qualifizierte Beratung zusammengebracht. Qualitätsmanagement, erinnert sich Marie Sichtermann, brach vor einigen Jahren unausweichlich über die Mitarbeiterinnen der Frauenprojekte herein.[283] Qualitätssicherung ist ein Begriff aus der Wirtschaft, der definiert ist als »Teil des Qualitätsmanagements, der durch das Erzeugen von Vertrauen darauf gerichtet ist, dass Qualitätsanforderungen erfüllt werden«.[284] Es lohnt sich, noch einmal im Google nachzusehen, wie häufig ›Qualifikation‹ vorkommt, nämlich über 11 Mio. Mal. ›Qualitätssicherung‹ steht dem kaum nach: 10 Mio. Mal ist sie zu finden. ›Qualität‹ ist mit 95 Mio. Treffern schon hitverdächtig. Ich kann nur vermuten, weshalb ›Qualifikation und Qualität‹ in Uwe Pörksens Liste der Plastikwörter nicht vorkommen: weil es noch relativ junge Bausteine im Reigen dieser ›Bauelemente neuer Wirklichkeitsmodelle‹ sind. Was sie mit den genannten Wörtern gemein haben, ist der Nimbus des Expertentums. »Der Stoff ist wie geschaffen für ideologische Gefechte und sprachliche Imponierattacken auf Ahnungslose.«[285]

Im Programm der FP/VP-Regierung kündigte die Koalition an, dass das Angebot entsprechend evaluiert und nach Maßgabe der budgetären Mittel, dort wo es sinnvoll ist, längerfristig abgesichert,

ausgebaut und weiterentwickelt werden soll.[286] Für die Frauen- und
Mädcheneinrichtungen wurden *»Maßnahmen und Regelungen anhand von Modellen im Bereich der Familienberatung«* in Aussicht gestellt. Um einer Kontrolle von außen zuvorzukommen, aber auch,
um die eigene Arbeit nach außen hin sichtbar werden zu lassen,
wurden Evaluation und Qualitätssicherung zu einem Schwerpunkt
der zweiten Tagung der ›Schlaflosen Nächte‹ im September 2000 in
Graz.[287] (siehe auch 4.2.2) Das Netzwerk der österreichischen Frau-
en- und Mädchenberatungsstellen erstellte auf der Basis von Vorar-
beiten der letzten vier Jahren einen Entwurf für Qualitätsstandards.
Darin wurden budgetäre Obergrenzen für Supervision, Weiterbil-
dung, Fachliteratur u. Ä. sowie nach Tätigkeiten aufgeschlüsselte
durchschnittliche Wochenarbeitszeiten, Qualifikationen, Berichtswe-
sen und räumliche Ausstattung niedergelegt.[288] Die heute gültigen
Qualitätsstandards der Frauen- und Mädchenberatungsstellen definieren deren Tätigkeitsbereiche, Zugangs- und Strukturqualität,
Qualitätskriterien, Qualifikation und Kompetenzen von Frauen- und
Mädchenberaterinnen und der Beratung.[289]

Qualifikationen und Qualitätsstandards werden von Fördergebern
häufig vorgegeben. Infrastruktur, niederschwellige Zugangsmöglich-
keiten, Beratungssettings, verfügbare Materialien werden in der Diskussion um Qualitätssicherung kaum berücksichtigt und bekommen
den Status unbedeutender Hilfstätigkeiten. Doch die Gestaltung der
Umgebung hat für die selbstständige Orientierung der Frauen und
die Beratungsinteraktion große Bedeutung, weiß Ruth Großmaß.[290]
Für die Arbeit in einer Frauenberatungsstelle sollten Beraterinnen
neben den Grundberufen frauenspezifische Fortbildungen absolviert
haben und eine entsprechende Grundhaltung mitbringen. Die Maßstä-
be von Institutionen, die auf andere Ressourcen zurückgreifen können und andere Zeitbegriffe und Erfolgskriterien haben, können sich
von den projektinternen deutlich unterscheiden. *»Für die Qualität haben wir einen eigenen Begriff, das heißt, wann sind wir zufrieden mit
unserer Arbeit. Das ist manchmal verschieden von dem, was die Fördergeber verlangen. Zum Teil muss viel Zeit für Dokumentationen und
Statistiken aufgewendet werden, die nicht wirklich aussagekräftig sind.
Ich denke schon, dass wir Qualitätsbegriffe haben, aber eine andere
Sprache sprechen.«* (Interview 1, Z. 145–149) Um diese Sprache soll
es im Folgenden gehen.

3   FrauenKommunikation

3.1   Haltungsübungen:
Ganzheitlichkeit, Parteilichkeit, Betroffenheit

> Frauenprojekte sind Versuche aufrechten Gangs
> unter Bedingungen, die eine solche Haltung nicht zulassen.
> Ursula Nienhaus[291]

Um sich gegenüber Nutzerinnen, Fördergebern und Kooperationspartnern zu positionieren, mussten Grundsätze erarbeitet werden. Diese Grundsätze hat eine Belladonna-Mitarbeiterin ›Haltungsübungen‹ genannt. Damit war ein Festhalten an spezifischen Kommunikations- und Kooperationsweisen von Frauen gemeint.

> *»Übungen können immer nur zu einer partiellen Verbesserung der jeweiligen Zustände führen. Haltungsübungen führen möglicherweise zur Stärkung des Rückgrats, zu einer freieren Atmung und zu aufrechtem Gang.«*[292]

Belladonna hat in seinem Konzept folgende Grundsätze frauenspezifischer Beratung aufgelistet

- Zugang für Frauen und Mädchen
- Freiwilligkeit
- Anonymität
- Kostenlosigkeit
- Parteilichkeit
- Ganzheitliche Arbeitsweise
- Hilfe zur Selbsthilfe
- Professionalität
- Perspektiven[293]

Die Publikation des Netzwerks der österreichischen Frauen- und Mädchenberatungsstellen nennt als Arbeitsprinzipien *»Ganzheitlichkeit, Vielfalt der Angebote, Gemeinsame Betroffenheit, Parteilichkeit als Resultat von Erfahrung und Wissen, frauenfreundliche Grundhaltung und Niederschwelligkeit«.*[294] Die drei zentralen Leitlinien zur feministischen Arbeit mit Frauen und Mädchen sind Ganzheitlichkeit, Parteilichkeit und Betroffenheit. Die Abstraktheit der Prinzipien macht es Projektmitarbeiterinnen schwer, ihre Aussagekraft für die Arbeit zu bestimmen und umzusetzen, wie Brückner in ihrer empirischen Studie nachgewiesen hat.[295] In beiden Publikationen sind die einzelnen Punkte kurz erklärt. Ident formuliert ist keiner der Begriffe. Ich vergleiche und diskutiere im Folgenden die jeweiligen Definitionen.

Belladonna beschreibt **Ganzheitlichkeit** als *»das Bewußtsein darüber, daß die psychische und physische Befindlichkeit von Frauen und Mädchen eng mit ihrer persönlichen Biographie, ihrer sozialen Situation und ihrer aktuellen Problemlage verbunden ist. Diese Zusammenhänge müssen beachtet werden, da sinnvolle Problemlösungsstrategien nur unter Berücksichtigung dieses Kontextes erarbeitet werden können«.*[296] Ganzheitlichkeit wird laut Konzept auch dadurch erreicht, dass multiprofessionelle Teams (Ehe- und Familienberaterin und Psychotherapeutin, Lebens- und Sozialberaterin, Juristin, Arbeitsberaterin u. a.) zusammenarbeiten. Für das Netzwerk der österreichischen Frauen- und Mädchenberatungsstellen gilt, dass Frauen in ihrer gesamten Lebenssituation wahrgenommen werden, Schuldgefühle und Isolation abgebaut und aktive Formen der Bewältigung gefunden werden.

›Ganzheitlichkeit‹ ist zu einem Modewort geworden. Brückner und Höller halten diesen Begriff für schillernd und uneindeutig. Das ›Ganzheitliche‹ kann zum Heil versprechenden weiblichen ›Anderen‹ geraten und die Konfrontation mit Widersprüchen und Ungereimtheiten in der Arbeit scheuen. Im Anspruch auf Ganzheitlichkeit schwingt der Wunsch mit, Differenzen, Schwierigkeiten und Hilflosigkeit gegenüber der Problemvielfalt zu überdecken: *»Ganzheitlichkeit birgt die Gefahr, alles zu integrieren, auch Gegensätzliches, ohne zu fragen, ob das wünschbar ist, und ohne zu überlegen, ob damit Unterscheidungen, die zu einer genaueren Erkenntnis führen könnten, nicht abgeblockt werden.«*[297] So stellt sich die Frage, ob die in der Netzwerk-Broschüre genannte *»aktive Bewältigung«* und *»Wege aus der Isolierung«* in einem Einzelberatungssetting realistische Ansprüche sein können.

Der ganzheitliche Approach bedeutet die Abkehr von einer lediglich auf Probleme und Teilaspekte gerichteten Sichtweise hin zu einem Blick auf den sozialen und kulturellen Hintergrund und die Ressourcen und Stärken eines als Ganzes betrachteten Lebens von Frauen und Mädchen.[298] Für Belladonna ist Ganzheitlichkeit eine zentrale Grundlage der Beratung: *»Mit ist es wichtig, dass man die Frau als Ganzes sieht.«* (Interview 1, Z. 157)

Parteilichkeit als eindeutige Parteinahme von Frauen galt in der Frauenprojektepraxis, der sozialwissenschaftlichen Methode von Maria

Mies und der feministischen Therapie als zentrales Leitprinzip. Parteilichkeit als ›Markenzeichen feministischer Projekte‹ zielt darauf,

- Interessen, Perspektiven, Lebensrealitäten von Frauen und Mädchen in den Mittelpunkt zu stellen,
- subjektive Erfahrung im Kontext objektiver gesellschaftlicher Geschlechterverhältnisse als Machtgefälle wahrzunehmen,
- die Autonomie der einzelnen Frau bei gleichzeitigem Engagement für mehr Chancengleichheit zu betonen,
- gegen Isolation und für die Erweiterung von Selbsthilfepotentialen einzutreten,
- Veränderungen der strukturellen Bedingungen zu fordern und Widerstandspotential zu fördern.[299]

Von einem einheitlichen Verständnis von Parteilichkeit in der Frauen- und Mädchenarbeit kann jedoch nicht ausgegangen werden. Als Charakterisierung der eigenen Position dient vor allem die Abgrenzung gegenüber anderen Handlungsansätzen. Das Netzwerk der österreichischen Frauen- und Mädchenberatungsstellen spricht im Zusammenhang mit Parteilichkeit von der *»professionellen Haltung der Beraterinnen«*. Als Parteilichkeit gilt auch, zur Veränderung der geschlechtsspezifischen Rollenverteilung beizutragen.[300] Die Belladonna-Position zu Parteilichkeit wirkt im Vergleich dazu eher bescheiden:

> *»Wir gehen von der Tatsache aus, daß spezifische Rollenzuweisungen die freie Entfaltung und Lebensplanung von Frauen und Mädchen vielfach behindern. Dieses Wissen läßt uns eine fördernde Haltung einnehmen, deren Ziel es ist, die Wahrnehmung von Frauen und Mädchen zu stärken und ihr Handlungspotential zu erweitern.«*[301]

Die relativ distanzierte Kategorie Parteilichkeit ist eine Konsequenz von Institutionalisierung und Professionalisierung, um kontinuierliche, verlässliche Angebote und sach- und fachkundige Hilfestellungen sicherzustellen. Parteilichkeit ist also eine ›asymmetrische Kategorie‹, sie wird im Gegensatz zum Prinzip der Gegenseitigkeit in der Selbsthilfe von der Beraterin zur Ratsuchenden, nicht aber umgekehrt eingenommen. Parteilichkeit bedeutet keinesfalls völlige Identifikation zwischen Beraterin und Nutzerin, sondern immer nur Teilidentifikation, das Erkennen von Gemeinsamem und Trennendem. Haltungen von Hilfe suchenden Frauen und Beraterinnen müssen sich nicht überschneiden. Parteilichkeit kann in Konflikt mit den Projektzielen geraten, wenn Klientinnen Verhaltensweisen zeigen, die den eigenen

Grundsätzen zuwiderlaufen (Kinder werden geschlagen, Gewalt und Missbrauch gedeckt).[302]

Für Barbara Kavemann (1997) ist Parteilichkeit eine notwendige Voraussetzung für Professionalität in der Frauen- und Mädchenarbeit. Sie plädiert dafür, Parteilichkeit nicht als (gemeinsamen) ›Blick von unten‹ zu verstehen, der patriarchale Macht mystifizieren kann, sondern als ›Blick von der Seite‹, als eine kritisch-solidarische Außensicht.[303] Maria Bitzan bezeichnet Parteilichkeit als Verbindung von Professionalität und Politik, als

> »eine rationale, erlernbare und vermittelbare Kompetenz, die keineswegs zu verwechseln ist mit unkritischer Beziehungsarbeit und dennoch den eindeutigen Bezug auf Mädchen bzw. Frauen hat, geleitet ist vom Interesse an ihnen und dem Wunsch, gesellschaftlichen Strukturen entgegenzuwirken«.[304]

Kritik am Prinzip der Parteilichkeit kommt immer wieder von fachlicher oder medialer Seite. Statt ›Objektivität und Professionalität‹ würde ideologische Einseitigkeit genährt. In der Zeitschrift Psychologie heute 7/1994 wurde feministischen Beraterinnen und ihrer Parteilichkeit manipulative und pädagogisierende Beeinflussung vorgeworfen.[305] Luise Hartwig und Monika Weber halten das Prinzip der Parteilichkeit dennoch für eine geeignete Maxime, mit Widersprüchen umzugehen und den unterschiedlichen Bedürfnissen gerecht zu werden:

> »Parteilichkeit besteht vor allem darin, Widersprüche im weiblichen Lebenszusammenhang aufzudecken, zu thematisieren und auch auszuhalten, sie nicht auflösen zu können. Das bedeutet auch, Frauen weder zu idealisieren noch sie nur als bedürftige Opfer zu sehen.«[306]

Die dritte Kategorie der zentralen Leitlinien feministischer Beratung ist **Betroffenheit.** Darunter wird »die von allen Frauen geteilte Erfahrung gesellschaftlicher Unterordnung gefasst, die Nähe und besonderes Verstehen unter Frauen mit sich bringt und die Basis des gemeinsamen Kampfes gegen weibliche Benachteiligung darstellt«.[307] Das Berliner Frauengesundheitszentrum bezeichnet damit das Miteinbeziehen der eigenen Erfahrungen und die Herstellung von möglichst gleichberechtigten Beziehungen zu den Frauen.[308] Für selbsthilfeorientierte Projekte hatte Betroffenheit mehr Bedeutung als für professionalisierte Einrichtungen. In den ersten Frauenhäusern wurden ehemalige Bewohnerinnen zu Mitarbeiterinnen. Arbeitslosenprojekte, Mutter/Eltern-Kind-Zentren, Anlaufstellen für Opfer sexueller Gewalt entstanden durch das Engagement Selbstbetroffener. Die reflektierte eigene Erfahrung galt als wesentliche Voraussetzung für die Arbeit, therapeutische Beratungsmethoden wurden anfangs nicht angeboten. Die Selbstbetroffenheit war auch in der Herstellung von Öffentlichkeit ein wichtiges Kriterium. Es sollte keine Stellvertreterpolitik betrieben werden, sondern Politik in erster Person.[309]

In den Frauenhäusern reichte bald die mittelbare (jede Frau ist potentiell von Gewalt bedroht) oder unmittelbare Betroffenheit (als geschlagene Frau) als Basis für die Arbeit nicht aus. Für diejenigen, für die Professionalisierung Anerkennung bedeutet *»unserer eigenen spezifischen, auf unseren Tätigkeitsbereich bezogenen Qualifizierung, für die es zwar immer noch keinen standesgemäßen Namen gibt, die aber nichtsdestotrotz ihren angemessenen Wertausdruck sucht«*[310], hat Betroffenheit an Bedeutung verloren. Für Wissenschafterinnen wie Maria Mies scheint die eigene Betroffenheit eine größere Rolle zu spielen als für viele Praktikerinnen, vielleicht, weil für eine Wissenschafterin die Frage nach Professionalität obsolet ist. Betroffenheit als subjektiver Prozess muss für Mies zur Erforschung der Ursachen und zu politischem Handeln führen.[311]

Mit Betroffenheit und Empathie umzugehen und eine Balance zwischen professioneller Distanz und Identifizierung zu finden, ist nicht leicht. Margit Brückner bezeichnet das Prinzip heute als *»Leitbild und Leerformel«* zugleich.[312] Sicher keine Leerformel ist das Einfordern von Frauenmacht und Empowerment für Frauenprojekte.

3.2 FrauenMacht
3.2.1 Ohnmacht und Ermächtigung von Frauen

> Wer sich mit der Veränderung begnügt,
> ohne die Frage nach der Macht und ihrer Struktur
> zu stellen, betreibt Befriedung, nicht Befreiung.
> Susan Sontag (1981)

Macht ist die Fähigkeit, Situationen und Menschen zu beeinflussen, etwas zu bewegen. Macht ist eine Konstante in menschlichen Beziehungen und Gesellschaften. Für die Cultural Studies ist Kultur immer mit Macht verbunden, nicht unbedingt im Sinn von Vorherrschaft, sondern als ungleiche Beziehung von Kräften im Interesse bestimmter Gruppen. *»Macht gelingt es nie, immer und überall das zu erzielen, was sie möchte, es besteht immer die Möglichkeit, die Strukturen und Organisationen der Macht zu verändern.«*[313]

Nach Foucault ist Macht ein Feld von Kräfterelationen, das alles durchdringt, und nicht etwas, das dominante Gruppen oder Institutionen einfach besitzen. Macht wirkt über Dispositive – einem Ensemble von diskursiven Praktiken und institutionellen Elementen. Macht manifestiert sich in modernen Gesellschaften vor allem über die Disziplinierung, Normalisierung, Dressur des Körpers.

> *Der Grund dafür, dass die Macht herrscht, dass man sie akzeptiert, liegt ganz einfach darin, dass sie nicht nur als neinsagende Gewalt auf uns lastet, sondern in Wirklichkeit Körper durchdringt, Dinge produziert, Lust verursacht, Wissen hervorbringt, Diskurse produziert.*[314]

Bublitz spricht von drei Machttypen in der sozialgeschichtlichen Entwicklung:

1. Die repressive Exklusion, die mit Stigmatisierung, Liquidierung, Verbannung, aber auch über interne Einschließung mit einem Gewaltapparat arbeitet.

2. Die normative Integration, die über institutionelle Normalisierungspraktiken die Umformung und Anpassung des/der Abweichenden herstellt.

3. Die produktive Disziplinarmacht, die mit Hilfe von Technologien Körper und Subjekte produktiv durchdringt und über ihr integratives Potenzial hinaus dynamisierend wirkt.[315]

Die moderne Macht ist nicht gleichbedeutend mit Gewalt. Kontrollstrategien mischen sich mit den von den Individuen anerkannten Diskursen und Formen der Lebensführung, Macht materialisiert sich als Wissensmacht, die in den Institutionen und als inneres Funktionsprinzip zirkuliert.[316] Auch Hannah Arendt unterscheidet Macht und Gewalt: *»Macht ist, was den öffentlichen Bereich, den potentiellen Erscheinungsraum zwischen Handelnden und Sprechenden, überhaupt ins Dasein ruft und am Dasein erhält.«*[317] Das Zusammenspiel der lebendigen Tat und des gesprochenen Wortes ist für Hannah Arendt eine Voraussetzung dafür, dass sich Macht manifestieren kann. Gewalt kann Macht zerstören, sich aber nicht an ihre Stelle setzen.[318]

Macht ist bei Foucault omnipräsent, aber nicht omnipotent. Wo immer Macht ist, ist auch die Möglichkeit zum Widerstand vorhanden.

In seinem Spätwerk beschreibt Foucault Herrschaft als ›geronnene Macht‹, in der Instabilität und Beweglichkeit von Machtbeziehungen getilgt sind. Bestimmte Machtformationen werden durch Herrschaft produziert, doch nicht alle Machtdynamik ist Herrschaft – ei-

ne Unterscheidung, die Butlers Machtmodell, das sich an Foucault an-
lehnt, nicht mitvollzieht. Sie geht von einem Diskurs aus, aus dem es
kein Entkommen gibt, die Subjekte können sich nicht außerhalb gesellschaftlicher Machtstrukturen stellen. Butlers Theorien taugen dazu, Machtfigurationen im Feminismus zu analysieren und zu proble-
matisieren, meint do Mar Castro Varela. Sie sind jedoch bedeutungs-
los, wenn es ihnen nicht gelingt, gesellschaftliche Herrschaftsstrukturen herauszufordern.[319] Der herrschende Geschlechterdualismus mit
seiner eingeschriebenen hierarchischen Struktur wird durch die symbolische Ordnung immer wieder aufs Neue konstituiert. Marie Sichtermann bietet drei Definitionsebenen für Macht an:
- **Einflussmacht** als die Möglichkeit, Wissen, Kommunikation und
  Zusammenarbeit von Menschen nachhaltig zu beeinflussen,
- **Herrschaftsmacht** in Institutionen und Strukturen der Gesellschaft,
- **Diskursmacht** als konstruierende Macht, die in der Gesellschaft
  zirkuliert.[320]

Geschlechterhierarchie ist nicht auf die Verhaltensebene beschränkt,
sondern setzt sich auf der Ebene der Bedeutungen und Bedeutungs-
zuweisungen fort. Identes Verhalten wird geschlechtsspezifisch unterschiedlich interpretiert und damit die Geschlechterordnung bestätigt
und aufrechterhalten.

Schon in der körpersprachlichen Sozialisation der Geschlechter
verfestigen sich nach Gitta Mühlen Achs die asymmetrischen Machtverhältnisse:
- die Macht, anderen ein bestimmtes Verhaltensrepertoire vorzu-
  schreiben (Definitionsmacht)
- die Macht, Verhaltensweisen anderer den eigenen Maßstäben entsprechend nach Belieben zu werten (Interpretationsmacht)
- die Macht, die Einhaltung von Vorschriften zu überwachen (Kon-
  trollmacht)
- die Macht, falsches, unangemessenes Verhalten zu bestrafen (Sank-
  tionsmacht).[321]

All diese Machtaspekte sind in der patriarchalen Gesellschaft männlich besetzt. Einer solchen Macht, die sich in den strukturellen Bedingungen patriarchalischer Gewalt manifestiert, stellte sich die neue
Frauenbewegung entgegen. Mit Büchern wie ›Die Macht der Frauen
und der Umsturz der Gesellschaft‹ machten radikale Frauen deutlich,

dass sie bereit waren, die Machtfrage zu stellen.[322] Die Befreiung der Frauen sollte nicht durch die Einbindung in den kapitalistischen Produktionsprozess, sondern nur durch öffentliche Partizipation gelingen. Losungen wie ›Frauen aller Länder vereinigt euch!‹ waren Ausdruck der Auffassung, dass Frauen über alle Grenzen und Unterschiede hinweg eine gemeinsame Identität und ein gemeinsames Ziel hatten: Selbstbestimmung, Frauenmacht.

Erst später wuchs die Einsicht, dass die Bruchlinien gesellschaftlicher Macht auch zwischen unterschiedlichen Gruppen von Frauen verlaufen und Frauen an Gewaltverhältnissen selbst mitwirken. Darauf beruht die These der Mittäterschaft von Frauen von Christina Thürmer-Rohr:

»Handlungen der Frauen sind demnach nicht nur aufgezwungene und ihre Handlungsbegrenzungen nicht nur durch Zwang verhinderte Handlungen, sondern sind auch selbstgewählte, oft selbstgewollte, vor allem aber dem System dienliche Handlungen. Frauen werden nicht nur verstrickt, werden nicht nur verletzt und mißbraucht von einem schädigenden System, sondern sie steigen auch eigentätig ein, sie gewinnen auch etwas, sie ernten Privilegien und fragwürdige Anerkennungen, sie profitieren von ihren Rollen – sofern sie sie erfüllen.«[323]

An ihrem Ausschluss von der Herrschaftsmacht sind Frauen über die Teilhabe an den mächtigen Diskursen in der Gesellschaft beteiligt. Einerseits werden Ohnmachtsverhältnisse, in denen Frauen stecken, geleugnet und verschleiert. Andererseits sind Frauen aktiv an der Herstellung ›weiblicher‹ und ›männlicher‹ Zuschreibungen beteiligt. Damit eröffnen sich Frauen aber auch Handlungsspielräume und Macht über eigene Entscheidungen.

Andrea Günters Machtbegriff ist mit gegenseitiger Wertschätzung verbunden. Eine Frau kann sich auf das berufen, was andere Frauen sagen oder tun. Damit entsteht weibliche Freiheit und Unabhängigkeit von patriarchalen Werten, ein ›Mehr‹ an Macht. Frauen in ihrer Unterschiedlichkeit erhöhen gemeinsam ihren Wert. Sie machen sich in der Öffentlichkeit als Frauen sichtbar, mehren ihre Autorität. Weibliches Begehren kommt in ihren Handlungen und Fähigkeiten in die Welt. Frauen sind somit verantwortlich für ihre Handlungen. Sie maßen sich an, sinnvoll und sinnstiftend zu leben, sich Wissen anzueignen, Entscheidungen zu treffen, Urteile zu fällen.[324]

Geschlechterdifferenz wird in der konstruktivistischen Debatte mit Geschlechterdiskriminierung gleichgesetzt. Die relativ junge ethnologische Forschung zu geschlechtssymmetrischen Gesellschaften widerspricht dieser zwingenden Gleichsetzung. Es gibt und gab geschlechtsegalitäre Gesellschaften, in denen auf der Basis multifokaler ausbalancierter Machtverhältnisse beide Geschlechter Kontrolle über zentrale Institutionen der Gruppe haben. Frauen haben dort in vier strategischen Machtfeldern, der Produktion, Reproduktion, der Sexualität und der symbolischen Ordnung, eine starke Position.[325] Diese Gesellschaftsformationen, die durch den Kolonialismus und den Einfluss des Marktes verschwinden, können zwar nicht als Modell für die Überwindung des Neopatriarchalismus herhalten. Das ist nur durch eine Auseinandersetzung mit der Moderne und ihren sichtbaren und unsichtbaren Mechanismen der Unterordnung von Frauen möglich. Sie zeigen aber, dass eine geschlechtergerechte Balance der Machtfelder möglich ist.[326]

»Macht entspricht der menschlichen Fähigkeit, nicht nur zu handeln oder etwas zu tun, sondern sich mit anderen zusammenzuschließen und im Einvernehmen mit ihnen zu handeln. Über Macht verfügt niemals ein Einzelner, sie ist im Besitz einer Gruppe und bleibt nur solange existent, als die Gruppe zusammenhält.«[327] Das Tabu ist mächtig. Frauen, die nach Macht greifen, riskieren es, lächerlich gemacht zu werden, auf einsamem Posten zu sitzen, vereinnahmt oder verheizt zu werden. Für Frauen gibt es keine Insignien der Macht, keine Beziehungs- und Lebensform, die über jeden Verdacht erhaben ist, keine Kleidung, in die sie passen. Die Managerinnen in Europa mussten einen höheren Preis für ihre Karriere bezahlen als ihre männlichen Kollegen, mehr Leistung und Engagement, weniger Chance auf stabile Partnerschaften und Kinder. Dass es Frauen gelingt, über Macht zu verfügen, ohne sie auszuspielen, zeigen die Studien von Senta Trömel-Plötz. Statushohe Frauen nutzen in Gesprächen ihre Machtposition nicht aus, um Kompetenz und Selbstvertrauen anderer SprecherInnen zu drücken. Frauen aus dem Journalismus, Management, der Lehre oder der Psychotherapie zeigten in ihrer konversationellen Praxis ein grundlegend faires Verhalten. Das widerspricht der landläufigen Meinung, dass Frauen, wenn sie einmal in Machtpositionen sind, sich ganz genauso oder noch schlimmer verhalten würden als Männer.[328]

Frauen erkennen, dass es ihnen so ergeht wie im Märchen vom Hasen und dem Igel: Frau rennt und der Igel, das Patriarchat, ist immer schon da. *»Die intelligenten, gebildeten, ehrgeizigen, schwer arbeitenden Frauen erkennen, dass sie einiges an Einflussmacht haben, aber* *an der Herrschaftsmacht sind sie immer noch nicht beteiligt.«*[329] Sichtermann hat keine Patentrezepte für ein gelungenes Verhältnis von Frauen zur Macht. In Anlehnung an Butlers Parodie an den Rändern der Macht sieht sie eine Möglichkeit in der Subversion des gängigen Herrschaftsdiskurses.[330] Frauenprojekte können als Übungsfelder dienen, um Grenzen und Möglichkeiten weiblicher Macht auszuloten.

3.2.2 Macht in Frauenprojekten – Egalität und das Gespenst der Hierarchie

Macht macht Frauen stark![331]

Mit einem positiv besetzten Machtbegriff operierten Frauenprojekte selten. Ihr ambivalentes Verhältnis wurzelt im Widerstand gegen patriarchale Macht, die dem unilinearen Verständnis von Max Weber entspricht: *»Macht bedeutet jede Chance, innerhalb einer sozialen Beziehung den eigenen Willen auch gegen Widerstreben durchzusetzen, gleichviel worauf diese Chance beruht.«*[332] Frauen in Leitungsfunktionen beschrieben teilweise Macht als unerwünschte Begleiterscheinung ihrer Arbeit. Frauen neigen selten dazu, Macht offen zu beanspruchen. Dann bekommen diejenigen die Macht, die sie wollen. Ist sie erst einmal verteilt, wird das Thema wirkungsvoll tabuisiert.[333] Obwohl viele Projekte hierarchische Strukturen ablehnten, haben sich ›heimliche Hierarchien‹ eingeschlichen, die zwar allen bekannt waren, aber als Geheimnis behandelt wurden. Anja Meulenbelt findet am schlimmsten an der heimlichen Führung, *»dass man sie nicht kritisieren kann«.*[334] In manchen Teams wurde eine Hierarchie über die Bezahlung etabliert, die auf der Dauer der Institutionszugehörigkeit, dem Alter und der Berufserfahrung basierte. So belohnten sich die ›Alten‹ im Verein für ihr langes Ausharren und die frühere schlechtere Bezahlung.[335] Als inoffizielle Machtfaktoren wirken die Dauer der Beschäftigung: langjährige Mitarbeiterinnen und Projektgründerinnen gelten in der Regel als mächtig, ebenso die Frauen, die für die Finanzen zuständig sind. Der Umfang der Beschäftigung, die persönliche Power und die Übernahme von klassischen Leitungs- und Koordinierungsaufgaben zählen ebenfalls zu den Machtfaktoren.[336] *»Zeit kristallisiert sich als der zentrale informelle Machtfaktor heraus und zwar hinsichtlich der Beschäftigungsjahre als auch der wöchentlichen Arbeitszeit.«*[337]

Das Ideal der guten Teamkollegin steht jenseits aller Machtfigurationen. Marion Breiter bezeichnet sie als Mischung zwischen Aschenputtel, Kleopatra, Mutter Theresa und Jane Fonda. Sie soll nicht zu dominant und arrogant, aber auch nicht emotionell bedürftig und unterwürfig sein. Sie ist durchsetzungsfähig, soll aber nicht zu früh etwas erreichen. Sie ist kompetent aber bescheiden, überlastet aber lebensfroh, selbstsicher aber seelenvoll. Nicht zu viel Nähe und nicht zuviel Distanz charakterisiert ihre Beziehung zu den anderen Projektfrauen. Die Polarität zwischen Idealisierung und Abwertung starker Frauen war für Breiter ein weiterer Ausdruck der Ambivalenz gegenüber Machtverhältnissen im Team. *»Kämpfen gilt zwar als positiv, doch wehe den Kämpfenden, die ihre Ziele erreicht haben.«*[338] Sehnsucht statt Neid und kritische Parteilichkeit im Team im Sinne des Affidamento macht Frauenmacht in einem feministischen Projekt sichtbar.

Gabriele Freytag nannte die Devise in Frauenprojekten ›Kontrolle statt Anerkennung‹.[339] Dies begünstigte ein Klima von Misstrauen und der Angst loszulassen und sich anzuvertrauen, ein Klima von Selbstabwertung und gegenseitiger Abwertung. Frauen fällt die Solidarisierung mit Schwäche leichter als mit Stärke. *»Lieber schwach aber gemeinsam, als stark aber einsam«,* nennt Karin Flaake die Zusammenarbeit von Frauen.[340] *»Ich stehe ganz allein auf einem Berg und friere und will hinunter«,*[341] skizziert Anja Meulenbelt ihr Lebensgefühl, als ihr Buch ›Die Scham ist vorbei‹ zum Bestseller wurde und sie Ablehnung und Liebesentzug erntete. Auf dem Berg ist genug Platz für viele Frauen, weiß sie heute.

Dominanz und Selbstbehauptung scheinen noch immer mit ›männlichen Patenten‹ geschützt. Die Angst vor Sanktionen lässt viele Frauen tiefstapeln, meint die Kommunikationstrainerin Barbara Berckhan: *»Sehr viele Frauen haben sehr viel mehr Können, sehr viel mehr Talent, Fähigkeiten, als sie real in ihrem Leben verwirklichen.«*[342]

Offen eingestandene Konkurrenz und Unterstützung derjenigen, die weiterkommen als andere, könnte auch das Weiterkommen von anderen befördern. Mehr Frauen mit öffentlich sichtbaren Leistungen und Fähigkeiten könnten zu einer Neubestimmung von Machtverhältnissen in der Gesellschaft werden, meint Karin Flaake.[343]

Gabriele Freytag appelliert an leidenschaftliches Engagement, wenn es um Frauenmacht geht. Mit Frauenprojekten werden Spuren in der Welt hinterlassen, die auf weibliche Freiheit verweisen. *»Wirkliche Leidenschaft ist davon abhängig, dass wir uns unserer Potenz bewusst sind.«*[344] Wenn Frauen mit Frauen arbeiten, kann dies Selbstachtung, gegenseitige Wertschätzung und Verbundenheit ausdrücken. Dazu gehört, mit- und aneinander Freude zu haben und sich und den eigenen Vorstellungen Gewicht und Macht zu verleihen. Für Claudia Koppert ist bewusste Kooperation mit Frauen auch ein Schritt gegen gesellschaftliche Entwicklungen, die Frauen – nicht alle, aber sehr viele und in unterschiedlicher Weise – ins Abseits drängen und einander entfremden.[345] Machtausübung zu lernen, zu verantworten oder abzuwehren, ist eine Lektion, der sich Frauenorganisationen stellen müssen, meint Marie Sichermann.[346]

3.3 FrauenZeit: sprechen, schweigen, beraten, streiten
3.3.1 FrauenSprechen, FrauenBeraten

> I have come to believe over and over again that what is most
> important to me must be spoken, made verbal and shared,
> even at the risk of having it bruised or misunderstood.
> Audre Lorde

Kommunikation ist »*die wechselweise Gestaltung und Formung einer gemeinsamen Welt durch gemeinsames Handeln: Wir bringen unsere Welt in gemeinsamen Akten des Redens hervor*«.[347] Reden ist nicht immer ein *gemeinsamer* Akt, die Welt nicht unbedingt *unsere* Welt. Die patriarchale Hierarchie betrifft gesellschaftliche Strukturen ebenso wie das Denken, Fühlen und Sprechen. Die Muttersprache, in der wir zu sprechen und denken gelernt haben, stützt sich auf Kategorien des Männlich-Universalen, die weibliche Selbsterkenntnis verunmöglicht. Man(n) ist die Norm. Die Frau hat keine eigene Sprache, sie hat sie nur in Form der Selbstentfremdung. Sie sagt sich, denkt sich in der Sprache des anderen. Das Sprechen von Frauen ist immer eine Suche. Die fehlende Sprache bleibt als Möglichkeit bewahrt, als Fluchtweg, als Schweigen, ungesagter Rest.[348] Mit dieser entfremdeten Sprache, ihren Fluchtwegen und Sprachresten beginnen Frauen sich mitzuteilen und in Beziehung zu setzen.

Die Publikationen, die Frauen und Männern einen unterschiedlichen Kommunikationsstil zuweisen, sind Legion. Diese Bücher naturalisieren großteils geschlechtsspezifische Unterschiede in der Kommunikation. Eine eigenständige Kommunikation *unter* Frauen und nicht *im Vergleich zu Männern* wird auch in der wissenschaftlichen Literatur viel seltener thematisiert. Für Senta Trömel-Plötz ein Indiz dafür, dass innerhalb und außerhalb der Universitäten als irrelevant gilt, was

Frauen sagen, und erst recht, was sie zueinander sagen.[349] Die Bewertung von Gesprächskompetenzen orientiert sich häufig an männlichen Maßstäben. Frauensprechen ist von Klischees überlagert: sie tratschen, reden zuviel, jammern, meckern. Dieses negativ besetzte weibliche Jammern und Meckern hat z. B. die Linguistin Diane Boxer untersucht und festgestellt, dass solche Sprechakte Solidarität herstellen, ohne sofort zu belehren und zu moralisieren, und als kreative Konstruktion mit positiven Auswirkungen für die Frauen wirken.[350] Die verbalen Interaktionen von Frauen sind üblicherweise mehr auf Beziehung und Symmetrie angelegt als auf Dominanz, wollen zuallererst eine Vertrauensbasis herstellen. Diese Gesprächspraxis, Nähe und Wohlbefinden zu schaffen und Dominanz und massive Konfrontationen zu vermeiden, ist eine Basis nicht-direktiver therapeutischer Ansätze.[351] Dass diese Vertrauensbasis im Beratungsgespräch ein zentraler Faktor ist, spricht eine Frau, die im Belladonna in Beratung ist, deutlich aus:

> *»Mir gibt das eher Sicherheit, wenn ich wirklich mit jemandem, dem ich vertraue, über Dinge reden kann, über die ich sonst mit niemandem sprechen möchte, wo ich weiß, das wird diskret behandelt. Da ist Menschlichkeit, eine gewisse Wärme, es ist eigentlich alles vorhanden. Und in meinem Fall sicher, sonst würde ich gar nicht so lange hierher gehen, wo der nötige Respekt, der Abstand, alles da ist. Ich muss für mich ohne Übertreibung sagen, dass das wirklich optimal ist. Ich finde, dass die Langzeitberatung besonders wichtig ist. Man lernt sehr viel dazu, es gibt sehr viele Lernprozesse, die man, glaube ich, alleine nicht bewältigen kann, wenn man nur ein kurzes Stück begleitet wird.«* (Interview 4, Z. 58–65)

Für die Klientin ist die Beratung ein Lernprozess, bei dem sie Begleitung braucht, auch über längere Zeit. Sich diese Zeit zuzugestehen, ohne eine schlechtes Gewissen, war Teil des Lernprozesses, ebenso wie die Bestätigung der Beraterin, die ihr ermöglichte, zu sich zu kommen.

Frauenspezifische Beratung und Therapie geht von einem ressourcenorientierten ganzheitlichen Ansatz aus (›Empowerment‹). Ulrike Willutzki versteht darunter die positive Evaluation von Eigenschaften, Verhaltensweisen, Möglichkeiten und Lebensbedingungen, die von einer Person in einer bestimmten Situation wertgeschätzt werden. Diese Ressourcen sind nicht einfach abfragbar, sondern müssen mit Geduld aktiviert werden. Auch die Symptomatik wird als aktiver Bewältigungsversuch angesichts hinderlicher Lebensbedingungen und Unterdrückungsverhältnisse verstanden. Die therapeutische bzw. Beratungsbeziehung kann eine sehr wichtige Ressource sein, wenn sie die eigenmächtigen Möglichkeiten der Klientin nicht entwertet.[352] Diesen ressourcenorientierten, gesellschaftskritischen Ansatz formuliert auch das Belladonna-Konzept:

>*Wir betrachten Frauen und Mädchen als Expertinnen ihrer Lebenssituation. Unsere Angebote dienen dazu, Probleme zu klären und Informationen zu vermitteln. Wir unterstützen und begleiten Frauen und Mädchen auf ihrem Weg, ihre eigenen Kräfte zur Problemlösung zu entfalten [...]. Die individuelle Problemlage, aufgrund derer Frauen und Mädchen diese Einrichtung in Anspruch nehmen müssen, sind Ausdruck gesellschaftlicher Verhältnisse. Wir weisen darauf hin, dass Beratungsangebote allein nicht in der Lage sind, die Situation von Frauen und Mädchen nachhaltig zu verändern. Über die individuelle Beratungsarbeit hinaus setzen wir uns daher mit aktuellen frauenpolitischen Themen auseinander.*«[353]

Als **Ziele der Beratung** gelten:
- Stärkung von Selbstwertgefühl, Selbstbehauptung, selbstbestimmtem Handeln, Selbstverantwortung und Eigenständigkeit,
- Erkennen und Ausweiten individueller Fähigkeiten und Kompetenzen,
- Stärken von Problemlösungspotentialen, Entwicklung von Handlungsspielräumen und Entscheidungskompetenzen,
- Wahrnehmen von frauenspezifischen Zusammenhängen und Diskriminierungen.[354]

Selbstbehauptung, Eigenständigkeit, Selbstverantwortung sind Eigenschaften, die dem Konzept des autonomen Subjekts entsprechen. Ist es nicht etwas zu anspruchsvoll, individuelle Fähigkeiten und Kompetenzen einzufordern, um dann »entscheidungskompetent« durchstarten zu können? Selbstwertgefühl und Selbstbehauptung zu entwickeln und dabei in ihren Problemlösungspotentialen bestärkt zu werden, ist aber für viele Frauen notwendig: »*Ich war immer aufs »Du« ausgerichtet und nicht auf mich selber. Wenn man da niemand hat, der einen immer bestätigt, packt man das nicht wirklich.*« (Interview 4, Z. 93/94)

Die Konzepte eines psychisch gesunden Menschen orientieren sich an Eigenschaften wie Aggressivität, Durchsetzungsfähigkeit, Gelassenheit, Unabhängigkeit – Eigenschaften, die eher Männern als Frauen zugeschrieben werden (›Doppelstandard seelischer Gesundheit‹). Dieser inhärenten Parteilichkeit von Psychotherapie für patriarchale Verhältnisse setzt feministische Beratung und Therapie die ausgesprochene Parteilichkeit für Frauen entgegen.[355] Die Beraterin muss diese Parteilichkeit immer wieder neu herstellen, indem sie das Wissen über die Einschreibung von Herrschaftsverhältnissen in die Psyche mit der spezifischen, psychischen und sozialen Situation der Klientin verknüpft. Die Gesellschaftskritik feministischer Frauenberatungspraxis und Therapie setzt an allen Bereichen an, die den Ausschluss oder die Zurücksetzung von Frauen organisieren. Sie bezieht Stellung gegen die Normalität der Verhältnisse. Diesen parteilichen Blick bezeichnet Kavemann als mitfühlend, solidarisch, kritisch. Er stellt die subjektive Realität von Frauen in den Kontext gesamtgesellschaftlicher Machtverhältnisse. Dazu gehört:

- Weder Idealisierung noch Festschreibung des Opferstatus
- Erkennen von Gemeinsamem und Trennendem, Reflexion der eigenen Lebensrealität
- Berücksichtigung kultureller, ethnischer, schichtspezifischer, biographischer Unterschiede.[356]

Feministische Ansätze hinterfragen ideologiekritisch den affirmativen Charakter von Psychotherapie.[357] Übliche Therapieansätze sind defizitorientiert: es gibt eine Störung oder Erkrankung, die behoben werden soll. Das Machtverhältnis im therapeutischen Setting fördert den Anpassungsdruck, sich ›richtig‹ zu verhalten oder ›richtig‹ zu werden.

Nähe und Vertrauen schaffen im Beratungsgespräch.   Foto: Jörg Schmöe

Die Ausblendung gesellschaftlicher Machtverhältnisse fördert individualisierte Schuldübernahme und hemmt die Auseinandersetzung mit den eigentlichen Adressaten von Wut und Verzweiflung. Therapeutische Konzepte spiegeln herrschende Kultur und übernehmen herrschende Diskurse, auf der Ebene der Themen, der Methoden, expliziter und impliziter Aussagen über Frauen, Weiblichkeit und Menschen, wie sie zu sein haben. Gabriele Freytag problematisiert die therapeutische ›Ersatzbeschäftigung‹ von Frauen und die damit verbundene Übernahme von Verantwortung und Schuld.[358] Das könnte auch für die Frauen gelten, die im sozialtherapeutischen Feld tätig werden und damit ihre Energien weniger auf strukturelle Veränderungen und mehr auf individuelle ihrer Klientinnen richten.

Großmaß zieht eine Trennlinie zwischen Psychotherapie und psychosozialer Beratung: Psychotherapie operiert als Teil des Gesundheitssystems, während psychosoziale Beratung an politische Systeme gekoppelt ist.[359] Beratungsarbeit ist gegenwartsorientiert, üblicherweise kurzfristig und niederschwellig angelegt, kann auf Wissenstransfer begrenzt sein. Psychosoziale Beratung zielt auf der Grundlage einer intrasubjektiven Beziehung auf die Selbstorganisationsfähigkeit und Entscheidungsfähigkeit durch Unterstützung bei der Umsetzung neuer Erlebens-, Denk- und Verhaltensweisen.[360] Die Kommunikationsformen in der Beratung entsprechen mehr der Alltagskommunikation als in üblichen Institutionen. Sie erfordern eine Flexibilität des kommunikativen Verhaltens der Beraterinnen, um unterschiedliche Bedürfnisse strukturieren zu können: präzise Auskünfte erteilen, ohne mit Informationsüberflutung Desorientierung zu produzieren, Orientierungs- und Entscheidungshilfe geben, Platz und Zeit für die intensive Arbeit an der Geschichte und der Lebenssituation der KlientInnen schaffen, Krisenintervention.[361]

Helga Bilden hinterfragt die **Arbeitskonzepte der feministischen psychosozialen Arbeit**, die ihre Wurzeln im dichotomisierenden Denken der 70er Jahre hat. Wird in den Frauenberatungsstellen und Frauenhäusern durch Diskurse und ›eingefleischte‹ Praktiken an der Entstehung und Aufrechterhaltung vom Geschlechterdualismus festgehalten? Sind es bestimmte Bilder von ›Frau‹, von ›männlich und weiblich‹, die als Entwicklungsziele gelten? Woher wissen wir, ob wir für die Klientinnen oder uns selbst sprechen? Geht es für die Klientin immer um Individuation? Auch für eine Klientin aus einer familienzentrierten Kultur? *»Welche Lebensmöglichkeiten werden durch die inzwischen aufgebauten Identitäten feministischer Expertinnen ausgeschlossen? Welche Lebensmöglichkeiten werden für die Klientinnen durch die Bilder/Ideale feministischer Emanzipation abgewertet?«*[362] Bilden fordert, geschlechtsverfestigende Zuschreibungen zu durchkreuzen, die Adjektive ›männlich/weiblich‹ – wenn überhaupt – mit ›sogenannt‹ zu versehen und Aussagen wie: ›Frauen sind .../Männer sind ...‹ zu vermeiden. Es gehe nicht darum, die Geschlechterdifferenzperspektive völlig ad acta zu legen, sondern von ihnen ausgehend in einem zweiten Schritt das eigene ›Doing gender‹ mittels dekonstruktiver Ansätze zu hinterfragen und zu überschreiten. Sie denkt daran, exklusive Frauenräume zu öffnen, feministische Therapie und Soziale Arbeit auch an Männer zu adressieren und mit Männern zusammenzuarbeiten. Zu den neuen Diskursräumen, zu denen sie ruft, führt der Weg wohl nur übers produktive Streiten ...

3.3.2 FrauenStreiten

> Ich halte eine Streitkultur für notwendig,
> damit wir in der Frauenbewegung die großen Konflikte
> der Zeit bewältigen und die kleinen wichtigen im Projekt.
> Marie Sichtermann[363]

Wenn Frauen miteinander arbeiten, wird es wie in anderen Arbeits- und Lebenszusammenhängen unvermeidlich zu Konflikten, Auseinandersetzungen und Missverständnissen kommen. Über weibliches Konfliktverhalten kursieren wenig schmeichelhafte Vorstellungen. Frauen wird gerne gegenseitiges Ausspielen, Hinterhältigkeit, ›Stutenbissigkeit‹, Untergriffigkeit, Überempfindlichkeit unterstellt. Oft ist zu hören, dass Frauen nicht gerne mit Frauen arbeiten. Andererseits wird ihnen natürliche soziale Kompetenz und Teamfähigkeit zugeschrieben.

In Frauenprojekten sind Frauen angetreten, ausgetretene Kommunikationsmuster zu verlassen, neue auszuprobieren und ihre Zusammenarbeit zu reflektieren. Das Verführerische an der Arbeit in Frauenzusammenhängen waren Erfahrungen von gemeinsamer Kreativität und gegenseitigem Verständnis. Damit wuchsen Phantasien von Nähe und vorbehaltlosem Angenommensein – um den Preis einer geringen Abgrenzung. Der befreiende utopische Wunsch verwandelte sich in Einengung und Gruppendruck.[364] Die Erfahrung von Begrenzung und Entfremdung am Arbeitsplatz, in üblichen Arbeitsstrukturen durch institutionell vorgegebene Hierarchien und durch die Dominanz von Männern von vorneherein angenommen, musste in den Frauenprojekten erst akzeptiert und integriert werden. Dabei prallten immer wieder zwei Grundströmungen aufeinander: das ›antimoderne‹ Streben nach Gemeinschaft auf das ›moderne‹ Bemühen um Individuation, Ich-Orientierung, Durchsetzung. Dabei war häufig eine bestimmte Abfolge von gruppendynamischen Abläufen festzustellen, weiß Karin Flaake aus ihrer Supervisionstätigkeit in Frauenprojekten: Auf eine kurze Phase der Euphorie folgten Lähmung und diffuse Feindseligkeiten, die zu verfeindeten Fronten und sogar dem Auseinanderbrechen der Gruppe führten.[365]

In dissonanten Situationen am Arbeitsplatz schauen Frauen oft nicht genau hin, worum konkurriert wird. Es fällt schwer, die Kompetenz der anderen anzuerkennen bzw. mit der eigenen Kompetenz selbstbewusst umzugehen. Auseinandersetzungen bleiben dann nicht auf der Sachebene, sondern werden über Ersatzthemen geführt. Mangelnde Abgrenzung in Arbeitsbeziehungen kann bedeuten, dass in Konfliktsituationen gleich die ganze Person auf dem Spiel steht, das Fundament der eigenen Existenz.[366] Die Reduktion von Konflikten auf eine persönliche Ebene mündet in die Strategie des ›Teile und herrsche‹: »*Die Frauen zerstreiten und ermüden sich selbst und gegenseitig, derweil männliche Herrschaft an den Macht- und Verteilungstöpfen wenig zu befürchten hat.*«[367] Zu hohe Erwartungen in Frauenprojekten beförderten ein Klima des feindseligen Schweigens. Sabine Scheffler spricht von einem Klima der ›Familialisierung und Intimisierung‹ in Frauenarbeitszusammenhängen. Konflikte entzünden sich am Wunsch nach Teilhabe an der (phantasierten) Macht der anderen und dem Wunsch nach Eigenständigkeit auf dem Hintergrund der familiären Sozialisationserfahrungen.[368] Erst wenn Beziehungen im Projekt als *Arbeits*beziehungen gesehen werden, könnten Arbeitsergebnisse realistisch eingeschätzt werden. Marie Sichtermann erlebte während ihrer langjährigen Mitarbeit in der Frauenprojektebewegung Kräche, wüste Verdächtigungen und Vorwürfe, Zusammenbrüche, Machtübernahmen. Frauen hätten es verabsäumt, eine feministische Theorie der Zusammenarbeit zu diskutieren. Statt konstruktive Streitgespräche zu führen sei Befindlichkeitsschau betrieben worden.[369]

Sich als Frau eine Identität zu erarbeiten, jenseits traditioneller Rollenerwartungen, ist ein Prozess voller Unsicherheiten, der anfällig macht für Krisen und Kränkungen. Identitätsprobleme, die in der Zusammenarbeit von Frauen mitverhandelt wurden und immer noch werden, bieten enormes Konfliktpotential. Wenn an Frauenarbeitsplätzen verboten ist, als Einzelne mit spezifischen Qualitäten und Erfolgen sichtbar zu werden oder gar eine Mutter-Tochter-Situation inszeniert wird, in der Ablösung als Schuld gilt, verharren alle in der Gemeinsamkeit des Mangels.[370] Der Neidaspekt tritt zurück, wenn Wünsche und Ängste offen besprochen und die Aggression nicht auf die Konkurrentin fixiert, sondern auf die Entwicklung der gewünschten Qualität im eigenen Ich gerichtet wird.

Das Modell des verständigungsorientierten Handelns (Habermas) erfordert mühsame Arbeit an der Diskursethik, ist aber Erfolg versprechend. Sichtermann beharrt darauf: Streitkultur ist das Gegenteil von Gesprächstherapie. Die Identifizierung einer Frau mit dem, was sie sagt und zeigt, hat im Streitgespräch unter Frauen nichts verloren. Streitkultur ist notwendig zum Verhandeln von Ressourcen und Positionen. Streitkultur als Teil von Frauenkultur und als Methode, Standpunkte in Frage zu stellen und Neues zu lernen, nützt der feministischen Theoriebildung. Sie schützt vor Ideologisierung, wenn Respekt und Neugier gewahrt, Ideen erprobt und präzisiert werden. Der Überhang an Streitpotential in Frauenarbeitszusammenhängen (ebenso wie in den Theoriediskussionen!) hängt vielleicht auch mit dem Rückzug aus politischem Denken und kollektivem Handeln zusammen.

Streiten und verhandeln kann frau auch mit Behörden und VertreterInnen der Politik, meint Sichtermann. Forderungen nach politischer Teilhabe sind wichtiger als zermürbende Kleinkriege.[371]

4   FrauenRäume

4.1   Die leidige Organisationsentwicklung und das liebe Geld

Frauenprojekte sind sowohl Orte zur Entwicklung
alternativer institutioneller Strukturen als auch
Freiräume für persönliche Entwicklungen.
Gisela Clausen[372]

4.1.1   Wer da? Projekt oder Organisation?

In meiner bisherigen Analyse habe ich mit dem Begriff ›Frauenprojekt‹ hantiert, obwohl dies eine ungenaue, unzureichende Bezeichnung für Organisationen wie Belladonna ist. Unter Projekt ist nach
Herzer eigentlich eine kurzfristige, nicht institutionalisierte Unter-
nehmung mit einem klar umrissenen Ziel und begrenzter Dauer gemeint.[373] Projekte haben Versuchscharakter, sind nicht von Routine,
sondern Aufbruch geprägt. In den Anfängen der Frauenbewegung
wurde der Begriff bewusst verwendet, um das Provisorische, Innovative zu betonen. Doch auch da gab es schon auf Dauer angelegte Organisationsformen. Eine geglückte, allgemein akzeptierte Bezeichnung für feministische Organisationen hat sich nicht durchsetzen
können. Doderer und Kortendieck verwenden so wie viele andere AutorInnen nach wie vor die Bezeichnung ›Frauenprojekte‹ für selbstorganisierte Einrichtungen von und für Frauen. Als gemeinsamen Nen-
ner geben sie deren parteilichen und frauenzentrierten Ansatz und
u. a. auch Selbsthilfe, -organisation und -bestimmung an, Faktoren,
die in dieser Weise nur für bestimmte Projekte zutreffen.[374] Heiliger
spricht von ›Gegeninstitutionen‹.[375] Martina Hörmann schlägt vor, von
›feministischen Organisationen‹ zu sprechen statt von ›Frauenorganisationen‹, womit auch traditionelle Frauenvereinigungen gemeint sein
können. Sie definiert mit ihrer Bezeichnung Strukturen, die:

- Zielsetzungen verfolgen, die aus dem Kontext der Frauenbewegung
  entstanden sind und primär dem Abbau der strukturellen Benach-
  teilung von Frauen dienen.
- in der Regel durch basisnahe Organisationsformen mit flachen
  Hierarchien, Teamorientierung und geringer formaler Komplexität
  gekennzeichnet sind.
- in denen aus konzeptionellen Gründen ausschließlich Frauen miteinander arbeiten.[376]

Immer, wenn Befreiung aus unterdrückenden Strukturen gelingt, blüht der Kollektivgedanke auf. In einem Kollektiv ist gegenseitige Stärkung und Schutz möglich, individuelle Stärken und Begabungen können sich entfalten. Das Kollektiv entsprach der Frauenprojektebewegung, die angetreten war, selbstbestimmte Arbeits- und Lebensformen zu entwerfen. Einige wie Belladonna haben bis heute egalitäre Strukturen beibehalten, und es scheint sehr gut zu klappen:

> *Wir sind basisdemokratisch, das heißt, wir sind ein Team und treffen Entscheidungen gemeinsam. Das ist für mich der höchste Genuss, ich kann mir nicht vorstellen, woanders annähernd solche guten Arbeitsbedingungen zu haben. In anderen Frauenberatungsstellen ist die hierarchische Ordnung das gängige Muster. Wir werden oft angezweifelt, dass unser System funktioniert, aber ich kann nur immer wieder bestätigen, dass es so gut läuft. Natürlich auch nicht immer reibungslos, es ist aber sehr gut lebbar und macht sehr zufrieden.«* (Interview 1, Z. 138–144)

In diesen Formulierungen schwingt eine unmittelbare sinnliche Erfahrung mit: Es ist ein Genuss, auf solche Weise arbeiten zu können, es ist gut lebbar und macht sehr zufrieden. Die Belladonna-Mitarbeiterin führt anschließend im Interview Voraussetzungen für das Gelingen der nicht-hierarchischen Organisationsstruktur an:

- klares Rollenverständnis, deutliche Qualifizierungen
- unterschiedliche Blickwinkel, gegenseitige Wertschätzung
- dass es Raum gibt für Diskussionen, Kontakt und Austausch untereinander
- das Gefühl, an einem Strang zu ziehen.

Wenn für Gespräche und persönlichen Austausch keine Zeit bleibt, erlebt sie dies als Verlust, der sich auf die Arbeitsqualität auswirkt, die Arbeit wird *»weniger rund«*. (Interview 1, Z. 175) Die bewusste Entscheidung, nicht nur nach funktionalen und rationalen Kriterien zusammenzuarbeiten, sondern der Zeit für Diskussionen, Austausch und Entscheidungsprozesse einen Wert zuzumessen, schafft offensichtlich gute Chancen für basisdemokratische Entscheidungsstrukturen. Das erwies sich oft als nicht praktikabel: *»Eine neue Form von Arbeit und Kommunikation zu praktizieren, neue Formen zu entwickeln, ist vielen Projekten nicht gelungen.«*[377]

Manche beharrten auf Egalität, wo es längst keine mehr gab, oder haben sich mit zunehmender Professionalisierung und Spezialisierung zu einer Gesellschaft hin entwickelt. Andere scheiterten an inneren und äußeren Konflikten und Widerständen und haben sich aufgelöst. Die Umstrukturierungen auf Länder- und Kommunalebene im Zuge des ›New Public Management‹ erwirkte, dass viele Leiterinnen oder Geschäftsführerinnen bestimmen und ihre basisdemokratischen Strukturen ganz oder teilweise aufgeben mussten.[378] Aus Barbara Blatterts Studie über Berliner Frauenprojekte geht hervor, dass hierarchische Arbeitsverhältnisse stark zugenommen haben. Während 1980 lediglich ein knappes Drittel die Frage nach projektinternen Hierarchien bejahte, waren es 1993 schon zwei Drittel. Anstelle des ›Alle machen alles‹ hat sich eine arbeitsteilige Struktur herausgebildet.[379]

Organisationsentwicklung in Frauenprojekten war und ist Teilnahme an einem kulturellen Prozess, mit vielen Möglichkeiten von Versuch, Irrtum, Erfolg und Scheitern. Die Entwicklung von autonomen Projekten betroffener Frauen hin zur Verberuflichung der Arbeit als Dienstleistung im Zuge *»prekärer Institutionalisierung«* führte zu unterschiedlichen Veränderungsprozessen im Profil und den Organisationsstrukturen. Marie Sichtermann und Brigitte Siegel bezeichneten drei Faktoren als ausschlaggebend für das Gelingen: das Umgehen-Können mit Vorgaben von außen, die Integration des ›Nachwuchses‹ und die Formulierung klarer Ziele.[380]

Die wöchentliche Teamsitzung.   Foto: Jörg Schmöe

Die Organisationsberaterin Martina Hörmann hat drei Typen von feministischen Organisationen untersucht, die auf eine langjährige Praxis zurückschauen: ein Frauenhaus, ein Frauenbildungswerk/Mädchentreff und eine Frauenberatungsstelle mit Notruf. Sie stellte fest, dass sich die Organisationen auf einem Kontinuum zwischen Pionierzeit/traditioneller und innovativer/professioneller Organisationsstruktur bewegen:

- ›Traditionell‹ meint hier ein eher unspezifisches Profil, unklare Entscheidungsstrukturen, offene, von informellen Faktoren abhängige Rollen und eine breite Angebotspalette, Charakteristika der Frauenprojekte der Anfangszeit, die sich stark an den Vorlieben der Mitarbeiterinnen orientierten. Oft arbeiten Mitarbeiterinnen ehrenamtlich oder nebenberuflich in der Organisation und zeigen wenig Veränderungsbereitschaft. Neulinge finden kaum strukturierten Zugang zu Information und Dokumentation.

- Die **innovative Organisation** ist nach Hörmanns Kategorisierung gekennzeichnet durch einen hohen Stellenwert von konzeptionellen Fragestellungen und ausgeprägter Klientinnenorientierung. Kommunikations- und Entscheidungsprozesse sind klar. Lernkultur ist für die Weiterentwicklung ebenso wichtig wie eine hohe Qualifikation und ein klares berufliches Selbstverständnis der Mitarbeiterinnen. Fachliche Autorität steht vor formaler, Hierarchien sind flach. Erfahrungswissen von langjährigen Mitgliedern und innovative Impulse jüngerer Kolleginnen können genutzt und integriert werden.

- Im **Übergang** weisen Organisationen eine Tendenz zur Professionalisierung und Qualifikation bei gleichzeitigen Beharrungstendenzen und Widerständen gegen klare Strukturen und Hierarchien auf, was heimliche Hierarchien begünstigt (siehe auch Kap. 3.2). Im Bereich der Organisationskultur finden sich familiäre Aspekte – eine starke Personenorientierung und das Bedürfnis nach Konfliktvermeidung und Gruppensicherheit. [381]

Martina Hörmann meint, dass dem Typ der ›Organisation im Übergang‹ die meisten feministischen Organisationen zuneigen. Ich denke, das trifft auch auf Belladonna zu. Die von ihr untersuchte Einrichtung dieses Typs ist auch eine Beratungsstelle mit Notruf. Die Konzentration auf Einzelschicksale bindet viel Energie, die bei der Prävention und Öffentlichkeitsarbeit abgeht, eine Tatsache, die die Frauen bedauern, aber durchaus nicht abwerten wollen. Die Mitarbeiterinnen zeichnen sich durch hohe fachliche Kompetenz und Commitment und ein Bedürfnis nach Harmonie und Gruppensicherheit aus. Die Arbeitsbereiche sind voneinander abgegrenzt, auf der Teamebene gibt es eine arbeitsfähige, aber wenig transparente Struktur. Macht und Geld sind eher tabuisiert, das Verhältnis der Frauen untereinander ist solidarisch, jede ist in ihrer Eigenheit akzeptiert.[382] Hörmann regt an, ein Leitbild zu erstellen, das die Unverwechselbarkeit der Organisation, ihre Vision und ihr fachliches und konzeptionelles Selbstverständnis zum Ausdruck bringt. Die Formulierung von Zielen und die Konkretisierung des eigenen Profils helfen dabei, nach außen und innen klarer dazustehen. Außerdem sollten Methoden, fachliche Standards und Strukturen einer effizienten Arbeitsorganisation formuliert sein. Nicht zu vergessen sind ehrenamtliche Mitarbeiterinnen und ihre Integration.[383]

Belladonna hat zweimal eine Organisationsberatung in Anspruch genommen. Dem letzten Workshop im Dezember 2005 wurde der ›Kompass der Ganzheit‹ zugrunde gelegt, der die Ausrichtung des ›Unternehmens‹ zu den Segmenten Vision/Ziele, Führung, Management, Zweck und Gemeinschaft erfasst. Es zeigte sich, dass es sich lohnt, die momentane Situation zu reflektieren und auch kleine Ziele im Auge zu behalten. Eine Anregung hat uns die Organisationsberaterin mitgegeben: uns mehr von Handlungsspielräumen leiten zu lassen als von Fesseln, sprich Rahmenbedingungen – und zu denen gehört das Geld.

4.1.2 Organisation braucht Geld

> Welchen Wandel im Gemüt ein festes Einkommen bringt ...
> Virginia Woolf

Geld ist das zentrale Steuerungsmittel der kapitalistischen Moderne. Geld regiert die Welt, sagen der Volksmund und das Börsenblatt. Über das große Geld verfügen meist Männer, über das kleine die Frauen. »*Sowohl der Umgang von Frauen mit Geld als auch der weibliche Gelderwerb sind durch geschlechterhierarchische Zuschreibungen bestimmt. Im Umgang mit Geld wird Männern mehrheitlich eine aktive, Frauen eine passive Rolle zugeschrieben.*«[384] Männer gelten als die, die Geld verdienen, Frauen als die, die es ausgeben – aber möglichst sparsam. Sie sollen und müssen haushalten. Da geht es Frauenprojekten nicht anders. Marion Breiter sieht die chronische Unterbezahlung für Frauenserviceleistungen als unbewusste Identifikation mit den Klientinnen, die ja meistens auch unter Geldmangel leiden. In dieser Mangelsituation kommen materielle Größenphantasien auf, die selten erfüllbar sind.[385]

Belladonna war mehrmals in finanziellen Nöten. Schon ein Jahr nach der Eröffnung war von ernsten Existenzsorgen die Rede. In den Anfangsjahren konnte die missliche Finanzsituation mit viel unbezahltem Engagement aufgefangen werden. Die finanziellen Engpässe bedeuteten immer auch die Gefährdung von Frauenarbeitsplätzen. Beschäftigungsprogramme wie die von Sozialminister Dallinger eingeführte Aktion 8000 oder das Akademikertraining ermöglichten die Finanzierung der Lohnkosten. Belladonna als private Kinderbetreuungseinrichtung konnte weitere Zuschüsse erhalten. 1989 gab es vierzehn Projektmitarbeiterinnen. Allein sechs Mitarbeiterinnen waren ganztags zur Arbeitserprobung, weitere vier auf ein Jahr befristet über die Aktion 8000 eingestellt. Seitdem diese Programme weitgehend eingestellt wurden, sind die Subventionen vor allem an den Beraterinnenarbeitsplätzen orientiert. Die Professionalisierung der Projektarbeit ging nicht nur für Belladonna mit einer Veränderung der Arbeitsverhältnisse einher. War das Verhältnis von Ehrenamt zu bezahlten Stellen in 73 Berliner Projekten 1980 noch bei 9:1, haben 1993 schon über die Hälfte aller Projektmitglieder gegen Bezahlung gearbeitet. Im gleichen Zeitraum haben sich die Anteile zwischen Voll- und Teilzeitarbeit umgekehrt: von 70 % zu 30 % Vollzeitstellen. Dabei lässt sich auch ein Zusammenhang mit der Förderung durch das Arbeitsamt feststellen: als es noch mehr geförderte Arbeitsplätze gab, waren diese auch häufig Vollzeitstellen. Diese Entwicklungen gehen einher mit einem Rückgang der Eigenmittel und einer Zunahme der staatlichen Förderung sowie einer Zunahme kostenloser Dienstleistungen.[386]

Der Rückgang von Vollzeitarbeitsplätzen und ehrenamtlicher Mitarbeit im Verbund mit der Zunahme der staatlichen Finanzierung und entsprechender Dienstleistungen ist auch im Verein Belladonna zu beobachten. Anfang der 90er Jahre hatte die Projektkoordinatorin noch einen Vollzeitarbeitsplatz. Nach einem Personalwechsel war die Stelle Mitte der 90er Jahre monatelang nicht mehr finanziert. Es wurde eine Art Notbetrieb eingerichtet und die dringlichsten Büroarbeiten zugekauft. In den folgenden Jahren war diese Stelle durch Budgetschwankungen, Kürzungen und kurzfristige Finanzierungsmodelle immer wieder von personeller Fluktuation betroffen.[387]

»Für unsere Fördergeber wird es oft nicht sichtbar, dass die Basis eines je-den Projekts die Koordinatorin und Finanzfachfrau ist, und die ist halt bei uns am schlechtesten finanziert. Für uns Beraterinnen ist es sich finanziell immer ausgegangen, aber die Organisatorinnen sind ja oft ausgestiegen, die mussten teilweise auf 10 Stunden reduzieren, da kann man ja nicht davon leben«. (Interview 1, Z. 72–75)

Die häufigen Personalwechsel verhindern ein stabiles Organisations-management. Sie schwächen Lobbying, Vernetzung und Öffentlich-keitsarbeit, denn diese Aktivitäten sind an persönliche Kontakte ge-bunden. Organisationen, die sich verstärkt in EU- und anderen Pro-jekten engagieren, können den Overheadbereich besser abdecken, doch ist bei internationalen Projekten der administrative Aufwand groß und erfordert Erfahrung. Eine sichere finanzielle Basis z. B. durch Dreijahresverträge konnte bis heute nicht erreicht werden. Der Aufwand für jährliche Förderansuchen, unterschiedliche Abrech-nungs- und Dokumentationserfordernisse der jeweiligen Subventions-geber bindet viele Arbeitsstunden und letztlich Geld. Organisations-entwicklung steht immer im Zusammenhang mit Ökonomie.

4.1.3 Organisationsentwicklung und Qualitätsmanagement in Frauenprojekten

Organisationsentwicklung befasst sich mit der Entwicklung der Orga-nisation im Hinblick auf die Strukturierung der Arbeitsfelder, den In-formationsfluss und die Verhältnisse zwischen einzelnen Bereichen des Projektes. Ziel ist, eine institutionelle Struktur zu finden, die so-wohl zur Arbeit als auch zu den dort tätigen Menschen passt. Super-vision erforscht und reflektiert die Schwierigkeiten im Arbeitsalltag. Das Hauptaugenmerk ist auf das so genannte Zwischenmenschliche, die Empfindungen und Ideen von Zusammenarbeit gerichtet.[388] Orga-nisationsentwicklung und Supervision sollten unterschieden werden. Die Beraterinnen von Belladonna haben sich für Einzelsupervision entschieden, da einzelne Fälle konzentrierter bearbeitet werden kön-nen und Gruppenprozesse relativ konfliktarm ablaufen.

So gut wie immer, wenn ein Organisationsprozess beginnt, zeigt sich eine gruppendynamische Organisationsabwehr. Organisation und Arbeitsteilung bedeutet immer Trennung. Frauen zeigen in gruppen-dynamischen Prozessen häufig ein starkes Misstrauen nicht nur ge-gen individuelle Funktionsträger, sondern gegen Funktionen überhaupt, berichtet der Klagenfurter Gruppendynamiker Ewald Krainz.[389] Frauen machen allerdings in hierarchischen Strukturen häufig Erfahrungen, die zu Misstrauen berechtigen. Was Krainz als biologische Tatsachen naturalisiert und woraus er schließt, dass Zusammenarbeit von Frauen in Organisationen per se ›schwierig‹ ist, beschreibt Brückner als produktive Dynamik.[390] Gemeinsame Ziele, aber auch der Abschied von symbiotischen Wünschen, das Akzeptieren von Verschiedenheit im Team und die ausreichende Trennung zwischen Projekt und Person ermöglichen Wachstums- und Lernprozesse in feministischen Einrichtungen, von denen sich traditionelle Organisationen einiges abschauen könnten. *»Bislang als informelle angesehene Potentiale wie das Diskursive, Konsensuale und Konfliktäre, das Emotionale und Empathische, rangieren ganz oben auf der Skala der neuen Qualitäten der Organisation.«*[391]

Die Diskussion um Qualitätssicherung und Qualitätsmanagement ist nach wie vor durch eine große Begriffsverwirrung gekennzeichnet.

– **Qualität** ist die *»Gesamtheit von Eigenschaften und Merkmalen eines Produkts oder einer Dienstleistung, die sich auf deren Eignung zur Erfüllung festgesetzter und vorausgesetzer Erfordernisse beziehen«.*[392]

– **Qualitätsmanagement** umfasst die nachvollziehbare Auswahl und Festlegung relevanter Kriterien im Organisationsprozess.

– **Qualitätssicherung** umfasst Maßnahmen, die sicherstellen, dass die Standards erfüllt werden oder zumindest eine Annäherung erreicht wird, und die Entwicklung von Dokumentationsformen.

Qualitätsentwicklung dient der Weiterentwicklung der Arbeit, wenn sie Partizipation, Transparenz und Glaubwürdigkeit nach innen und außen erhöht. Frauenprojekte können jedoch mit den wachsenden Anforderungen an Leistungs- und Qualitätsnachweise in ein doppeltes Dilemma geraten. Der Aufwand für die alltägliche Arbeit ist mit vorgegebenen Leistungskatalogen oft nicht erfassbar und kompatibel. Vernetzung, Konzeptentwicklung, Öffentlichkeitsarbeit, Overheadaktivitäten, aber auch Mehrarbeit und Mehraufwand für die Erfassung und Dokumentation ihrer Tätigkeiten finden meist keinen Eingang in Förderkriterien, die sich an Beratungszahlen festmachen. Fatal wird es, wenn der ›Qualitätsterror‹[393] kaum Platz lässt für die eigentliche Dienstleistung, deren Verbesserung ja eigentlicher Zweck des Unterfangens sein soll.

In Frauenprojekten hat das Wachstum der Organisation immer sehr persönliche Dimensionen. Ein entscheidender Faktor bei den notwendigen Kommunikations- und Institutionalisierungsprozessen ist: **Erfolge sichern und die Schätze des Projekts sichtbar werden lassen.**[394]

Historisch gesehen ist die Organisation eine Sozialkonfiguration, die von Männern ›erfunden‹ und betrieben wurde. Üblicherweise gibt es in Organisationen Macht- und Herrschaftsstrukturen. Rein hierarchische Strukturen vermindern die Arbeitszufriedenheit und Leistungsfähigkeit. Große Wohlfahrtsverbände und Institutionen stellen fest, dass Regulierung, Spezialisierung und Hierarchisierung für organisatorische Effizienz an Bedeutung verlieren. Entbürokratisierung, prozessorientierte Arbeitsabläufe, Dezentralität, flache Organisationsformen, die Verbesserung der Kooperation und der Potenziale der Mitarbeiterinnen sind gefordert. Teams und ›Projekte‹ boomen allerorten. Innovative feministische Organisationen, die auf über zwanzig Jahre Erfahrung in Teams zurückblicken, können als Modelle für zukunftsfähige soziale Organisationen gesehen werden. Die pessimistischen Zukunftsprognosen, dass solche Projekte über kurz oder lang verprofessionalisiert und verbürokratisiert in der etablierten Wohlfahrtspflege untergehen werden, können korrigiert werden, wenn feministische Organisationen die nötigen Herausforderungen annehmen und solidarische Netze stärken.[395]

4.2 Endlose Sitzungen, ›Schlaflose Nächte‹: Frauennetzwerke
4.2.1 Netze mit einfachem und doppeltem Boden

In den 70er und 80er Jahren waren Frauengruppen und -projekte noch von einer großen gemeinsamen Klammer gehalten – ihrem Selbstverständnis als Teil der Frauenbewegung. Seit der Aufspaltung in diverse Interessensgruppen haben Frauen-Netzwerke Hochkonjunktur. Sie sollen geografische, politische, soziale und kulturelle Differenzen überwinden und gleichzeitig Unterschiede bejahen.[396] Als zeitgemäße Form politischer Einmischung ermöglichen sie Ergebnisse, die individuell oder als einzelne Organisation nur schwer realisierbar wären. Sie agieren üblicherweise ohne formale Zugangskriterien. Netzwerke ermöglichen Kooperation ohne Berührungsängste und dogmatische Trennungen. Die Zielsetzungen orientieren sich meist an pragmatischen punktuellen Kooperationen.[397] Es gibt aber auch eine Neigung zur Bildung von Klüngeln und exklusiven Zirkeln.

Vernetzung ist ein Begriff aus der Systemtheorie. Ein System besteht aus einzelnen Teilen, die durch Ursache-Wirkung-Beziehungen und komplexe Systemeigenschaften miteinander verknüpft sind. Vernetzung ist relevant in der Informatik, den neuen Informationstechnologien, in der Ökologie, der Wirtschaft und dem Management. Dort meint Vernetzung den Aufbau von Beziehungen, die den eigenen sozialen Status erhalten oder verbessern und die betrieblichen Erfolge sichern sollen. Diese Funktion haben Männernetzwerke, in denen die Mächtigen der Republik ihre (nicht nur betrieblichen) Erfolge über vielfältige Verbindungen absichern. In Absolventenclubs hochkarätiger Schulen und Unis, Studentenverbindungen, Jagdgesellschaften, Clubs wie Lions und Rotary, bei den Freimauern, Opus Dei und ähnlichen elitären Seilschaften schanzen sie sich gegenseitig die einträglichsten und einflussreichsten Positionen zu. In diesen Netzen ist die Präsenz von Frauen praktisch null.[398] Die derzeitige Frauenministerin Rauch-Kallat versuchte, zu den Männern aufzuschließen, in dem sie *»für eine Übergangsfrist«*[399] die gegenseitige Unterstützung von Frauen fördert, über die konservative Studentinnenverbindung ›Norica Nova‹, Mentoringprojekte oder andere kleine, privilegierte Frauen-Netzwerke.

Da sich Frauenprojekte immer mehr ausdifferenzierten, dabei um ihre Existenz kämpfen mussten und ihre Einflussnahme begrenzt ist, war die Kooperation mit anderen Fraueninitiativen, Frauenbeauftragten und engagierten Frauen in Politik, Wirtschaft, Öffentlichkeit unerlässlich. Die Kehrseite der Ausdifferenzierung der Organisationen war ihre Individualisierung. *»Vernetzungen fanden im wesentlichen unter Einrichtungen, die im selben Bereich tätig waren, und auf regionaler Ebene statt.«*[400]

Belladonna kooperierte auch in nicht-frauenspezifischen Netzen und Bündnissen, mit sozialen NPOS wie AWOL und pro mente und mit dem AMS, um Fraueninteressen einzubringen. Belladonna war aktiv in der Arge Kultur, der Interessensgemeinschaft der Kulturinitiativen Kärnten-Koroška IGKIKK, dem Verein Projektionen, der Plattform gegen Gewalt in der Familie, im Klagenfurter Familiengipfel u. v. m.[401] Unter den vielen Frauennetzwerken auf kommunaler, regionaler, überregionaler und internationaler Ebene mit ihren unterschiedlichen politischen und inhaltlichen Gewichtungen, denen Belladonna angehörte bzw. in denen Belladonna vertreten ist, finden sich das Netzwerk der Österreichischen Frauen- und Mädchenberatungsstellen, die Klagenfurter Frauenplattform und der Familiengipfel, EU-Projekte, diverse Arbeitskreise z. B. zu Essstörungen, Alternatives Wohnen im Alter, Kulturinitiativen etc. Im Kärntner Frauenforum treffen sich Vertreterinnen von Nicht-Regierungs-Organisationen, Parteien, Institutionen und Initiativen. Zu den Sitzungen mit dem geheimnisvollen Namen FBI finden sich die Kärntner Frauenberatungsstellen sowie die Interventionsstelle gegen familiäre Gewalt ein. Einmal jährlich kommen die Mitarbeiterinnen von Frauenhäusern und -beratungsstellen, Notrufen und Interventionsstellen nach Kärnten, um gemeinsam Strategien gegen Gewalt an Frauen zu diskutieren.

Ein Aspekt dieser vielfältigen Aktivitäten ist die größere Chance auf Öffentlichkeit. Mit den Fraueninitiativen, -einrichtungen, -projekten, -vertreterinnen, Gleichbehandlungsstellen, sozialen Einrichtungen, berufsnahen Professionen und PolitikerInnen agiert das Team über die Initiierung und aktive Teilnahme an themenzentrierten Aktivitäten und Gremien bis zu informellen Kontakten und Informationsaustausch. Das ausufernde Netzwerken stößt mittlerweile aufgrund der begrenzten Zeitressourcen an Grenzen. Deshalb konzentriert sich das Engagement von Belladonna wieder mehr auf politische Ziele und berufsnahe Einrichtungen.

4.2.2 Das Netzwerk österreichischer Frauen- und Mädchenberatungsstellen

1995 haben sich die österreichischen Frauen- und Mädchenberatungsstellen zu einem Dachverband zusammengeschlossen, dem heute 40 Mitgliedsorganisationen angehören. Aus Kärnten kommen fünf Mitgliedsorganisationen: Belladonna und das Mädchenzentrum in Klagenfurt, die Frauenberatung Villach, das WIFF – Weiterbildungsinitiative für Frauen, die Frauen- und Familienberatung in Völkermarkt und die Lavanttaler Frauen- und Familienberatungsstelle in Wolfsberg. Das Netzwerk österreichischer Frauen- und Mädchenberatungsstellen (FMBS) versteht sich als Koordinatorin der FMBS, als Vertretung nach außen und Lobby für Frauenpolitik und -anliegen. Es organisiert fachspezifische Veranstaltungen und Dokumentationen, engagiert sich in der Medien- und Bildungsarbeit, nimmt an nationalen und internationalen Projekten und fachspezifischen Veranstaltungen teil.[402] Es hat auch mit der GPA ein arbeitnehmerinnenfreundliches Gehaltsschema erarbeitet, das den verschiedenen Quali-

fikationen von Frauen Rechung trägt und nicht nur traditionelle Ausbildungen berücksichtigt. Die Formulierung von Qualitätskriterien
ermöglicht den Frauenberatungsstellen eine fachliche Positionierung
nach außen.

Das Netzwerk NÖF ist und war Partnerorganisation von EU-Pro-
jekten wie FARE zum Engagement von Frauen in Vereinen, NORA
zu neuen Berufsperspektiven von Frauen sowie KLARA! und OB-
SERVATORIA als Strategien zur Verringerung der Einkommensdif-
ferenz zwischen Frauen und Männern. Das NÖF setzt inzwischen
verstärkt auf die Beteilung an Gender Mainstreaming-Maßnahmen:
*»Wir arbeiten seit Juli 2000 in unseren Projekten zu Gender Main-
streaming mit dem Ziel, einen aktiven Beitrag zur Anerkennung und
Stärkung der Rolle von NGO-Fraueneinrichtungen bei der Weiterentwicklung und Implementierung dieser neuen Strategie zu leisten.«*[403]
Ziel dieses Engagements ist die *Vernetzung* relevanter AkteurInnen
aus Institutionen und NGOs in der Arbeitsmarkt- und Gleichstellungspolitik, um gemeinsam die Entwicklung von Chancengleichheit
voranzutreiben.

Das Netzwerk klinkt sich also bewusst in den Gender Main-
streaming-Diskurs ein, um an nationalen und internationalen Schalt-
stellen teilzuhaben. Ob damit eine Vereinnahmung autonomer Positionen einhergeht, wie Christa Wichterich kritisiert, wäre zu analysieren. Für sie sind die Verstrickungen transnationaler Frauennetzwerke im Gender Mainstreaming Zeichen einer Gouvernmentalität, die
neue Mechanismen von Vergesellschaftung durchsetzt. Die Netzwerke
sitzen mitten drin im Mainstream und bleiben doch an den neuen
Rändern der Macht, stellt sie fest. Autonome Positionen seien kaum
noch erkennbar, Frauenpolitik werde in institutionellen Verfahrens-
techniken entpolitisiert und entradikalisiert.[404]

Das Netzwerk hat für die Mitgliedsorganisationen in existenziellen
Krisen inzwischen eine Art Anwalts- oder Gewerkschaftsfunktion gegenüber der institutionellen Frauenpolitik. Wegen der wachsenden
Zahl an Mitgliedsorganisationen werden Diskussions- und Verhand-
lungsstrukturen bei den Netzwerktreffen oft schwerfällig und langwie-
rig. Für die jährlichen Meetings mit dem Frauenministerium scheint
inzwischen das Delegationsprinzip praktikabler zu sein. Manchmal
aber sind spektakuläre Aktionen aller Beratungsstellen und Frauenprojekte angesagt.

4.2.3 ›Geldregen und Vanillekipferl‹.
Netzwerke in der Öffentlichkeit

Immer wieder gab es gemeinsame Aktionen von Frauengruppen. Die erste Österreichische Frauenprojektmesse fand 1992 in der Hofburg statt. 1993 gab es eine große Solidaritätskundgebung für Johanna Dohnal am Ballhausplatz unter dem Motto ›Keine Frau verlässt die Regierung!‹. Im September 1994 fand eine **Aktionswoche der österreichischen Fraueneinrichtungen** unter dem Titel ›Die Hälfte der Welt den Frauen‹ statt. Die ›Arbeitsgruppe Frauenrechte/Menschenrechte‹ initiierte die Aktion, um vor der Nationalratswahl auf die Arbeit der österreichischen Fraueneinrichtungen und die mangelnde politische und finanzielle Unterstützung hinzuweisen.[405] Eine Petition an die Bundesregierung und die Landesregierungen erinnerte an deren Verpflichtung, Maßnahmen zur Eliminierung von Gewalt und Diskriminierung von Frauen zu ergreifen.

In Klagenfurt sorgten Belladonna, der Bund demokratischer Frauen, das Frauenhaus, die katholische Frauenbewegung und die Projektgruppe Frauen mit ihrer Aktion ›Falscher Fuffziger‹ am Neuen Platz für Aufsehen.

Ein **›Geldregen‹** symbolisierte die falschen Versprechungen an Frauen.[406]

Die Fraueninitiativen veröffentlichten einen Forderungskatalog:

Aktion Falscher Fuffziger, 9/1994, Neuer Platz, Klagenfurt. Archiv Belladonna

- Gerechte Bezahlung von Frauenarbeit, finanzielle Absicherung von Fraueneinrichtungen.
- Verbesserung der Situation von Frauen am Arbeitsmarkt, Maßnahmen zur Einkommensangleichung.
- Weisungsfreiheit und Kompetenzerweiterung der Frauenbeauftragten, Streichung ihres individuellen Beratungsauftrags.
- Wohnbeschaffungsprogramme für Frauen.
- Nein gegen Gewalt an Frauen und Kindern, Sanktionen durch die Exekutive.
- Mehr fundierte frauenspezifische Berichterstattung in den lokalen Printmedien.[407]

Die Stadträtin und die Frauenbeauftragte der Landeshauptstadt luden gemeinsam mit der Frauenplattform zu einer Pressekonferenz. Abends gab es eine Performance ›Volvox oder Wie ich lernte zu leben‹ mit Angelika Trabe im Napoleonstadl.

Das **Frauenvolksbegehren** hat eine breite Basis nicht nur unter Projektfrauen gefunden. Es wurde vom UnabhängigenFrauenForum UFF unter der Federführung von Eva Rossmann initiiert und im April 1997 durchgeführt. Es forderte den aktiven Abbau der Benachteiligung von Frauen und längst fällige Maßnahmen: Gleichstellung für Frauen im Berufsleben, ein angemessenes Mindesteinkommen, genügend gute Kinderbetreuungseinrichtungen, gerechte Pensionen. In Kärnten nahm der Arbeitskreis der Kärntner Fraueninitiativen mit der Kontaktstelle Belladonna aktiv an der Mobilisierung teil und organisierte Veranstaltungen mit Eva Rossmann, Elfriede Hammerl und Christel Neusüß in Villach, Völkermarkt und Klagenfurt. Mit 650.000 Stimmen und über 11 % der Wahlberechtigten (in Kärnten 9,5 %), davon drei Viertel Frauen, war das Frauenvolksbegehren sehr erfolgreich.[408] Trotzdem wurden bis heute die meisten Inhalte nicht umgesetzt. Am Beispiel des Frauenvolksbegehrens zeigt Brigitte Geiger auf, wie feministische Anliegen eine große Medienresonanz erreichen konnten. Die Inszenierung der Drohung, eine Frauenpartei zu gründen sowie die Personalisierung über prominente Repräsentantinnen erfüllten die medialen Selektionsregeln. Letztlich dominierten Parteien und Interessensvertretungen die Berichterstattung, autonome Frauen kamen kaum zu Wort. An diesem Beispiel zeigen sich die Grenzen medialer Akzeptanz und Präsenz feministischer Forderungen.[409]

Das Netzwerk ›**Schlaflose Nächte**‹ vereinte 140 bis 180 österreichische Frauen- und Mädcheneinrichtungen. Frauen- und Mädcheneinrichtungen aus ganz Österreich verbrachten die Nacht vom 30. Juni auf den 1. Juli 1999 vor dem Bundeskanzleramt, in dem das Frauenministerium angesiedelt war, um ihren Forderungen Nachdruck zu verleihen. Daraufhin zeigten sich Bundeskanzler Klima und Frauenministerin Barbara Prammer bereit, mit dem Netzwerk Varianten einer gesetzlich verankerten Basisfinanzierung zu erarbeiten.[410] Als sich im Laufe der Koalitionsverhandlungen die Zusammenlegung von Frauen- und Familienministerium abzeichnete, besetzten Frauen in der ›**Operation Vanillekipferl**‹ im Dezember das Büro der Frauenministerin. Nach dem Regierungswechsel im Februar 2000 und der Abschaffung des Frauenministeriums rückte die Realisierung der Konzepte in weite Ferne.

4.3 Das Private ist politisch ist öffentlich

4.3.1 Frauenprojekte, Öffentlichkeit und Zivilgesellschaft

Der Slogan der zweiten Frauenbewegung ›Das Private ist politisch!‹ verweist auf den politischen Charakter des Privaten und hinterfragt die willkürliche und fragwürdige Grenze zwischen privatem und öffentlichem Raum. Beyer definiert männliche Öffentlichkeit als das, was Männer im Kollektiv betrifft, von der Staatspolitik bis zum Fußballplatz, von der Arbeitswelt bis zum Stammtisch; das ›Private‹ ist demgegenüber der Freiraum des einzelnen Mannes.[411] Feministische Politik stellt die Trennung zwischen öffentlichem und privatem Raum in Frage und formuliert das Geschlechterverhältnis als Politikum. Das Private öffentlich zu thematisieren und auszuhandeln und zu einer neuen Bewertung, Handhabung und Grenzverschiebung der Binarität von öffentlich und privat zu kommen, war das Anliegen der zweiten Frauenbewegung. Damit sollten Frauen öffentliche Plätze ebenso wie der bezahlte Produktionsbereich offen stehen und die privaten unbezahlten reproduktiven Aufgaben gerecht verteilt werden.

Die Parole ›Frauen erobern sich die Nacht zurück!‹ signalisierte, dass Frauen die nächtliche Angst in den Straßen nicht mehr hinnehmen wollten. Frauen als das weitgehend von der öffentlichen Diskurssphäre ausgegrenzte Geschlecht haben auch im privaten Raum keinen Platz für sich. Die Forderung nach einem ›Zimmer für sich allein‹

(Virginia Woolf) sollte diese ›Raumlosigkeit‹ skandalisieren und in Abgrenzung zur ›Männeröffentlichkeit‹ und dem männlich dominierten privaten Raum eigene ›Frauenöffentlichkeiten‹ und ›Frauenräume‹ einfordern.[412] Das ist auch im Belladonnakonzept formuliert:

> »Die Verfügbarkeit über eigene Räume für Frauen, frei von männlichen Zugriffen und Einmischungen, ermöglicht erst die Abgrenzung zur privaten Wohnzimmeratmosphäre und den damit verbundenen patriarchalen Rollenzuweisungen. Frauenorte und -räume sind damals wie heute eine Möglichkeit, der Vereinzelung und Vereinsamung von Frauen entgegenzuwirken, deren Ursachen nicht zuletzt im ständigen Sich-Wehren-Müssen gegen männliche und systembedingte Benachteiligungen und Mehrfachbelastungen (in Beziehungen, Kindererziehung, im Beruf ...) zu suchen sind.«[413]

Weiter heißt es, Belladonna greife »als EINZIGE« tabuisierte oder ignorierte Probleme öffentlich auf.[414] ›Mit der Formulierung ›als EINZIGE‹ (das in einer späteren Version des Konzepts nicht mehr auftaucht, da mittlerweile andere feministische Frauenorganisationen entstanden sind) bekräftigt Belladonna die anschließende Klage darüber, dass so viel zu erledigen sei, ohne über ausreichende Ressourcen zu verfügen. Im Anschluss daran sind diverse organisatorische Maßnahmen zur Öffentlichkeitsarbeit aufgelistet, um zu verdeutlichen, wie viel ›Arbeit‹ zu erledigen ist. Diese Klage erinnert an die von Gabriele Freytag beschriebene Parallele von Projekt- und Hausarbeit. (siehe Kap. 2.2.3) Auch im Zusammenhang mit dem Konzept der Zivilgesellschaft taucht das Hausfrauenthema wieder auf: Anneliese Erdemgil-Brandstätter und Maria Moser warnen Mädchen- und Fraueneinrichtungen davor, in die Funktionalisierungsfalle zu tappen und zu »Hausfrauen der Nation« zu werden, indem sie an den Wunden ›herumdoktern‹, die eine rechtskonservative Regierung schlägt.[415] Es dürfe nicht so weit kommen, aus Angst um Weiterfinanzierung die politisch-kritische Stimme verstummen zu lassen. Das Konzept der Zivilgesellschaft könne nur dann ein politisches Konzept für Frauenprojekte sein, wenn es ihnen Partizipation und Selbstvertretung eröffnet und so genannte Frauenthemen nicht als Randthemen des öffentlichen Diskurses marginalisiert werden.[416]

Zivilgesellschaft meint einen öffentlichen Raum zwischen privater und staatlicher Sphäre, in dem eine Vielfalt gesellschaftlicher Gruppen, Initiativen und Bewegungen weitgehend unabhängig von staatlichen, parteipolitischen oder privat-wirtschaftlichen Institutionen agieren.[417] Zivilgesellschaft soll ein »organisches politisches Projekt« bezeichnen, das sich in der Etablierung einer Öffentlichkeit von AktivbürgerInnen realisiert, die für ihre Rechte oder die Rechte anderer eintritt.[418] Politisches Handeln ist nach Hannah Arendt öffentliches und gemeinsames Handeln, das ein kollektives Gut, die *res publica,* im Sinn hat. Dieses politische Handeln überschreitet als ein *Zwischen-den-Menschen* die Pluralität der Menschen. Der kapitalistische Besitz-individualismus konstituiert sich auf einer ständigen Differenz: Die Unternehmen müssen besser, schneller, neuer, billiger, moderner und sei es auch nur dem Schein nach anders sein als die Konkurrenz. Damit werden im öffentlichen Raum im Grunde private Interessen, die *res privata* von Wenigen verhandelt, die ausschließlich ihre eigenen Interessen verfolgen.[419] Die anderen Orte, die zivilgesellschaftliche Akteurinnen entwerfen, zielen auf Kommunikationsräume, die sich grundlegend von der Unwirtlichkeit öffentlicher Orte unterscheiden. Sie verflüssigen die Raumgrenzen zwischen privatem und öffentlichem Sektor, zwischen Natur und Steinwüste.[420]

Im Neoliberalismus werden öffentliche Interessen zunehmend privatisiert und die Bearbeitung denjenigen zugeschoben, die seit jeher privates, aktives, unbezahltes Engagement für die Gemeinschaft zeigen, den Frauen. Zivilgesellschaft muss dafür herhalten, dass der Staat sich aus seiner Verantwortung zurückzieht und auf *»die private Solidarität, das private Engagement, die Eigeninitiative«* von Aktivbür-gerInnen setzt, wie Andreas Khol schwärmt.[421] Das zeigt sich in der Tendenz, Steuermittel von NGOs abzuziehen und sie auf mehr Effizienz, Eigeneinnahmen, Sponsoring, Spenden zu verpflichten, ein Ansinnen, von dem Frauenberatungsstellen ein Lied singen können. Wenn die Zivilgesellschaft der Herstellung von Öffentlichkeit und Kritik dienen und gesellschaftliche Problemlagen zur Sprache bringen will, muss dies für Frauen nutzbar werden.[422] Feministisches politisches Handeln muss also kritisch bleiben gegen jede scheinbare *res publica,* die ökonomische und geschlechtshierarchische Interessen einseitig bedient. Sich durch gemeinsames Handeln Öffentlichkeit zu erschließen, sie neu zu definieren, sie zu öffnen im wahrsten Sinn des Wortes, ist Politik als *Kunst des Unmöglichen.*[423]

Die politische Arena, in die sich Feministinnen immer wieder hineinbegeben müssen, ist weitgehend mit medialer Vermittlung verkoppelt. Medien spielen eine entscheidende Rolle in der Herstellung und Verteilung von Bedeutung. Das nächste Unterkapitel wird sich mit der medialen Repräsentanz feministischen Handelns beschäftigen.

4.3.2 Wir müssen leider draußen bleiben. Feminismus und Medien

Medien bestimmen unsere Lage,
die (trotzdem oder deshalb) eine Beschreibung verdient.
Friedrich Kittler

Medien sind mehr und mehr für Lebensentwürfe und Vorstellungen gesellschaftlicher Gruppen verantwortlich. Der herrschende Mediendiskurs unterstützt in erster Linie herrschende Ideologien, d. h. Individualismus und Wettbewerb, die Anhäufung von Besitz und patriarchale Gesellschaftsstrukturen, reflektiert aber auch die Pluralität von Lebensstilen und Vorstellungen. Dominante Medien transportieren diskursiv hergestellte Geschlechterinterpretationen, Frauen sind häufig unzureichend, abwertend und klischeehaft repräsentiert. Trotz gewisser Veränderungen bleiben Belange von Frauen häufig ignoriert oder nachgeordnet. Die Frauenbilder in medialen Repräsentationen entsprechen keineswegs dem tatsächlichen Spektrum der von Frauen ausgeübten Tätigkeiten, Aufgaben und Kompetenzen. Christine Schmerl bezeichnet die immer noch übliche Darstellung von Frauen in den Medien als Annullierung und Trivialisierung.[424]

Als Gegengewicht zu den herrschenden Machtverhältnissen in den Informations- und Kommunikationsprozessen fungieren feministische Medien. Schon in den 70er Jahren wurden einzelne autonome Frauenzeitschriften gegründet, doch erst in den 80er Jahren entstand in Österreich eine größere Vielfalt. Diese Informationsmedien bedeuteten für viele Leserinnen den einzigen Kontakt zur Frauenbewegung, der ihnen eine Teilhabe am feministischen Diskussionsprozess ermöglichte. Autonome Frauenmedien sind bewusst in befreiender Absicht gestaltet, nehmen gesellschaftliche Wirklichkeit und Geschlechterverhältnisse aus der Perspektive von Frauen in all ihrer Unterschiedlichkeit in den Blick, arbeiten parteilich mit und für Frauen an einer Überwindung hierarchischer Positionierungen und Machtverhältnisse.[425] Die aktive Medienarbeit führt zur Entfaltung von Handlungs- und kommunikativer Kompetenz. Sie schafft ein Gegengewicht zur passiven Rezeption kommerzieller Medien mit ihren weitgehend stereotypen Männlichkeits- und Weiblichkeitskonzepten. Diese Medien kennzeichnen nach Brigitte Geiger und Hanna Hacker, dass sie Kollektivität, partizipatorische Strukturen und Professionalität verbinden und Balanceakte zwischen Radikalität und Kommerzialisierung, Gettoisierung und breitenwirksamer Anpassung engagiert und erfindungsreich stets von neuem in Schwebe halten.[426]

Unzureichende Ressourcen, eingeschränkte strukturelle, technologische und ökonomische Rahmenbedingungen bedeuteten häufig prekäre Produktionsbedingungen.[427] Das führte dazu, dass von den über zwanzig österreichischen feministischen Zeitschriften der 80er Jahre nur noch die Zeitschrift AUF, das Nachrichtenmagazin ›an.schläge‹ und die ›Frauensolidarität‹ überlebten, einige wissenschaftliche und fachspezifische Zeitschriften sind dazugekommen. In der Medienwelt spielen sie nach wie vor eine marginale Rolle. Feministische Öffentlichkeiten bedienen sich zunehmend neuer Informationstechnologien, auch weil diese mit weniger ökonomischem Aufwand eine größere Breitenwirkung erzielen. Frigga Haug stellt die Frage, ob Gegenöffentlichkeit gleichbedeutend ist mit Machtlosigkeit: *»Muß aufrechter Gang von Frauen mit Bedeutungslosigkeit in der Öffentlichkeit einhergehen?«*[428] Trotzdem bekräftigt sie, dass feministische Öffentlichkeit auch eigene Medien braucht.

Die Frauenbewegung war erfolgreich im Lancieren von Themen wie Gewalt gegen Frauen oder bei der partiellen Veränderung medialer Geschlechterdiskurse. Feministische Diskussionsbeiträge müssen jedoch nach wie vor Selektionsregeln übererfüllen, um in kommerziellen Medien berücksichtigt zu werden. Sie haben am ehesten im Umfeld von Wahlen, Finanzdebatten und zu politisch ritualisierten Anlässen die Chance dazu.[429] Im Konzept ist die asymmetrische mediale Präsenz als *»nicht vorhandene Anteile frauenspezifischer Thematiken, Nicht-Benennung von Frauen und Nicht-Präsenz von frauenpolitischen Aktivitäten im Medienbereich«* bezeichnet.[430] Die etwas umständlichen Formulierungen, das dreimal bekräftige ›Nicht‹, sollen wohl die negative Erfahrung des Ausschlusses ausdrücken. Sie machen aber auch deutlich, dass eine eigene positive Ausdrucksweise noch nicht gelingt. Finanzdebatten und ein politisch ritualisierter Schlagabtausch verschafften den Belladonna-Frauen mediale Präsenz, doch die ›Geister, die sie riefen‹, waren weniger förderlich als erwartet.

4.3.3 Belladonna in den Medien

Anhand von Zeitungsausschnitten möchte ich zeigen, mit welchen Diskursen die Medien in den Kampf um Bedeutung eintraten und wie Belladonna darauf reagierte. 1996 blies die Kronenzeitung zum medialen Angriff auf die ›Geldverschwendung‹ bei Belladonna, der für große Erschütterungen im Verein sorgte. Ein Kontrollamtsbericht des

Klagenfurter Stadtsenats hatte dem Verein zwar eine tadellose Buchführung bescheinigt, aber auch Sparsamkeit und Zweckmäßigkeit der aufgewendeten Förderungen in den Raum gestellt.

Das war ein Anlass für den Chefredakteur der Kärntner Krone, Emmerich Speiser, sich über eine *»Millionen-Subvention für Mini-Verein«* zu empören.[431] Auch die sonst sehr aufgeschlossene Journalistin der Kleinen Zeitung Antonia Gössinger befand, die Subventionsgeber hätten ein zu ›teures Herz für Belldonna‹.[432] Detailliert werden in beiden Zeitungen die Ein- und Ausgaben, die niedrigen Mitgliederzahlen sowie die Kosten für die künstlerisch gestaltete Werbetafel am Neuen Platz (siehe Kapitel 5) wiedergegeben, nicht aber die Leistungen von Belladonna.

Beide Zeitungen stimmen in den hegemonialen Diskurs ein, der suggeriert: subventionierte Einrichtungen leben ›auf Kosten der Allgemeinheit‹ (O-Ton Kleine Zeitung) bzw. ›auf Kosten der Steuerzahler‹ (O-Ton Kronenzeitung). Öffentliche Förderungen werden zu ›Sub-

Subventionsgeber haben teures Herz für Frauen

Belladonna, Verein zur Förderung der Frauen, hat zwar nur zehn Mitglieder, aber fünf Beschäftigte und jährlich zwei Millionen Ausgaben.

VON ANTONIA GÖSSINGER

„Förderung von Frauenkommunikation, -kultur und -beratung" hat sich der Frauenverein „Belladonna" mit Sitz in Klagenfurt zum Ziel gesetzt. In der Zeit seines Bestehens - seit über einem Jahrzehnt - hat sich der Verein in diesen Bereichen zweifellos profiliert. Allerdings ausschließlich mit Hilfe des Subventionsgebers „Öffentliche Hand" (Bund, Land und Stadt Klagenfurt).

Der Klagenfurter Stadtsenat ließ „Belladonna" im Vorjahr vom Kontrollamt durchleuchten. Der Bericht liegt nunmehr vor. Er bescheinigt dem Frauenverein eine tadellose Buchführung. Der Kontrollamtsbericht zeigt aber auch auf, mit welch geringem eigenen Einsatz auf Kosten der Allgemeinheit ein großes Rad in Schwung gebracht werden kann.

„Belladonna" zählte im Jahr 1994 zehn ordentliche Mitglieder und brachte selbst exakt 2952 Schilling an Mitgliedsbeiträgen auf. An Ausgaben tätigte der Verein aber 1,9 Millionen Schilling. Der Löwenanteil entfiel auf Gehälter und Gehaltsnebenkosten (1,3 Millionen). Der Verein beschäftigt nämlich fünf Arbeitskräfte (zwei Ganztags- und drei Halbtagskräfte).

Ein Herz für den Lindwurm. Den zweiten großen Ausgabenbrocken von „Belladonna" machen die Betriebsausstattung und -kosten aus: 350.000 Schilling. Der darin enthaltene Werbeaufwand im Jahr 1994 mit über 60.000 Schilling hat seine eigene Geschichte: Die kommunikativen Frauen haben um 51.000 Schilling eine Werbetafel am Lindwurmhaus auf dem neuen Neuen Platz gekauft. Das Kontrollamt enthielt sich

einer Wertung: „Inwieweit derartige Werbemaßnahmen für den Verein wichtig sind, kann vom Kontrollamt nicht beurteilt werden." Das Kontrollamt wollte auch die Tätigkeiten des Vereines nicht bewerten, erteilte dem Klagenfurter Stadtsenat aber folgenden Ratschlag: „Um für die Zukunft eventuell doppelte Funktionen bzw. Tätigkeiten diverser Vereine zu vermeiden, schlägt das Kontrollamt vor, eine diesbezügliche Erhebung anzustreben. Dadurch könnten unter Umständen vermehrte Subventionszahlungen im Sinne der Sparsamkeit und Zweckmäßigkeit vermieden werden."

Der Vereinsvorstand nutzte die Kontrollamtsuntersuchung, um der Stadt eine Erhöhung des Subventionsbetrages vorzuschlagen. Übrigens: Der Vereinsname „Belladonna" kommt aus dem italienischen und heißt „Das Gift der Tollkirsche".

Kleine Zeitung, 7. 5. 1996, S. 32.

ventionitis‹ und ›Ausgabenbrocken‹, Betriebsausgaben und Gehälter ›fressen Löwenanteile‹. ›Magere Reste‹ bleiben für nicht konkretisierte Vereinsziele. Beide RedakteurInnen verlassen die proklamierte Wertfreiheit der Berichterstattung und verfallen in den Kommentar: Speiser spricht vom *»hässlichen Kasten, der derzeit den Lindwurm versteckt«* (siehe Kapitel 5.1), Gössinger schließt mit einem Hinweis auf die ethymologische Bedeutung des Vereinsnamens, *»das Gift der Tollkirsche«*. Der unterlegte Text der beiden Zeitungsbeiträge handelt von gefährlichen, verschlingenden Frauen, die nicht genug kriegen können (Speiser: *»Jetzt will Belladonna noch mehr Geld«*, die *»Subventionitis«* schwächt Vater Staat und seine Kinder, die Steuerzahler). Damit werden Kollektivsymbole ins Spiel gebracht, die Angst und Schutzreaktionen hervorrufen.

Die Gesellschaft bekommt Subjektsstatus, wird zu Körper und Kopf, und muss sich Therapien gegen diese Krankheiten überlegen.[433] Es werden Assoziationsketten angeregt, die an das Sysykoll (ein synchrones System von Kollektivsymbolen) als Interpretations- und Deutungsraster einer Gesellschaft anschließen und elementar-ideologische Wertungen implizieren.[434]

Daraufhin bezeugen einige Leserbriefe, u. a. auch von den hiesigen Frauenbeauftragten, ihre Solidarität mit Belladonna. Eine Schreiberin widersetzt sich der intendierten Lesart der Zeitungsberichte (entsprechend dem Encoding/Decoding Modell von Stuart Hall gibt es drei Lesarten medialer Texte und deren eingeschriebene Bedeutung, eine hegemoniale, die der ideologischen Ordnung entspricht, eine ausgehandelte und eine oppositio-

KLAGENFURT

Weniger Geld für Frauenzentrum

Klagenfurter Verein Belladonna wird von der Stadt langsam der Geldhahn zugedreht, weil Sozialreferat neue Schwerpunkte setzt.

Angenommen Sie bekommen 20.000 Schilling von der Stadtverwaltung. Als Privatperson würden Sie sich darüber freuen - keine Frage. Aber stellen sie sich weiter vor, sie wären Chef einer sozialen Institution, die zu 80 Prozent von der Stadtbevölkerung in Anspruch genommen wird und diese 20.000 Schilling Subvention machen nur einen Prozent ihres ohnehin knapp bemessenen Gesamtbudgets aus.

Unverständnis. Dann würde diese Freude vermutlich einigem Unverständnis weichen, zumal ihre Institution bereits seit zwölf Jahren erfolgreich arbeitet. So geht es Susi Dörfler, Obfrau vom Klagenfurter Frauenzentrum Belladonna. Sie und ihre fünf Mitarbeiterinnen verstehen die Welt - oder zumindest das Sozialreferat - nicht mehr: „Zu Beginn der 90er wurden wir mit bis zu 186.000 Schilling unterstützt und jetzt nur noch mit 20.000 Schilling." Zu wenig, um das breite Angebot - von Selbsthilfegruppen bis hin zu Info-Veranstaltungen - zu finanzieren. Vermutlich kein Einzelfall, denn im Sozialreferat werden seit dem Einzug von Renate Kanovsky-Wintermann andere Schwerpunkte gesetzt. „Weg vom Gießkannenprinzip, hin zur Projektförderung", umschreibt die Sozialreferentin ihre Strategie.

Eine Strategie, nach der auch Projekte für Behinderte - wie das Ferienprogramm in der Schwerstbehindertenschule - in Förderungsgenuß kommen. Gleichzeitig wird damit aber langjährigen Beratungsstellen der Geldhahn abdreht. Insgesamt stehen der Sozialreferentin zehn Mio. S zur Verfügung, mit denen sie nach eigenem Ermessen soziale Anliegen fördern kann. „Dieses Budget ist seit Jahren gleichgeblieben. Die Anzahl der Subventionswerber hat zugenommen", erklärt sie **Barbara Hofer**

Kleine Zeitung, 8. 7. 1999, S. 37.

nelle). Sie fragt: *»Steckt hinter diesen Berichten eine Strategie oder wurde bloß schlampig recherchiert?«*[435] Eine Mitarbeiterin von Belladonna kontert in ihrer Stellungnahme, dass der Verein ja Leistungen durch Unterstützung, Beratung und Betreuung von Frauen in Krisensituationen erbringt. Die defensive Wortwahl (*»es entspricht den Tatsachen«, »der Verein hat nachzuweisen«*) erinnert an eine Gerichtsverhandlung. In der nächsten Ausgabe der Belladonna-Zeitschrift wird die mediale Schelte als Zeichen *»vom Wind, der uns derzeit entgegenweht«* gewertet.[436]

Als das freiheitliche Sozialreferat der Stadt Klagenfurt 1999 eine Subventionskürzung auf etwa ein Zehntel der ursprünglichen Summe beschloss, berichtete u. a. die Kleine Zeitung.[437] Der Protest der Vereinsfrauen wird als ›Unverständnis‹ umschrieben. Die Betroffenen kommen nur mit einem Satz zu Wort. Die politisch motivierte Subventionspolitik der freiheitlichen Sozialreferentin nennt sich in dem Artikel ›neue Schwerpunkte setzen‹. Das eingestreute Zitat der Sozialreferentin *»Weg vom Gießkannenprinzip hin zur Projektförderung«* könnte eine bestimmte Lesart nahe legen: Das vorhandene Geld muss eben ›(behinderten-)gerecht‹ aufgeteilt werden. Im nächsten Absatz wird nämlich erwähnt, dass nun auch *»Projekte für Behinderte in Förderungsgenuß kommen«*. Obwohl die Redakteurin sich über das Frauenprojekt wohlgesonnen äußert (dass *»die Institution seit zwölf Jahren*

FRAUEN-
BERATUNG
BELLADONNA
in Klagenfurt

Aus: Profil Nr. 51, 18. 12. 2000, S. 20.

erfolgreich arbeitet«), wird der Beitrag bei einem uninformierten Publikum vermutlich keinen Solidaritätseffekt hervorrufen. Zwei Tage später hat es Belladonna zur folgender Headline geschafft: *»Politikerzwist: Belladonna sorgt für erhitzte Gemüter«.*[438]

Die erhitzten Gemüter der Belladonnafrauen wegen der Subventionskürzung waren aber nicht mehr gefragt. Nachdem sich ein Grünenpolitiker dazu hinreißen ließ, seine Presseaussendung mit ›Drecksgriffel weg von Belladonna‹ zu betiteln, konzentrierte sich die Berichterstattung nur noch auf die Auseinandersetzung der politischen Lager. Die ›Kärntner Krone‹ berichtete von Rücktrittsforderungen aus dem freiheitlichen Lager an den Grünen-Obmann und dessen Entschuldigung. Belladonna blieben die letzten beiden Sätze der Pressenotiz vorbehalten: *»Belladonna war oft umstritten. Der Löwenanteil der Sozial-Subvention geht nämlich für Gehälter drauf.«*[439]

Wie drei Jahre zuvor wird noch einmal der Geldverschwendungs-Diskurs reaktiviert und die Beratungsstelle verbal in Sippenhaft genommen. Belladonna startete zwar eine Presseaussendung *»gegen politisches Hick-Hack zu Lasten der Frauen«*, doch diese drang nicht mehr bis zur Zeitungsleserschaft vor. Die Subventionen wurden erst 2005, nachdem vier Klagenfurter Frauenorganisationen gemeinsam beim Bürgermeister vorstellig wurden, wieder angehoben.

Aus: Stern 13/2000, S. 101.

Im Jahr 2000 berichteten überregionale Magazine über die tapferen Frauen, die sich im tiefen Süden dem rauen Haiderschen Wind aussetzten.[440] Das Nachrichtenmagazin ›profil‹ wertete die Subventionskürzungen von Belladonna als weiteres Indiz dafür, dass die Frauenpolitik von der Familienpolitik ›inhaliert‹ würde (s. Abb. S. 124). Auch die deutsche Zeitschrift ›Stern‹ kam zum Lokalaugenschein nach Kärnten und fand in der Frauenberatungsstelle freche fesche Frauen, die »mit braunen Watschen« und »Frauenpower« gegen die Kürzungen von Zuschüssen protestierten (s. Abb. S. 125).[441] Die braunen Watschen waren Teil des Kulturprojekts der 1. Kärntner Kurzschlusshandlung des Universitätskulturzentrums UNIKUM.

Es zeigt sich also, wie spannungsreich sich die politischen Verhältnisse für Belladonna gestalteten und wie schwer es war, im Kampf um die öffentliche Meinung mit eigener Stimme zu sprechen. Zwischen der medialen Inszenierung als giftige Tollkirsche oder exotisch angehauchte Frauenpower, zwischen Vereinnahmung und Ausgrenzung, in unterschiedlichen Konstellationen und fachspezifischen und frauenpolitischen Bündnissen versuchten die Frauen, ihre kritische Position zu artikulieren. In den eigenen Räumen ging es da oft entspannter zu.

4.4 LebensRäume, LebensZeichen: Mittagstische und Nischenwirtschaften

Belladonna bot Frauen einen Raum, Projekte für unterschiedliche Bedürfnisse und Lebensphasen zu initiieren. Dieser Raum wurde intensiv genutzt. »Es war sehr viel los, es war wirklich ein Zentrum, in den Räumen war Leben. Also das würde ich sagen, das waren einfach die Jahre, wo sich am meisten getan hat«, beschreibt eine der Vorstandsfrauen die Zeit zwischen 1989 und 1991. (Interview 2, Z. 26–28) Eine der Gründerinnen sieht das ähnlich: »Das Belladonna war für Frauen, die eine Initiative gründen wollten, der Platz, wo sie starten konnten. Viele Initiativen wurden ausgegliedert, weil der Raum zu klein war oder sie haben sich aufgelöst, weil sie nicht mehr finanziert werden konnten.« (Interview 1, Z. 41–44) Eine Säule des Frauenkommunikationsraums war das **Frauenclubbeisl**, in dem es für mehr als ein Jahr montags bis freitags ein sehr günstiges vegetarisches Mittagessen gab. In der Belladonnazeitung wurde der Menüplan für den jeweiligen Monat angekündigt:

So konnten Mütter mit Kindern kurzzeitig ihren reproduktiven Verpflichtungen und der Isolierung in der Kleinfamilie entrinnen und mit dem Belladonna-Team und anderen Frauen ohne oder mit Kindern in Kontakt kommen. »*Dadurch war aber wirklich dieser Kommu-*

Rückseite der Belladonna-Zeitung Nr. 35, 4/1990.

nikationsraum da, weil jeden Mittag waren da zwanzig bis dreißig Leute. Es ist Vollwert gekocht worden, ganz viel hat sich da während des Essens abgespielt. Wer sich da alles getroffen hat! [...] Es war ja wirklich bummvoll, sodass oft kein Platz frei war. Das war wirklich energetisch total toll, wirklich eine ganz besondere Zeit!« (Interview 1, Z. 22–26) Auch das Team schätzte den Treffpunkt sehr.

Als die Stelle der Köchin nicht mehr finanziert werden konnte und das Frauencafé schließen musste, war die Enttäuschung groß: *»Aber das hat alles damit nichts zu tun gehabt, dass der Bedarf ja da war und es gut gegangen ist und auf einmal hat es geheißen: Das brauchen wir nicht, Frauen brauchen das nicht.«* (Interview 1, Z. 27–28)

Die Interviewpartnerin verwendet für die Position der Fördergeber den Pluralis majestatis und drückt damit aus, wie Bedürfnisse institutionell verwaltet und definiert werden. Die Mitarbeiterinnen bedauerten in einem Artikel den mittlerweile sehr eingeschränkten Kontakt zu den Frauen, die früher zum Mittagessen kamen. Für sie verschwand eine nicht funktional angelegte, offene, mehrdimensionale Kommunikationsform, ihre Tätigkeit wurde auf die Beratung ausgerichtet, die bislang eines mehrerer Arbeitsfelder war.[442]

Dem Verein Offene Altenbetreuung war ebenfalls nur ein kurzes Leben beschieden. Auch hier war die Einstellung der Subventionen der Schlussstrich für ein erfolgreiches Projekt, das in nicht einmal zwei Jahren an die hundert pflege- und unterstützungsbedürftigen Personen den Heimaufenthalt oder zumindest Isolierung und Unterversorgung erspart hat. Außerdem ermöglichte der Verein vielen Frauen flexible Beschäftigungsmöglichkeiten. Je nach Lebens- und Familiensituation konnten sie täglich, ein- bis zweimal wöchentlich oder nur am Wochenende eingesetzt werden. Die meisten waren Laien, die sich weitergebildet haben. *»Es hat zum Großteil sehr gut funktioniert. Ich treffe auch noch jetzt Leute aus der Zeit damals, die mich auffordern, wieder eine Gruppe zu organisieren«*, erzählt die Initiatorin und Koordinatorin. (Interview 1, Z. 59–51) Sie thematisiert in dem Zusammenhang auch die Konkurrenz durch größere professionelle Anbieter wie die Heimkrankenpflege, neben denen selbstorganisierte zivilgesellschaftliche Projekte nur kurzzeitig bestehen konnten.

Andere Initiativen, die im Belladonna ihre Wurzeln hatten, wie die Kindergruppe, die Ausländerberatung oder die Interventionsstelle gegen familiäre Gewalt, gliederten sich in eigene Räume und Strukturen aus und konnten sich als selbstständige soziale NGOs etablieren. Belladonna hingegen musste die kommunikativen und kulturellen Aktivitäten einschränken. Diese waren nur noch punktuell möglich, als feministische Interventionen zu bestimmten Anlässen (zum Beispiel die Aktion gegen Gewalt an Frauen und Kindern am Krampustag), als kunstgewerbliche und künstlerische ›Nischenwirtschaften‹ oder als mediale Produktionen, auf die ich in den nächsten Kapiteln eingehen werde.

4.5 FrauenKultur

> Wo immer eine Gruppe von Menschen ein Stück
> gemeinsamen Lebens hat, ein wenig Isolierung von anderen Menschen,
> eine gemeinsame Ecke in der Gesellschaft, gemeinsame Probleme
> und vielleicht ein paar gemeinsame Feinde, erwächst Kultur.
> Howard S. Becker[443]

Da es für Akteurinnen zu wenige Felder kultureller Praxis gab (und noch gibt), bemühte sich das Frauenzentrum Belladonna darum, kulturschaffenden Frauen zumindest eine Teilöffentlichkeit außerhalb des kommerziellen Kunstbetriebs einzuräumen. Es gab ein vielfältiges, auch nach außen hin sichtbares kulturelles Belladonna-Leben. Ausstellungen, Lesungen und größere Veranstaltungen wurden organisiert. In der Vereins-Zeitung konnten Gedichte und Texte veröffentlicht werden. Für eine Ausweitung von Kulturveranstaltungen fehlten die Ressourcen.[444] Für Claudia Koppert und Birgit Lindberg ist schon die Kooperation mit Frauen ein Schritt zu einer neuen Frauen-Kultur, in der sie sich positiv spiegeln und auseinandersetzen können und eine neue Verbindlichkeit untereinander schaffen.[445]

Raymond Williams, einer der Gründerväter der Cultural Studies, begreift Kultur als ›a whole way of life‹, als eine Vielzahl bestehender und möglicher Lebensweisen, Organisations- und Kommunikationsformen.[446] Kultur lässt sich nicht definitorisch festschreiben, sondern äußert sich in den Differenzierungen und dem Wechselspiel von kulturellen Praktiken unter spezifischen ökonomischen, sozialen und politischen Bedingungen. Als zentrale terminologische Kategorien der Cultural Studies zur Untersuchung kultureller Praktiken und Beziehungen lassen sich die Begriffe Kontext, Bedeutung, Text und Lesen bestimmen.[447] Kulturen müssen immer textuell und kontextuell gelesen werden: »*Context determines the meaning, transformations or salience of a particular subjective form as much as the form itself.*«[448]

Das kulturwissenschaftliche Modell von ›Culture as difference‹ aus den feministischen, anti-rassistischen und postkolonialistischen Bewegungen räumt dem Verhältnis von Identität und Alterität wesentliche Bedeutung ein. Das Verständnis von Kultur als Kampf zwischen sozialen Gruppen geht von sozialer Ungleichheit in der Gesellschaft und differenter Verfügungsgewalt über ökonomisches und kulturelles Kapital aus. Dominante Kulturen grenzen abweichende Kulturen über binnenkolonialistische Verhältnisse aus. Diese AußenseiterInnen bilden gegenüber dem herrschenden Mainstream eine Art Sub- oder Gegenkultur. Symbolische Ausdrucksformen dieser Gegenkultur zeigen sich in einer bestimmten Terminologie, in der Kleidung, der Gestaltung des Arbeitsplatzes, der Lektüre, der Kommunikation, bestimmten Ritualen. Anhand dieser Codes konstituiert sich ein gemeinsames Selbstverständnis von ›Wir sind anders‹.[449]

Auch die Feministinnen bildeten zum herrschenden Kärntner Heile-Heimat-Diskurs eine Gegenkultur. In der Anfangszeit von Belladonna waren es zum Beispiel Mondfeste, die eine gemeinsame Identität in einem geschützten Rahmen festigen sollten. Nach außen hin waren es z. B. die Aktion gegen Gewalt am Krampustag, die die sexistischen Angriffe auf Frauen und die Verharmlosung von Gewalt an Kindern thematisierte, oder Demonstrationen, bei denen Hexenbesen, weiß ge-

Drei Männer und drei Leih-Kinder am Internationalen Frauentag 2006.

Inserat in der Kleinen Zeitung 8. 3. 2006, S. 17

schminkte Gesichter, ›Lieber lebendig als normal‹-Transparente als Zeichen des Andersseins in Szene gesetzt wurden. Die starke Konzentration auf die eigene Gruppe, die Abgrenzungsrituale nach außen bilden einen eigenen Habitus heraus. Pierre Bourdieu versteht unter Habitus eine strukturierte und strukturierende Kraft im sozialen Raum, die ein spezifisches Verhalten (Praxisformen) und Bewertung (Geschmack) erzeugt.[450] Dieser Habitus konstituiert sich über Alltagswahrnehmung, Alltagstheorien und individuelle und kollektive Praktiken (Wahrnehmungs-, Denk- und Handlungsschemata).

Marie Sichtermann definiert Kultur als das, was ›angebaut‹ wird, wächst und eine bestimmte Dauer hat: *»Sie umfasst Gedanken, Kunst, Zeichen, Rituale, Symbole und auch Begegnung und Gespräche.«*[451] Die Belladonna-Frauen haben in der Blütezeit des Zentrums einen bunten Garten ›angebaut‹, obwohl oder vielleicht sogar weil der Boden in Klagenfurt steinig und karg war. Ihre Kritik richtete sich auch gegen die Ausgrenzung und die Vereinnahmung von weiblichen Kunstschaffenden durch das patriarchale Kunstmonopol und gegen diskriminierende Kunst- und Werbeproduktionen.

1993 brachte Belladonna zum Internationalen Frauentag die ›Guerilla Girls‹ nach Klagenfurt. Die New Yorker Künstlerinnengruppe, die bei ihren Auftritten Gorillamasken tragen, machten mit Plakat- und Postkartenaktionen und öffentlichen Auftritten auf den Ausschluss von Frauen aus dem Kunstbetrieb aufmerksam. Mit großformatigen Plakaten von Goyas nackter Maja mit Gorillakopf und dem Text *»Muss Frau nackt sein, um ins Metropolitan Museum zu gelangen?«* skandalisierten sie die Tatsache, dass nur 5 % der ausgestellten Künstler, aber 85 % der dargestellten Nackten in den ›Tempeln der Kunst‹ weiblich sind. Belladonna lud in den Klagenfurter Napoleonstadl, die mediale Aufmerksamkeit war

groß. Doch nur wenige kamen, um über Diskriminierung in Kunst und Kultur zu diskutieren. Die zweisprachige Kärntner Wochenzeitung Tango berichtete ausführlich über die Veranstaltung und kritisierte die »*äußerst schlampige Organisation*«, die Schuld daran sei, dass fast keine Kärntner Galeristinnen und Künstlerinnen gekommen seien. Die »*ewig gleich larmoyante Anklage gegen das böse Patriarchat*« und der hier gezeigte Dilettantismus seien kontraproduktiv.[452] Belladonna als die Organisatorin wurde dafür verantwortlich gemacht, dass die heimische Kunstszene ausblieb, es wurde gar nicht erwogen, dass sich die AdressatInnen der Konfrontation verweigerten.

Das zentral Kulturelle tendiert nicht nur zur Annihilierung des Gegenkulturellen bzw. peripher Kulturellen, es kann auch bestimmte Codes integrieren und semiotisieren.[453] Der 8. März ist ein Beispiel dafür, wie feministische Symbole vom Mainstream-Diskurs aufgenommen und neutralisiert werden. Als einstiger Feiertag der proletarischen Frauenbewegung steht er eigentlich für die radikale Forderung nach umfassender Geschlechtergerechtigkeit. Inzwischen ist der Internationale Frauentag zum modernen Muttertag avanciert. Irene Brickner kritisierte in ihrem Kommentar am 8. 3. 2006, dass üblicherweise nur wenig für Frauenanliegen geschieht, Rauch-Kallat, Haubner und Co. jedoch umso lauter ihre Taten bei Frauenmessen und Pressekonferenzen am 8. März preisen, »*womit ein gewisser abgestandener Geruch den heurigen Frauentag umweht*«.[454]

Zum heurigen Internationalen Frauentag outete sich sogar der Kärntner Landeshauptmann als Frauenrechtler. Das BZÖ werde sich für Verbesserungen bei der Zuverdienstgrenze für Kindergeld-BezieherInnen einsetzen und die Kinderbetreuungseinrichtungen »*vorbildhaft ausbauen.*«[456] Diese Ankündigung wurde illustriert mit einem der üblichen Inserate – frauenfrei zum Frauentag (s. Abb. S. 130). Bis zu vorbildhaften Kinderbetreuungseinrichtungen ist es noch weit, da in Kärnten die wenigsten Kindergartenplätze im Bundesdurchschnitt zur Verfügung stehen.[457]

5 FrauenZeichen

5.1 SchauRäume. Künstlerische Eigen- und Fremdproduktionen

Jeder Mensch ist ein Künstler.
Joseph Beuys

Belladonna hat immer wieder künstlerische Interventionen im öffentlichen Raum gesetzt. 1994 organisierte das Team in Rahmen der Aktion ›Täterinnen – Frauen gegen den Krieg‹ eine Ausstellung von Künstlerinnen aus Ex-Jugoslawien. Ein deutliches Zeichen setzten die von Giselbert Hoke gestalteten Werbetafeln für Belladonna. 1995 wur-

Giselbert Hoke (1995): Tafel für Belladonna.
4 Teile Kupferemail 100 x 100 cm.

de das Wahrzeichen der Stadt Klagenfurt am Neuen Platz für zwei Jahre wegen Restaurierungsarbeiten mit einem ›Haus‹ verbaut. Kommerzielle Kunden und soziale Einrichtungen konnten mit einem Auftrag an den renommierten Kärntner Künstler Kunstsponsoring und Öffentlichkeitswirksamkeit verbinden und damit an einem Projekt teilnehmen, das über die üblichen Marketingstrategien hinausging und nicht unumstritten war (siehe Kap.4.3.3).

Bei der Familienmesse 1995 gestaltete Ilse Stockhammer-Wagner den Stand der Frauenprojekte als künstlerisch gelungene Projektpräsentation: ein ›Wühltisch‹ mit Prospekten der Frauenprojekte und bunte Hände, die von der Decke herabhingen und die die BesucherInnen ergreifen konnten. Bei dem Fest für Johanna Dohnal im selben Jahr gab es nicht nur Vorträge, Grußbotschaften und eine Musikeinlage, sondern auch ein Kabarett, eine Musikperformance und eine Ausstellung. Eine Installation der erwähnten Künstlerin aus den Trauerarbeitsplätzen war bei der 10-Jahresfeier für Belladonna ausgestellt: das ›Denkmal für sieben Frauen‹. »Sieben

Ilse Stockhammer-Wagner (1995):
Stand der Frauenprojekte bei der Familienmesse Klagenfurt.

schwarze Schürzen, aufgebracht auf löchrigem Grund, dessen Bemalung das Himmelschreiende unterstreicht, an den Wänden, davor auf sieben Hackstöcken der dem jeweiligen Wochentag alchimistisch zugeordnete Stein. Ist es zu weit hergeholt, darin eine Anspielung auf das Siyphushafte des ununterbrochenen Werkeltages der Frau im und am Familienarbeitsplatz zu lesen?«, fragt der Philosoph und Kunsthistoriker Christoph Šubik.[458] In den Trauerarbeitsplätzen von Ilse & Helmut Stockhammer gelingt für ihn ein Stück weit das, nach dem alle avantgardistische Kunst dieses Jahrhunderts strebte, was aber immer wieder an den immanenten Zwängen der Institution Kunst scheiterte: die Verschmelzung von Leben und Kunst.

Eine Verschmelzung von Projekt-Leben und Kunst der anderen Art war das Objekt ›Für Anni‹ (Anni Pawlik hieß die damalige Frauenstadträtin). Es zeigte einen Hut auf dem Boden (ein Bettlerhut?), aus dem eine große rosa Wettex-Zunge heraushing – Ausdruck dafür, dass die Frauen mit hängender Zunge um Geld betteln und vielleicht dabei auch die Zunge zeigen ...

Ilse Stockhammer-Wagner (1996): Installation ›Denkmal für sieben Frauen‹ bei der 10-Jahresfeier von Belladonna.

5.2 An der Wand und in der Hand: Plakate, Folder, Zeitungen

Frauen- und Geschlechterforschung zu betreiben,
heißt sehr oft, hinter die Fassade von Selbstverständlichkeiten
zu blicken und latente Mechanismen zu entziffern.
Ingrid Bauer[459]

Diskurse werden durch Texte abgebildet, wobei der hier verwendete Textbegriff weit über Geschriebenes hinausgeht: Texte sind in Zeichen umgesetzte Kommunikation, also auch Bilder, gestaltete Räume, transkribierte Interviews, verschiedenste mediale Produkte. Die Diskursanalyse untersucht Aussagen in ihrer lokalen und zeitlichen Besonderheit.

»Ein zentrales Moment der Diskursanalyse ist es, Ideologisierungen, Komplexität oder Konnotationen zu entschlüsseln, was natürlich nur dann gelingen kann, wenn die DiskursanalytikerInnen in politischen Kategorien denken und diese Kategorien aus vorhandenem Material herauszufiltern in der Lage sind.«[460]

Das ist ein hoher Anspruch, dem ich mich nur fragmentarisch annähern kann. Um den Diskurs in den Druckwerken von Belladonna zu untersuchen, ist zuerst festzuhalten, dass es hier nicht um fixierbare Identitäten geht, die es zu untersuchen gilt, sondern um wechselnde Bedeutungsfelder. In feministischen Medientexten wird das patriarchale Norm- und Wertesystem bewusst verletzt, doch auch in ihnen können herkömmliche Geschlechtsstereotypisierungen und Ideologisierungen mitschwingen: *»Wir internalisieren genauso wie die Männer die Vorstellungen des herrschenden Geschlechts von Männlichkeit und Weiblichkeit.«[461]*

Diskursanalyse erfasst laut Siegfried Jäger das gesellschaftlich Sagbare und Sichtbare, aber auch Verleugnungs- und Relativierungsstrategien in ihrer ganzen Komplexität.[462] Der archäologische Blick richtet sich auf die Typen und Regeln diskursiver Praktiken, die individuelle Werke und Aussagen durchqueren.[463] Bei der großen Vielfalt an Material muss ich mich auf Beispiele beschränken und viel Spannendes weglassen. Ich habe bewusst auch Bildmaterial verwendet, da visuelle Texte in der Selbstrepräsentation des Vereins eine zentrale Rolle spielen.

5.2.1 Eine Rose ist eine Rose ist ein Ohr – Folder und Plakate

Die Angebote des Vereins sind in Foldern mit verschiedenen Gesichtern versammelt. Diese Gesichter erzählen auch von den Subtexten, die Angebote, Lay-out, Sprache, Gesagtes und Ungesagtes mitgestalten. Die erste Generation dieser Publikationen waren die **monatlichen**

Programmfolder. Die Folder waren schwarz-weiß, jedes Mal mit anderen collagierten handgeschriebenen und -gezeichneten Deckblättern versehen. Das Logo – eine Belladonna-Pflanze und das Frauenzeichen mit einem Punkt in der Mitte – ist auf allen Foldern gleich. Wiederkehrend ist auch der Hinweis auf die Mitgliedschaft in der Arge Kultur. Ständige Angebote sind der Journaldienst (Mo 12–15 Uhr, Di 15–18 Uhr, Do 10–12 Uhr), Bibliothek und Mitfahrzentrale. Das Septemberprogramm 1986 sieht zum Beispiel so aus: Kindergruppe, Teamabend, psychologische Beratung, Musik experimentieren und improvisieren, eine Vernissage mit dem Thema ›Auflösungen ohne Gefahr‹, die Alleinerzieherinnengruppe, Flohmarkt, Italienisch- und Töpferkurs, Geburtsvorbereitung, ein Referat zum Thema ›Frauen und Sprache‹ sowie ein Hinweis auf den Philosophinnenkongress ›Jenseits von Herrschaft‹ an der Klagenfurter Universität. Als Eigentümerin, Herausgeberin und ›verlegene Verlegerin‹ fungierte eine der Zentrumsfrauen. So unterschiedlich und vielfältig wie die Schriften und das jeweilige Lay-out der Faltblätter, waren die Aktivitäten, der Ausstellungstitel ›Auflösungen ohne Gefahr‹ scheint eine treffende Zustandsbeschreibung zu sein.

In Lila/gelb auf grauem Grund ist der **erste Belladonna-Folder** gehalten. Da gibt es Pfeile, Schwünge, Ausrufe- und Fragezeichen, kla-

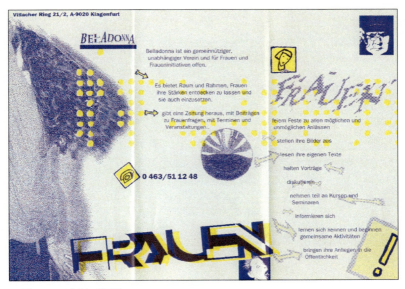

Folder ca. 1989–1995.

Folder ca. 1995–1999.

Aktueller Folder seit ca. 1999.

re und verschwommene Konturen, viele gelbe Punkte in verschiedenen Formationen. Der dick unterstrichene Schriftzug ›Belladonna‹ präsentiert sich mit schiefen Buchstaben und einem quergestellten L. Der Folder informiert über Schwerpunkte des Vereins und darüber, dass das Zentrum Raum bietet, »*Frauen ihre Stärken entdecken zu lassen und sie auch einzusetzen*«. Sie

- feiern Feste zu allen möglichen und unmöglichen Anlässen
- stellen ihre Bilder aus, lesen ihre eigenen Texte
- nehmen teil an Kursen und Seminaren, halten Vorträge, diskutieren
- informieren sich
- lernen sich kennen und beginnen gemeinsame Aktivitäten
- bringen ihre Anliegen in die Öffentlichkeit.

Hier gibt es keine Passiva; die Frauen ›entdecken, setzen ein, feiern, stellen aus, diskutieren, beginnen etwas, gehen an die Öffentlichkeit‹. Die Substantive sind relativ kurz und prägnant. In der Selbstdarstellung kommt dreimal ›Frauen‹ vor (Frauen, Fraueninitiativen, Frauenfragen), außerdem ›Verein, Raum, Rahmen, Zeitung, Termine, Beiträge, Veranstaltungen‹. Das Wort ›Frauen‹ erstreckt sich noch einmal quer über die Seite. Die einzigen Adjektive sind ›gemeinnützig, unabhängig, offen‹. Das Beratungsangebot, eingeführt mit der Frage: »*Sie sind auf der Suche nach dem richtigen Job, wollen einen nicht traditionellen Beruf erlernen?*« ist erweitert durch Kommunikations- und Selbstbehauptungstrainings. Die Beraterin ist namentlich genannt.

Nicht genannt sind die Fördergeber, die heute auf keiner Publikation fehlen dürfen. Die Rückseite des Flyers zeigt den doppelten Rücken einer Frau, eine Hand in die Hüfte gestemmt, es scheint, als würde ihr Schatten über sie selbst hinauswachsen. Auf der Innenseite eine Rückansicht einer Frau mit schwingenden Haaren, ein junges Gesicht mit herausgestreckter Zunge und ein altes, ernstes mit Tuch und Monokel, in der Mitte eine Art Mandala mit aufgehender Sonne und Meer. Hier ist alles in Bewegung, vieles indifferent, im Aufbruch.

Nach der Transformation vom Frauenzentrum zur Frauenberatungsstelle präsentiert sich **die nächste Ausgabe** in schwarz-weiß-rot auf rosa/grauem Hintergrund. Die Öffnungszeiten sind Mo. bis Fr. 9.00–13.00 Uhr und nach Vereinbarung, wie heute. Der Text ähnelt dem aktuellen Flyer, mehrmals kommen ›Information, Beratung, Unterstützung‹ sowie ›Krisen, Probleme‹ vor, konkretisiert als Beziehungsprobleme, Trennung, Scheidung, Gewalt, sexueller Missbrauch, Vergewaltigung;

Recht; Schwangerschaft, Schwangerschaftsunterbrechung, seelische Leidenszustände und Symptome, Beruf, Arbeitslosigkeit, Wiedereinstieg. Frauen und Mädchen sind als Expertinnen auf ihrem Weg, eigene Kräfte zur Problemlösung zu entfalten, angesprochen. Der Text ist nur mehr vertikal angeordnet. Blickpunkt und einzige bildliche Darstellung sind zwei stilisierte Figuren mit erhobenen Armen (greifen sie nach der Hälfte des Himmels, ist es eine bittende oder eine befreite Geste?), ohne eindeutiges Geschlecht und ohne Verbindung zwischen Kopf und Körper, außerdem ein Lageplan. Unter diesem stehen die Fördergeber des Vereins (AMS, Land Kärnten, Bundesministerium für Frauenangelegenheiten und für Arbeit und Soziales, Magistrat Klagenfurt, private Spenderinnen). Drei (AMS, efs und BMF) haben zusätzlich im Angebotsteil noch einen prominenten Platz inne. Belladonna, nicht mehr unterstrichen von einem durchgehenden Balken, sondern mit dem Wort Frauenberatung versehen, steht links unten in der Ecke, rundherum ein freier rosa Raum, in dem die beiden Figuren vom Deckblatt noch einmal in zartgrau abgebildet sind. Die Blickrichtung, in der wir Bilder aufnehmen und lesen, geht üblicherweise von links oben nach rechts unten. Links oben befindet sich also die Bildregion, die zuerst die meiste Aufmerksamkeit beim Betrachten des Bildes bekommt. Die übliche Blickachse wird durchkreuzt durch die rot unterlegten Beratungsthemen. Eine Position rechts oben drückt Vorwärts- oder Weggehen, Zukunft aus. Das Spannungsverhältnis mit den Fördergebern scheint hier (unbewusst?) gespiegelt: Die Fördergeber stehen in einer höheren Position, in einem grauen Feld (die graue Welt da draußen?), demgegenüber Belladonna unten in seinem zartrosa Raum der Begegnung. Der Schwung des rosa Feldes erinnert an ein Ei. Das symbolisiert eine Bewegungsrichtung ins Geborgene, Gewohnte.

Die grafische Gestaltung **des aktuellen Folders** wird von einer roten Rosenblüte beherrscht, in deren Mitte erst auf den zweiten oder dritten Blick ein Ohr zu entdecken ist (offensichtlich ein Symbol für das offene Ohr der Beraterinnen für die Zielgruppe, vielleicht auch eine Anspielung an die Parole ›Brot und Rosen‹?

Diese Rose erscheint insgesamt sechsmal, zweimal als Hintergrund. Die Farben sind gelb/rot auf reinweißem Papier, dem das bisher verwendete Recyclingpapier gewichen ist. Der neue Schriftzug :belladonna: ist klar und zeitgemäß, darunter steht ›Frauenberatung‹ und in kleineren Buchstaben ›Familienberatung‹ – eine eindeutige Reihung. Auf dem Deckblatt zieht die intensiv farbige Rose, die ihre Blüten entfaltet, die Blickrichtung auf sich und in das Innere hinein – eine Aufforderung, dem eigenen Blick auf den Grund zu gehen? Inhaltlich sind zu den angesprochenen Problemfeldern Armutsgefährdung und Familienplanung dazugekommen. Ebenfalls neu sind Email- und Webadresse. Die Logos der Fördergeber sind farbig auf der Rückseite platziert.

Das heute verwendete Plakat ähnelt dem eben beschriebenen Folder mit der großen Rose. Die Belladonnaplakate aus der lila-gelben Periode waren frecher. Papiere und Aktenordner flattern auf die Straße und dabei einem Herrn am Schreibtisch um die Ohren. Das Haus am Villacher Ring wirkt wie ein Schiff, das in die Zukunft steuert. Nur selten wurden Plakate zur politischen Öffentlichkeitsarbeit eingesetzt. Das war 1994, nachdem die Vergewaltigungen von Frauen im Bosnienkrieg publik wurden. Auch die Traumatisierung bosnischer Frauen und Familien, die in Österreich Zuflucht gesucht hatten, war häufig Thema in den Beratungsstellen. Der hier verwendete Diskurs ist sehr plakativ. Er spricht Männer direkt an, als Mittäter, Zuschauer, Untätige: *»Vergewaltigung – und Ihr Männer schaut Euch zu«.* ›Ihr‹ und ›Euch‹ ist großgeschrieben, meint alle Männer, das ist simplifizierend, einseitig. Das will es vielleicht auch sein, provozierend auf ei-

Belladonnaplakat,
Anfang der 90er Jahre.

Plakataktion von Belladonna,
gegen Vergewaltigung, 1994.

nen provokanten Tatbestand hinweisen, der viel zu oft verharmlost wurde (Plakataktion von Belladonna gegen Vergewaltigung, 1994).

Bestandteil des österreichischen Alltags und jeden Krieges, Bestandteil auch der Zwangsprostitution, die mit der Stationierung von Friedenstruppen in Bosnien und anderswo ansteigt.

5.2.2 Versand zur ermäßigten Gebühr: Die Belladonna-Zeitung

Larissa Krainer hat vor ca. zehn Jahren historische und aktuelle österreichische Frauenzeitschriften untersucht. Unter den nichtkommerziellen ist auch ›Belladonna‹ als eine der Informationszeitungen diverser Frauenzentren und -gruppen mit einer Auflage von 350 Stück aufgeführt. Die Inhalte beschreibt sie als

> *Informationen über Veranstaltungen und Arbeit der Belladonnafrauen beziehungsweise allgemeine, für Frauen relevante Termine (beispielsweise die Sprechtage der Gleichbehandlungsanwältin in Klagenfurt), andererseits sind auch umfassende Texte zu politischen, regionalen, nationalen und internationalen Frauenfragen abgedruckt.*[464]

Im Januar 1987 erfolgte der Bescheid über die Zulassung der Druckschrift Belladonna als Monatszeitschrift. Anfangs erschien monatlich ein Infoblatt mit einem Seitenumfang von 6 bis 12 Seiten in DIN A5. Die anarchischen, trotzigen, provokanten Titelsprüche lauteten:

> *Wir sind zu allem fähig, aber zu nichts zu gebrauchen – Die Regierung spart, jetzt müssen sich 20 Minister einen Kopf teilen – Jede Regierung braucht Menschen, aber kein Mensch braucht eine Regierung – Ist der Penis ein Phallussymbol? – Träume haben keine Chance, die Wahrheit ist zu nah! – ... und es gibt DOCH ein Leben vor dem Tod.*

Sie persiflieren und karikieren den herrschenden psychoanalytischen, politischen, historischen Diskurs. Die erste Ausgabe brachte neben dem vielfältigen Monatsprogramm einen Artikel über Hexen. Zur Vorstellung des Jahresprogramms war eine Pressekonferenz angekündigt, Ausdruck einer beachtlichen Selbstsicherheit – die Frage ist, ob wirklich JournalistInnen gekommen sind. Selbstständig ein eigenes Medium zu produzieren, schafft Selbstbewusstsein und Medienkompetenz, wobei einzelne Frauen durch ›Learning by Doing‹ beachtliche Fähigkeiten entfalteten. Die Produktion eigener Medientexte war und ist für abweichende Gruppen immer auch identitätsstiftende Abgrenzung und Befreiung vom hegemonialen Diskurs. Selbstbewusstsein zeichnet jedenfalls die ersten Produkte und Programme aus, ebenso wie eine unbekümmerte Mischung aus Politik und Esoterik.

Die Ausgabe vom Sommer 1987 beschäftigte sich mit den Protest-
aktionen gegen die Stationierung von Cruise Missiles in Greenham
Common.[465] Das dabei abgedruckte Lied handelt davon, wie Frauen
Netze spinnen, sich die Welt aneignen und Kämpfe gewinnen, mit Lie-
be und Mitgefühl. Eine Reise ins Frauenfriedenslager und folgende
Veranstaltungen waren geplant:
- Elternabend der Kindergruppe, Stillgruppe, Meditation und Berüh-
  rung, Blütenessenzen
- Angeberinnengruppe (»An der Spitze stehen ist uns noch viel zu we-
  nig«), ›Mondfest Nymphe‹, Frauengruppen, Selbsterfahrungsgrup-
  pe ›Leben mit unerfülltem Kinderwunsch‹
- Workshop zur Dinnerparty (Kunstprojekt der amerikanischen
  Künstlerin Judy Chikago)
- Seminar zu ›Frauen im Widerstand 1934–1945‹ an der Uni Klagen-
  furt (»Auch alle interessierten Nicht-Studentinnen sind eingeladen«)
- Ausstellung ›Frau und Arbeit‹ in der AK Klagenfurt, Belladonna
  ist dabei.
Außerdem gab es Hinweise zum Frauen-Weltkongress in Moskau, zur
Hexenausstellung auf der Riegersburg und zu ›Frauen in der Woche
der Begegnung‹ (Auftritte von Lisa Fitz, Sissi Perlinger und einer

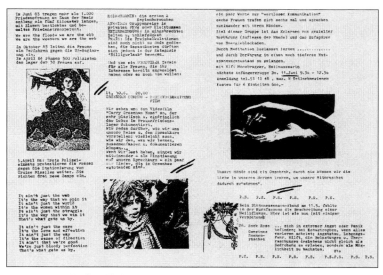

Monatszeitschrift Belladonna Nr. 6/1987.

Mädchenpunkband). In der Nr. 8, 8/1987 findet sich ein Artikel zur wachsenden Frauenarbeitslosigkeit. Die 600 Teilnehmerinnen der Frauensommeruni in Salzburg im Juli 1987 forderten Fixbudgets und Fixposten für sämtliche Frauenprojekte, die sich durch Sozialabbau und Sparpolitik gefährdet sahen. Im Beitrag ›Belladonna nach dem Sommer‹ wird von einer geschrumpften Anzahl bezahlter Mitarbeiterinnen und Finanzproblemen berichtet. Erstaunlich ist, wie sich die Probleme vor 20 Jahren und heute ähneln. Eine Subventionssuche *»im kleinen Schwarzen und in Stöckelschuhen«* ist angekündigt, eine Spitze auf die Dresscodes für Frauen, wenn sie etwas erreichen wollen, eine kleine Unterwürfigkeitsgeste?

Es gab kostenpflichtige, aber kostengünstige Veranstaltungen, dadurch Eigeneinnahmen und etwas mehr Unabhängigkeit von staatlichen Fördermitteln. Ab der Nr. 13, 3/88 wurde das Infoblatt zur Belladonna-Zeitung, seit 1989 in lila oder grün auf Umweltpapier und nicht mehr schwarz-weiß. Das Lay-out ist schon recht professionell, mehrspaltig, sehr kreativ und eigenwillig, mit Abbildungen, Zeichnungen, Comics. Das Titelblatt ist meistens als Collage gestaltet. Die Autorinnen sind selten namentlich genannt. Es gibt ab und zu Fremdbeiträge aus anderen Publikationen, Gedichte, kurze literarische Texte. Akademische Theorie-Diskussionen finden kaum noch Eingang in die Programmgestaltung. Die **Themengruppen** der Angebote und der redaktionellen Beiträge aus den verfügbaren Nummern ab 1987 lassen sich so zusammenfassen:

- **Körper, Psyche, Gesundheit** (Bauchtanzen, Yoga, Bachblüten, Heilkräuter, Meditatives Tanzen, Ausdruckstanz, Geburtsvorbereitung, Arbeitskreis Sanfte Geburt, Selbsterfahrung, Supervision, Massage, Tierversuche, tierversuchsfreie Kosmetik, Schönheit, Gesundheitspolitik und Gentechnik, Geschichte der Gynäkologie, mehr Gynäkologinnen, Abtreibung, Verhütung, Alter, Aggressionen im Kindesalter, New Age, vegetarisches Essen, Menüpläne, Lebensmittelzusätze, Umwelt, Sucht, Psychiatrie)
- **Kunst, Kreativität, Vergnügen, Bildung** (Ausstellungen, Fotoworkshop, Schreiben, Experimente auf Seide, Gipsmasken, Lederwerken, Theaterspielen, Filmabende, Rezensionen, Nebelcafe, Singen, Disco, Feste, Vorträge, Seminare)
- **Selbsthilfe, Selbstorganisation** (Kindergruppe, Alleinerzieherinnenntreffpunkt, Teamabende, Renovierung, Selbstverteidigung, Offene Altenbetreuung, Flohmarkt, Frauenclubbeisl, Redaktions- und Ver-

einssitzungen, Fragebogen zur Belladonna-Zeitung, Vernetzung mit
dem Verein Projektionen, Lesbische Frauen, Queer Klagenfurt u. a.)
- **(Frauen) Politik, Beschäftigung, Geld, Wohnen** (Aktivgruppe für
arbeitslose Frauen und Mädchen, Wohnungslosigkeit von Frauen, Arge Frauenoffensive, Feminismus, Beschäftigungsinitiativen für Frau-
en, Projekt Pechmarie, Mietrecht, Schulden, Kredite, Internationaler
Frauentag, Ausländerinnenberatung, Gewalt, Vernetzung, Frauen im
Krieg, Werbung, Prozess gegen Ingrid Strobl, Solidarität, Prostituier-
tengewerkschaft in Linz, Indianer- und Anti-Atombewegung, Frauen
in Afrika, Medien, sexueller Missbrauch, Initiative gegen Gewalt an
Frauen und Kindern am Krampustag, die Plakataktion gegen Vergewaltigung, Frauen in Slowenien, Gleichbehandlungspaket, Frauenfrie-
densbewegung, Rechtsradikalismus, Gleichbehandlungsgesetz etc.)
- **Informationen** zu Veranstaltungen, Initiativen, Angeboten, Adres-
sen, Beihilfen.
Inhaltlich sind in den ersten Jahren relativ radikale Positionen vertreten. Die Nr. 17 vom Juli 1988 berichtet zum Beispiel von einer il-
legalen Frauendemo in der Klagenfurter Innenstadt gegen den Papst-
besuch, die sich blitzschnell auflöste, bevor die Frauen von den her-
beigerufenen Polizisten identifiziert werden konnten. Eine Frau wi-
ckelte ein Leintuch um die Pestsäule mit der Aufschrift *»Unser Wort
in Gottes Ohr ist immer nur Ohropax gewesen! Frauen beten keinen
Mann mehr an«.* Drei Frauen brüllten ein Anti-Gebet:

> *»Du bist nicht mein Vater.*
> *Und dein Reich ist viel zu lange schon*
> *nicht im Himmel aber auf Erden.*
> *... Ich bin es würdig dass du eingehst,*
> *unter meinem Dach zusammenschrumpelst,*
> *auf deine wirkliche Größe – eine Idee [...]«*

Die Redaktion enthält sich geschickt jeden Kommentars (›wir berichten nur‹), macht sich das Prinzip der journalistischen Neutralität zu-
nutze, um nicht mit der Aktion direkt in Verbindung gebracht werden
zu können, und kann trotzdem Sympathie signalisieren. Dieses Anti-
Gebet ist ein Beispiel für das Spielen mit herrschenden Diskursen,
das ›Eingehen‹ im Sinne von hineingehen wird zu schrumpeln auf eine wirkliche Größe, die einer Idee. Dichotomien werden umgedreht,
vorgeblich geschlechtsneutrale Prämissen benannt (Gott ist Mann),
das Vaterunser in einen neuen widerständigen Diskurs gebracht.

In der März-Nummer 1990 schimpft die Aktionsgemeinschaft zum 8. März in Großbuchstaben darüber, dass die ›Befriedigungspolitik‹ der Frauenprojekte darauf abzielt, die wirklichen Widersprüche zu verschleiern: Der *»Kampf um autonome Frauenstrukturen darf nicht im Kampf um Arbeitsplätze in den Frauenzentren enden. Kampf gegen Männergewalt darf nicht im Kampf um Frauenhäuser enden«.* Belladonna kündigte zum Internationalen Frauentag eine Veranstaltung im Universitätskulturzentrum Unikum an. Auf dem Programm stand eine Ausstellung ›Frauenprojekte stellen sich vor‹, ein Referat zum Thema ›Feminismus und Frauenprojekte‹ von Susanne Dermutz sowie eine Diskussion ›Was erwarten sich Frauen von Frauenprojekten?‹ Sie sollte der Frage nachgehen, ob Frauenprojekte nur Sozialprojekte sind und *»zu einer kritischen Bestandsaufnahme über Möglichkeiten eines feministischen Projekts beitragen«.* Ein Indiz für ein selbstreflexives Selbstverständnis – und dafür, dass Themen meiner Diplomarbeit schon 1990 für Diskussionen sorgten. Ein Programmpunkt war eine Spendensammlung ›Solidarität mit Ingrid Strobl‹. Sie wurde bald darauf nach längerer Haft vom Verdacht auf Unterstützung einer terroristischen Vereinigung freigesprochen. Abends gab es südamerikanische Trommelmusik mit einer Wiener Frauenmusikgruppe *»bis spät in die Nacht«.*[466]

Der Veranstaltungskalender in diesem Monat ist nicht sehr umfangreich, hat aber einen offensiven Tenor: Jeden Montag fand die Aktivgruppe für arbeitslose Frauen und Mädchen statt, ein Selbstverteidigungskurs wurde angeboten, eine Pressekonferenz sollte über das neue Mietrecht informieren, die Redaktionssitzung war fällig. Die Liste der Frauenadressen ist gewachsen. Dazugekommen sind eine Frauenwerkstätte ›Frouwe‹, die ein ambioniertes Beschäftigungs- und Ausbildungsprogramm für Handwerksberufe erstellt hatte, die Frauenberatungsstelle Völkermarkt, eine Initiative für Gesundheitsbildung Frau und Familie. Eine ganze Seite füllen Gedanken und Texte einer Autorin zu ihren Abhängigkeiten, Ambivalenzen und Sehnsüchten.

5.2.3 ... Im März ... Diskursanalyse eines Zeitungstextes

Träume haben keine Chance, die Wahrheit ist zu nah![467]

Die Feinanalyse einer bestimmten Ausgabe und eines einzelnen Textes erlaubt eine tiefere Einsicht in Diskursfragmente und Diskursstränge. Für die Detailanalyse habe ich mich für eine Ausgabe der Belladonna-Zeitung von 1991 entschieden.[468] Diese Ausgabe liegt zeitlich ungefähr in der Mitte der Erscheinungsperiode von 1987 bis 1994. Der von mir eher zufällig ausgewählte Artikel behandelt kein außergewöhnliches oder spektakuläres Thema, er sollte also möglichst repräsentativ für diese Phase von Belladonna und die Belladonnazeitung sein. Der Titel dieser Zeitung zeigt einen gezeichneten Lippenstift ›Sing-Sing‹ mit Kette und Gefängniskluft-Streifen. Im Kern sind nur zwei Beiträge namentlich gekennzeichnet (mit Vornamen). Der Veranstaltungskalender ist im Vergleich zu früheren Ausgaben sehr eingeschränkt: Dienstag und Donnerstag ist abends das Frauencafé geöffnet, der Arbeitskreis gegen sexuellen Missbrauch von Mädchen trifft sich regelmäßig. Belladonna ist täglich von 10.00 bis 14.00 Uhr geöffnet, die Annäherung an übliche institutionelle Arbeitszeiten ist noch nicht vollzogen. Die Kindergruppe bietet Betreuung zwischen 7.00 bis 18.30 Uhr an, für Berufstätige also sehr günstige Öffnungszeiten und damals in öffentlichen Betreuungseinrichtungen kaum möglich. Die redaktionellen Beiträge behandeln die Themen Betroffenheit, sexuellen Missbrauch von Mädchen und ›Lesbisch leben in Klagenfurt‹. Eine Mutter sucht Gleichgesinnte zur Gründung einer alternativen Volksschule.

Für die **detaillierte Diskursanalyse eines Beitrags** unter dem Titel *»Wir geben ein Fest ... im März«* orientierte ich mich methodisch an der Kritischen Diskursanalyse von Siegfried Jäger. Der Artikel behandelt ein geplantes Fest anlässlich des fünfjährigen Jubiläums und die Bemühungen des Frauenzentrums um Förderungen für Arbeitsplätze. Die Textsorte ist eine Mischung aus Bericht und Kommentar. Die Titelgestaltung ist eigenwillig, weiße Buchstaben auf lila Grund in einem schrägen Kasten, dazu eine Ankündigung für ein Fest am 30. April. Illustriert ist der Beitrag von drei surrealistischen Fotomontagen, die zerteilte Frauen zeigen. Der Blick nach rechts oben zielt auf einen lächelnden Frauenkopf, den seine Besitzerin gerade am Schopf packt und vom Rumpf abhebt. Bewusst sind Widersprüche eingebaut, das Fest ist für März angekündigt und findet im April statt, die Illustration löst kompakte Körperbilder auf. Widersprüche sind auch im Text versteckt. Wer als Autorin zeichnet, bleibt offen.

Sprachliche Mikroanalyse des Textes: Der Text beginnt im Präsens, dann kommt ein Einschub im Imperfekt, es geht weiter im Präsens; nach einer längeren Passage im Perfekt endet der Text im Präsens. Vor allem wurden Substantive verwendet, am häufigsten der Begriff ›Frauenarbeitsplatz‹, gefolgt von ›Frauenprojekt, Frauenzentrum, Lohnkosten, Jahr, Arbeitsamt bzw. AMV, Land‹. Weitere Substantive sind Verein, Geld, Markt, Größe, Kindergruppe, Förderung, Erfahrungen, Interesse. Fremdwörter kommen kaum vor (›Effizienz, Sozialreferentin, Sponsorinnen‹), Jargon und Anglizismen gar nicht. Zusammengesetzte Wörter sind schon häufiger (›Budgetmittel, Beratungsbereich, Vermittlungsbarometer, Gesamtorganisation, Arbeitserprobung, Initialfunke, Frauenförderung‹). Ein paar Mal setzt die Autorin Anführungszeichen ein: öffentliche »Frauenförderung«, Finanzierungs-»STOP«, »freier Markt«, Ware »Arbeitskraft«. Frauenförderung wird dadurch als Förderung hinterfragt, ebenso der freie Markt als frei. Der Finanzierungs-Stopp lässt einen Ausweg offen, Arbeitskraft als Ware wird als unannehmbar gekennzeichnet, vermute ich.

Adjektive wurden sparsam verwendet (finanziell, öffentlich, aufwendig, mündlich, vergangen, frei, vorsichtig, messbar, maximal, bisherig, sonstige potentielle). Sie sind vom Klang her sehr neutral, haben wenig ›Geschmack‹, lösen also kaum sinnliche oder emotionale Reize aus. Die Autorin beschreibt die derzeitige finanzielle Situation als ›Reduktionskost‹ und als ›sechsmonatige Fastenzeit‹. Die Verben sind häufig ins Passiv gesetzt (›wird deutlich, definiert werden, waren beschäftigt, waren notwendig, wurde angeboten, wird angelegt, beantwortet sich, werden finanziert bzw. bezahlt, sich entflammen lassen‹) Einige Male heißt es »es gibt, sie ist, sie sind, sie haben«. Aktive Verben im Text sind ›expandieren, wissen, empfinden, finanzieren, vorstellen können, verweisen, pflegen, ermöglichen, ablehnen, nähern können, arbeiten, versprühen‹. Einmal verwendet die Autorin das Pronomen ›mann‹ statt ›man‹ (nicht in Anführungszeichen). Nur einmal spricht sie von sich (»*stellt sich für mich die Frage*«)*,* einmal von ›uns‹.

Sprachlich-rhetorische Mittel: Wörter oder Redewendungen, die Anspielungen auf Kollektivsymbole zulassen, haben laut Jäger »*Fähren-funktion*« im Text.[469] Die Stellen, die eine solche Funktion haben könnten, sind einmal ›Reduktionskost‹ und ›Fastenzeit‹ – ein medizinischer und ein religiös konnotierter Begriff – und das ›Sich-entflammen-lassen‹ im vorletzten Satz. ›Reduktionskost‹ und ›Fastenzeit‹ könnten auch noch mit dem Einstellen des Mittagstisches im Zusammenhang stehen, obwohl die Autorin darauf nicht explizit Bezug nimmt.

Dass Fördergeber sich entflammen lassen – eine erotisch oder zumindest leidenschaftlich aufgeladene Redewendung – ist einer der latenten Widersprüche im Text. Dieser Satz endet übrigens so wie der letzte mit einem Fragezeichen. Das könnte als Appell, aber auch als Unsicherheit über die zukünftige Förderpraxis verstanden werden. Die Doppelung des Fragezeichens verstärkt den Schluss als Höhepunkt der Geschichte. Dann ist relativ unvermittelt angekündigt: *»Fortsetzung folgt«.* Das Ende ist offen gelassen, damit bleibt die Tür offen zur Hoffnung und zum angekündigten Feiern.

Interpretation: Die Mikroanalyse des Textes bringt eine überraschend zurückgenommene Sprache ans Licht. Die vielen Passiva, die häufigen ›Es gibt‹ sowie der spärliche Gebrauch des ›Ich‹ (übrigens auch ein Charakteristikum wissenschaftlicher Texte) drücken eine Lähmung aus, die sich am zentralen Wort ›Frauenarbeitsplatz‹ festmacht. An ihm *hängen* letztlich die meisten anderen verwendeten Substantive wie ›Frauenprojekt, Lohnkosten, Jahr, Arbeitsamt, Geld, Markt, Größe, Kindergruppe, Förderung, Erfahrungen‹. Distanz zum sachlichen Sprachduktus zeigt sich nur durch den Gebrauch von Anführungszeichen und Fragezeichen. Interesse und Leidenschaft wird von Fördergebern erhofft, eigene Leidenschaft scheint durch ›Reduktionskost‹ und ›Fastenzeit‹ ausgetrocknet.

Zuerst kam es mir so vor, als stehe die vernünftige, verhaltene Sprache in einem merkwürdigen Gegensatz zur Illustration dieser Sei-

Titelblatt der Nr. 46 5/1991. Grafische Gestaltung des analysierten Textes.

te. Diese ist schräg und verquer, könnte als Aufmunterung verstanden werden, ›einmal den Kopf zu verlieren‹. Sie zeigt aber noch etwas: eine zerteilte Frau, deren Füße in eine Richtung marschieren, die sie selbst nicht kennt. Eine Frau, die gute Miene zum bösen Spiel macht, eine dritte, deren Hände und Kopf nicht mehr zusammengehören. Vielleicht zeigen diese Bilder mehr von den Auflösungserscheinungen und der Irritation im Projekt, als es die betont nüchterne Sprache vermag, die diese Irritationen vielleicht auch kanalisieren soll. Nachvollziehbar wird der spürbare Einschnitt, der als Subtext des Artikels mitläuft, auf der nächsten Seite dieser Zeitungsausgabe. Da schreibt eine Frau von ihrer Betroffenheit über den drohenden Verlust von Belladonna. Mir scheint, als wäre das Hauptthema dieses Textes das vom Verhältnis von Arbeit zu Freiheit und Geld. Freiheit wird als Verlust bedauert (statt Fülle gibt es Fastenspeise) oder wie das Fest auf später vertagt. Arbeit wurde zum von außen finanzierten Arbeitsplatz.

Fortsetzung folgt kann heißen, dass die leidige Finanzgeschichte eine ›Never Ending Story‹ ist. Auch in vielen anderen Kommentaren und Berichten wird deutlich, wie viel Einsatz die Verhandlungen und Konflikte mit Institutionen und die gemeinsamen Aktionen und Veranstaltungen mit anderen Organisationen forderten.

Analyse der Belladonna-Zeitungen: Der verwendete Diskurs ist oft provokant, salopp, radikal, manchmal sachlich und trocken, dann wieder lyrisch und blumig. Sprache, Ausdruck, Inhalte und Textkategorien sind sehr heterogen. Auch sind die Beiträge sehr unterschiedlich und stammen nicht nur aus dem Belladonna-Team. Eine geschlechtergerechte Sprache ist Usus, mit einigen Ausrutschern. Die grafische Gestaltung ist fantasievoll, oft witzig, eigenwillig, wobei das kreative Chaos mit den Jahren klareren Strukturen weicht. Mit dem professionelleren Aussehen wurden auch die Inhalte pointierter und weniger chaotisch. Einige Male kommt der herrschende Diskurs eindeutig ausgewiesen ›zu Besuch‹, indem Korrespondenzen mit öffentlichen Stellen oder Medienberichte abgedruckt sind. Er ist aber auch als Subtext auszumachen, besonders in den Texten, die sich mit institutionellen Widrigkeiten befassen (siehe Detailanalyse). Die wiederkehrenden Appelle, Leserinnenbriefe und Beiträge zu schicken, sind selten von Erfolg gekrönt. Wer eigentlich redaktionell tätig ist, bleibt offen.

Im Herbst 1992 wurde die Zeitungszulassung von der Postdirektion widerrufen, da der regelmäßige quartalsmäßige Versand nicht eingehalten wurde. Nach einem neuen Anlauf im Mai 1993 und einigen weiteren Ausgaben im gewohnten Lay-out ging die Belladonna-Zeitungs-Ära im ersten Quartal 1996 endgültig zu Ende. Die letzten Nummern ähneln den früheren Infoblättern. Es sind nur noch doppelseitig eng bedruckte Seiten mit vereinsinternen Nachrichten, Veranstaltungshinweisen und kurzen Statements zu aktuellen frauenpolitischen Konflikten und Änderungen. Die Kapazitäten für ein sorgsam gestaltetes Medium und die rege Veranstaltungstätigkeit schienen erschöpft zu sein: erwähnt sind die Selbsthilfegruppe ›Sexueller Missbrauch‹, der Lesbenstammtisch, eine Keramikgruppe, eine offene Gesprächsrunde und die Sprechstunde der Gleichbehandlungsbeauftragten. Inzwischen nutzt das Belladonna-Team (ebenso wie viele andere Frauenprojekte und Netzwerke) das Internet, um über ihren Adressverteiler Veranstaltungen und Informationen weiterzugeben.

Cover der Nr. 42, 11/1990.   Cover der Nr. 55, 5/1994.

5.3   Eine kleine Seite im großen weiten Web

Die neuen Informationstechnologien sind für feministische Öffentlichkeiten von wachsender Bedeutung. Im digitalen Raum gibt es
elektronische Newsletter, Mailinglisten, cyberfeministische Experimente, Datenbanken, Diskussionsforen, theoretische Erörterungen
und Fachbeiträge, Beratungsseiten, die verschiedensten Websites
von Einrichtungen, Projekten und Netzwerken, diverse Online-Frau-
enzeitschriften u. v. m. Die bekanntesten in Österreich sind die ›Ceiberweiber‹ und ›dieStandard.at‹. Mit letzterer hat die österreichische Tageszeitung gekonnt frauenpolitische Themen ins Netz ver-
bannt. Es fragt sich, ob die Internetpräsenz Medienbarrieren für feministische Diskurse in Printmedien aufrechterhalten könnte. Unbestritten ist, dass das Internet für marginalisierte Gruppen und für
Frauen eine Kommunikationsplattform sein kann, dass es Zugang
zu Informationen eröffnen und neue kulturelle Kompetenzen und
dialogische und kooperative Prozesse befördern kann. Unbestritten
ist auch, dass es Zugangsbarrieren gibt, dass nur bestimmte Kommunikationsformen möglich sind, dass das Internet oszilliert zwischen Empowerment und weltweitem Kommerzpark. Schon in den
Anfängen des Frauenkommunikationszentrums waren die neuen Informationstechnologien im Belladonna Thema. Im November 1986
bot eine Frau eine praxisnahe Veranstaltungsreihe mit Beispielen
am Computer an, die sich mit der Bedeutung des Computers in der
Arbeitswelt, im Kinderzimmer und im öffentlichen Leben für Frau-
en beschäftigte. Der erste Abend hatte die binäre Logik des Computers zum Thema.[470]

Email- und Internetkontakte sind aus Organisation und Vernetzungsaktivitäten von Belladonna nicht mehr wegzudenken. Seit 2002
hat Belladonna eine Homepage. Das Design ist ansprechend, locker,
leicht handhabbar. Das Eingangstor zur Seite ist wieder die Rose
(©Barbara Putz-Plecko). Die grafische Gestaltung (Studio Putz+) hat
sich am Folder orientiert.

Die Website ist übersichtlich und relativ knapp, mit roten Blick-
fängen gestaltet. Die Hauptmenüpunkte – die Leitlinien mit den Qualifikationen des Teams, die Angebote, eine Linkliste zu frauenrelevan-
ten Seiten und die Kontaktadresse – werden linksbündig vertikal geöffnet. Die Möglichkeit der Onlineberatung und -information wird

nicht sehr häufig genutzt. Die Klientel der Beratungsstelle scheint telefonische und face-to-face-Kontakte zu bevorzugen, viele haben Zugangsbarrieren. Beiträge zu aktuellen Themen oder Aktivitäten gibt es nicht auf der Seite.

Der erste Satz der Präsentation auf der Homepage beginnt mit einem historischen Bezug auf das Gründungsjahr. Daran schließt ein Satz, der den Übergang vom ›offenen‹ Frauenkommunikations- und Frauenkulturzentrum zur professionellen Beratung thematisiert: »*War Belladonna ursprünglich vor allem ein offenes Frauenkommunikations- und Frauenkulturzentrum, so hat sich der Verein aufgrund veränderter Rahmenbedingungen heute vor allem im Bereich der psychosozialen und arbeitsbezogenen Beratungstätigkeit professionalisiert.*«[471] Der Übergang vom Frauenzentrum zur -beratungsstelle steht also an erster Stelle der Selbstrepräsentation. Die wichtige Bedeutung des Netzwerks der Mädchen- und Frauenberatungsstelle für Belladonna zeigt die prominente Nennung im Leitbild.

Danach beschreibt sich die Frauenberatungsstelle als »*psychosoziale Einrichtung, deren Selbstverständnis auf Erkenntnissen der Frauenforschung und feministischen Therapieansätzen beruht*«. Hier wird also explizit auf feministische Theoriebildung und feministische Theorie Bezug genommen. Weiter geht es mit einem frauenpolitischen Statement: dass »*die ganzheitlichen Beratungs-, Bildungs- und Informationsangebote ein Gegengewicht zur gesellschaftlichen Benachteiligung von Frauen und Mädchen, den Nachteilen weiblicher Sozialisation und Mehrfachbelastungen und den vielfachen Formen von Gewalt gegen Frauen und Mädchen (in der Familie, in den Gesellschaftsstrukturen, im öffentlichen Raum)*« setzen. Der Verein erfülle eine gesellschaftlich notwendige öffentliche Aufgabe in Richtung Chancengleichheit und Gleichbehandlung der Geschlechter.

Belladonna-Homepage www.frauen beratung-belladonna.sid.at, 5. 4. '06.

Die Sätze sind relativ lang und verschachtelt und damit wenig ›netzgerecht‹. Sie unterstreichen das Bemühen um eine professionelle Selbst-Repräsentation. Die frischen Farben und das künstlerisch-postmoderne Flair des Webdesigns bilden dazu einen Ausgleich. Der vorherrschende Diskurs in der Homepage bewegt sich zwischen Opposition (mit der Benennung gesellschaftlicher Wirklichkeit) und der Übernahme einer bestimmten Diktion wie ›Beratungstätigkeit‹. Die angehängte ›Tätigkeit‹ bläht die ›Beratung‹ zum professionellen Tun auf. »*Kurze Wörter sind fast immer verständlicher und zugleich farbiger, kraftvoller als lange Wörter*«, meint Wolf Schneider.[472] Er räumt zwar ein, dass diejenigen, die sich daran halten, mit sämtlichen akademischen Moden und bürokratischen Vorlieben über Kreuz geraten. Doch da sich Websites an Interessierte und nicht an Insider richten, steht Verständlichkeit vor Rechtfertigungsdruck.

Unter ›edition belladonna‹ sind die Weihnachtskarten der letzten Jahre anzuklicken, außer der Rose die einzigen Bilder auf der Website. Bilder, die die Identität von Belladonna pointierter charakterisieren als die Texte und einem subversiven Diskurs mehr zuneigen als die Eingangspassage zur ›Professionalisierung aufgrund veränderter Rahmenbedingungen‹. Auch die Grundsätze der Beratung im Leitbild kommen mit kürzeren Formulierungen aus und sind damit greifbarer.

Im Vergleich mit Websites anderer Frauenberatungsstellen fällt auf, wie sparsam die Informationen auf der Belladonnaseite gehalten sind.[473] Einige beschränken sich wie Belladonna auf wichtige Facts. Viele präsentieren die Mitarbeiterinnen namentlich, oft mit Fotos, manche erwähnen auch die Vorstandsfrauen. Teilweise wird die eigene Geschichte aufgerollt, Projekte werden ausführlich vorgestellt, Tätigkeitsberichte ins Netz gestellt. Es gibt Fotos von Events und Veranstaltungen oder den Räumlichkeiten. Einige geben die Kontonummer für etwaige Spenden an. Nur wenige Frauenberatungsstellen haben keine Homepage oder vertrösten interessierte Besucherinnen auf ›coming soon‹. Bei einer wird sogar für den Zugriff ein Passwort verlangt. Das Spektrum der Webdesigns ist sehr breit, von eher traditionell über wandernde lila Frauenzeichen bis zu pfiffigen Outfits.[474] Die Belladonnaseite gehört zu Letzteren. Sie macht die feministische Grundhaltung der Beratungsstelle deutlich, doch sie hat auch etwas Geheimnisvolles: Wer sind die Frauen hinter der Rose?

5.4 HalbZeit, TraumZeit. 10 Jahre Belladonna

Der Zehnjahresfeier ging ein intensiver Diskussionsprozess voraus, der durch noch vorhandene Sitzungsprotokolle gut dokumentiert ist. Zum Thema der Veranstaltung sammelten die an der Vorbereitung beteiligten Frauen ihre Assoziationen zu Belladonna. Hier einige Beispiele: »*Qualen, Raum, Aufbruch, Verhandlungen, Wandlungen, Beständigkeit, Brüche, Küche, Frauenblick, Alltag, feste, Insel?, Klatsch, rechnen, rauchen, Kindergruppen, Klagen, Politik, Lust, Frust, Frauentrost, pflegeleicht, unverwüstlich, unbestechlich, Träume, geplatzt, traumhaft. Alpträume oder Lebensträume? Absolut, resolut.*« Aus dieser Assoziationskette filterte das Organisationsteam TRAUM(HAFT) als neuen Zentralbegriff heraus. Aus dem folgte eine neue Assoziationskette zu ›Traum‹, aus der der Einladungsfolder entstand.

Er spielt mit Frauen-Träumen zwischen Sex, Psyche und Geschichte, verlorenen Menschheits- und gewonnenen Machtträumen, Traumatik, Raum und Stadt und Lust und Tanzen, mit Traumschiff und Traumnoten und Traumwandeln. Er spielt auch mit den Belladonna-Träumen. Rot hervorgehoben sind: Traum Beratung, Bilder Traum, Traum Geburt, Frauen Traum, Traum Farben, Traum Männlein, Traum Frau, Sommer, Ziel, Liebes-, Menschheitstraum. Er thematisiert Klischees und handfeste Sehnsüchte, bewusste und unbewusste Erfahrungen und Prozesse.

Zum **Programm:** Eine Woche lang war das Frauencafé wieder geöffnet, als Retrospektive auf die bezahlte Reproduktionsarbeit für Frauen und die Wiederbelebung des Frauenkommunikationsraums. ›In memoriam Frauenraum – Frauencafé‹ sollte denjenigen, »*die unversorgt und nicht reproduziert*« bleiben in der Institution Familie, einen Zipfel ihrer Träume erfüllen: einen Ort, an dem sie sich treffen und miteinander essen und trinken können. Filme von Ulrike Ottinger gehörten ebenso zur Programmwoche wie das Frauenfest ›Spuren suchen‹. Es fand am 29. 11. 1996 im Gemeindezentrum Waidmannsdorf statt. Birge Krondorfer beschäftigte sich in einem Referat mit der Frage »*Sind wir am Ende der Politik?*«, um mit den Positionen von Luce Irigaray und Hannah Arendt das UN-MÖGLICHE wider die Resignation zu reflektieren. Margret Baltl nahm sich Zeit, innezuhalten, zurückzuschauen, vorauszuschauen: »*was wurde von anderen weitergetragen, übernommen in etablierte Institutionen, konnte sich nicht* *halten oder war für kurze Zeit von Bedeutung?«* Auch die neuen inhaltlichen Schwerpunkte, die Ausrichtung auf die Frauenberatung, sind erwähnt. Es wurde offensichtlich mit einer gewissen Melancholie gefeiert, von der das Gedicht von Ingeborg Bachmann im Programmfolder erzählt:

»Das wenige Gute, das mir wird,
wird mir zu langsam.
Und wenn es gedauert hat,
so unmerkbar, ist es geloschen.
Um das Gute, das noch dauert, die Spuren der Arbeit im Rahmen des Festreferats zu suchen, zu tanzen und zu tun, wozu sonst noch Lust ist – ein Fest.«

Das Zehnjahresjubiläum zu feiern bedeutete Abschied und Neuanfang, so wie jeder Jahreswechsel das im Kleinen auch bedeutet.

Ausschnitt aus dem Einladungsfolder zur 10-Jahresfeier.

5.5 Alle Jahre wieder: Weihnachtskarten und Tätigkeitsberichte

5.5.1 Die Tätigkeitsberichte. Zahlen, Fakten, Positionen

Die Tätigkeitsberichte berichten über die Schwerpunkte und Tätigkeitsbereiche des Vereins. Sie beschreiben den Personalstand sowie personelle und strukturelle Veränderungen, dokumentieren Aktivitäten, Weiterbildungen, Veranstaltungen, Kontakte und Beratungszahlen. Die neueren Ausgaben enthalten eine ausführliche Beratungsstatistik und umfassen schon mehr als fünfunddreißig Seiten. Zwei Drittel der Frauen, die die Beratungsstelle aufsuchen, kommen aus dem Raum Klagenfurt, die anderen aus der Umgebung und aus anderen Bezirken. Manche nehmen lange Fahrtzeiten auf sich, entweder weil es in ihrem Bezirk kein entsprechendes Angebot gibt, oder sie bewusst einen anonymen Ort wählen, wo sie niemand kennt.

Der Tätigkeitsbericht für das zweite Halbjahr 1989 passt noch auf drei Schreibmaschinenseiten, wobei allein die Auflistung der Projektmitarbeiterinnen mehr als eine Seite ausmacht. Ein zentrales Thema in diesem Jahr war die Forderung nach einer Kassenstelle für eine Gynäkologin auf Krankenkasse. Belladonna organisierte eine Podiumsdiskussion ›Gynäkologie. Kein Platz für Frauen‹ und sammelte 900 Unterschriften. Nachdem endlich eine Kassenstelle in Klagenfurt mit einer Frau besetzt war, war diese binnen kurzer Zeit überlaufen. Die Gynäkologin gab ihren Kassenvertrag zurück, er wurde von einem Mann übernommen. Nach wie vor müssen Kärntnerinnen mit männlichen Kassenärzten Vorlieb nehmen oder Selbstbehalte bei Gynäkologinnen berappen. Kärnten ist hier einmal mehr unrühmliches Schlusslicht.[475] Es wäre nicht erstaunlich, in einem Tätigkeitsbericht der kommenden Jahre dem Thema wieder zu begegnen ...

1996 nimmt der Finanzbericht viel Raum ein. Es werden aber auch sozialpolitische Probleme diskutiert. Die Autorinnen berichten von verschärften Zumutbarkeitsbestimmungen des AMS, finanziellen Problemen der Klientinnen und deren Neigung, Probleme zu individualisieren. Das Team war in diesem Jahr an einer Ausstellung ›(K)ein sicherer Ort – Sexuelle Gewalt an Kindern‹ beteiligt und koordinierte einen ›Interdisziplinären Arbeitskreis gegen Sexuelle Gewalt‹. Frauennetzwerke, Selbsthilfegruppen und Arbeitskreise zu Arbeitslosigkeit, Berufsorientierung, Suchtprävention, Prozessbegleitung, Gewalt und Essstörungen trafen sich am Villacher Ring.

An der Aufstellung der **Beratungszahlen** und der persönlichen Kontakte zeigt sich folgende Tendenz: die persönlichen Kontakte (Frauen, die spontan ins Belladonna kommen bzw. an Veranstaltungen und Gruppen teilnahmen) reduzierten sich im Zehnjahresverlauf auf die Hälfte, während sich die Beratungszahlen mehr als verdoppelten. Ebenso verdoppelt hat sich die Anzahl der betreuten Klientinnen bzw. der beratenen Frauen.

Die **Beratungsthemen**, die seit 2001 detailliert erfasst werden, sind relativ konstant. Am häufigsten sind Beziehungs- und familiäre Probleme, die Wohnsituation, Rechtsfragen bei Trennung und Scheidung, Pension, Wiedereinstieg nach der Karenz oder der Familienphase, Arbeitslosigkeit, aber auch Probleme am Arbeitsplatz, Mobbing und Schwangerschaft (-skonflikte). Zunehmend sind psychische Störungen, Suchtproblematiken, gesundheitliche Probleme zu beobachten. Problematisch ist die Situation der von Arbeitslosigkeit betroffenen Frauen über Vierzig: psychische Folgen zeichnen sich ab, weil viele Frauen ihre Arbeitslosigkeit als individuelles Versagen verstehen. Die reale Arbeitsmarktsituation erschwert die Entwicklung positiver Perspektiven.

Schon im Jahr 2000 war laut Tätigkeitsbericht die Armutsgefährdung vieler Frauen evident. Die Nachfrage nach längerfristigen Beratungen und Therapien stieg auffallend an. 2004 und 2005 nahmen Mehrfachbelastungen und finanzielle Not von Alleinerziehenden, Altersarmut durch die Pensionsreform und die Problematik von Patchworkfamilien zu. Die Vereinbarkeit von Berufstätigkeit und Kinderbetreuungspflichten gestaltet sich nach wie vor schwierig. Auch familiäre Konflikte in Zusammenhang mit Berufsorientierung und Ausbildungsplanung und Erziehungsschwierigkeiten mit Pubertierenden (Sucht, Gewalt, selbstschädigendes Verhalten) sind häufige Beratungsthemen. Sowohl in der juristischen als auch in der psychosozialen Beratung geht es häufig um die Problematik der finanziellen Abhängigkeit von nicht- und teilerwerbstätigen Frauen und den damit verbundenen Folgewirkungen.

»Ältere Frauen sehen sich akuten finanziellen Nöten ausgesetzt. Sie haben im Falle der Trennung/Scheidung keine ausreichende eigene finanzielle Absicherung und kämpfen daher mit großen Schwierigkeiten (z. B. gesetzlich zustehende Unterhaltsleistungen durchzusetzen).«[476]

Existentielle Bedrohung, eingeengte Zukunftsperspektiven und traumatisierende Lebenserfahrungen bewirken bei vielen Frauen eine umfassende Lebenskrise. Der Tätigkeitsbericht 2005 spricht Aspekte an, die in der öffentlichen Diskussion kaum thematisiert werden, wie:

- Rückzugsmechanismen, Isolation und Schamgefühle durch unzureichende finanzielle Ressourcen zur Teilhabe am öffentlichen Leben, mangelnder Respekt der Umwelt gegenüber finanzschwächeren Personen.
- Finanzielle und soziale Probleme von Frauen und Familien, die durch Arbeitsplatzmangel in die Selbstständigkeit gedrängt waren und nun von Konkurs bedroht oder betroffen sind.
- Familiäre Probleme in Zusammenhang mit der Berufsorientierung und der Ausbildungsplanung der Kinder, Überforderung der Familien wegen fehlender Lehrstellen/Arbeitsplätze.
- Einsparungen im Gesundheitsbereich wie frühzeitige Spitalsentlassung müssen von weiblichen Familienmitgliedern aufgefangen werden.

Die Autorinnen scheuten sich nicht, frauenpolitische Bedingungen zur Sprache zu bringen und zu kritisieren: *»Die Perspektivlosigkeit der Politik spiegelt sich in den Beratungen«*, merken sie im Tätigkeitsbericht 2005 an.[477] Sie sprechen immer wieder ihr Bedauern über die Einschränkung des Frauenkommunikationsraums an, der in der ersten Dekade eine zentrale Rolle als offener Begegnungsraum und Ausgangspunkt für gemeinsame Projekte spielte. Ein ständiges strukturelles Problem der Beratungsstelle, das in den Tätigkeitsberichten angesprochen ist, sind finanzielle Unsicherheiten sowie damit verbundene personelle Umschichtungen und Stundenkürzungen.

Der letzte Satz der Zusammenfassung in den letzten drei Jahren lautete: *»Insgesamt werten wir diese Entwicklungen als großen Verlust im Sinne der Gleichstellungspolitik.«*[478] In den Jahren davor wurde am Ende die Hoffnung geäußert, dass *»Unterstützungsangeboten wie es die Frauenberatungsstellen sind, in verstärktem Ausmaß Wert und Kontinuität beigemessen wird.«*[479] Der Appell ›Wert beigemessen bekommen‹ wurde durch eigenes Bewerten, eine passive Erwartung durch eine offensive Aussage ersetzt. Gleichzeitig traten Hoffnung, Rückbezüge auf Erfolge und offensives Einmischen in die *Gleichstellungspolitik* in den Hintergrund.

Die subtile Sprache der Weihnachtskarten die der Kreativität und Kunst, drücken aus, was die Sprache der alljährlichen Tätigkeitsberichte nicht vermag: Kritik, Hoffnung, Widerstand, Humor und Heiterkeit.

5.5.2 Oh, ihr fröhlichen Weihnachtskarten

Alle Jahre wieder freuen sich ca. zweihundert AdressatInnen – Vereinsmitglieder, KooperationspartnerInnen – über die ganz speziellen Weihnachtskarten von Belladonna:

Die Karte von 1999 war eines der Produkte der 1. Kärntner Kurzschluss-Handlung, einem Projekt des Universitätskulturzentrums UNIKUM. In einem Geschäftslokal in der Klagenfurter Innenstadt wurden vom 15. 11. 1999 bis 31. 12. 1999 Produkte und Gebrauchsgüter zum Verkauf angeboten, die vierzig KünstlerInnen entworfen hatten. Später tourte dieser ›Kärntner Kulturexportschlager‹ zum Festival der Regionen in Oberösterreich, nach Dänemark und Slowenien. Die Kurzschluss-Handlung persiflierte die *»fulminanteste aller Sprachen, die Sprache des Konsums«*, präsentierte sich als Fachgeschäft für Gebrauchsgüter, Gerätschaften und Dienstleistungen für *»Eventualitäten im täglichen Sozial- und Kulturkampf.«*[480]

Belladonna-Mitarbeiterinnen steuerten Objekte bei und schickten mit dem ›Frauenprogrammrevolver‹ Weihnachtsgrüße der anderen Art. Ein Objekt hatte einen direkten Belladonna-Bezug: verschiedene Stempel unter dem Gesamttitel ›Abgestempelt‹ waren mit einem Beipackzettel versehen, wie sie Medikamentenschachteln beigelegt sind. Darauf war unter anderem die lächerlich niedrige Jahresförderzusage der Stadt Klagenfurt abgedruckt und mit dem roten Stempel ›abgestempelt‹ versehen.

Die Belladonna-Frauen zeigten, dass sie den politischen Hintergrund einer restriktiven Förderpolitik ebenso durchschauen wie die Flickwerke und Durchschüsse der so genannten sozialen Treffsicherheit. Sie demonstrierten, dass ihr Widerstandspotential weder mit einem Frauenprogramm noch mit institutionellen Zuweisungen umzubringen ist.

Sie lassen sich nicht abstempeln als nebenwirkungsfreies Schmerzmittel gegen die Wunden und Verletzungen eines maskulinistischen Systems. Sie pfeifen darauf und signalisieren ihre unermüdliche Hoffnung auf Frauenlob und Engelsflügel. Sie lassen wissen, dass sie immer noch im Stande sind, einen Baum aufzustellen oder dazu anzustiften – nicht nur zur Weihnachtszeit.

»frauenpro-
grammrevolver«
24. + 31. 12.
1999

1. Kärntner
Kurzschluss-
Handlung.

Eva Brunner-
Szabo.

»soziale
treffsicherheit:
handmade
in austria«

edition
belladonna
24. + 31. 12.
2000

Edda Pilgram-
Hannesschläger
und Team.

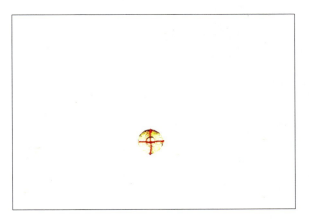

»soziale
treffsicherheit II«

edition
belladonna
24. + 31. 12.
2001

Edda Pilgram-
Hannesschläger
und Team.

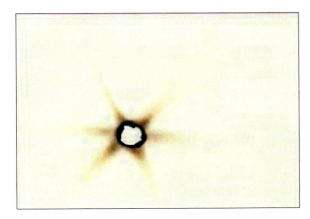

»wir pfeifen«

edition
belladonna
24 + 31. 12.
2002

Eva Krainer
und Team.

»wir wünschen«

edition
belladonna 24 +
31. 12. 2003

Ilse Stockham-
mer-Wagner
und Team.

Schutzengel gesucht

»hoffnung=> 05«

edition
belladonna
24 + 31. 12.
2004

Edda Pilgram-
Hannesschläger
und Team.

___einen Baum aufstellen___

_einen baum
aufstellen_

edition
belladonna
24 + 31. 12.
2005

Belladonna-Team.

6   FrauenStimmen

Da Frauen keine kollektive Geschichte haben, sind Geschichten das einzig evidente; Geschichten, die die Suche nach einem (kleinkollektiven) Zusammenhang erzählen, der stets im Vexierbild von Selbstorganisation und Selbstdestruktion schwankt. Hierzu gibt es mehr Erfahrung denn Reflexion.

Birge Krondorfer

Im letzten Kapitel meiner Arbeit kommen Frauen zu Wort, die Belladonna auf den Weg gebracht haben oder den Verein am Leben halten. Es sind Frauen, die sich mit ihrem Wissen, ihrer Verantwortung, Zeit und Arbeitskraft, ehrenamtlich oder bezahlt zu diesem ältesten Kärntner Frauenprojekt bekannten bzw. bekennen. Den Statements einer Gründungsfrau, einer Teamfrau, einer Vorstandsfrau und einer Beratungsfrau, die diese Einrichtung nutzt, werde ich mich wie den anderen Texten mittels der Diskursanalyse annähern. Die Analyse kann nur exemplarisch, bruchstückhaft und im Überblick erfolgen.

Ich habe mich für die Methode des halbstandardisierten Interviews entschieden, da damit subjektive Theorien der Befragten über den Untersuchungsgegenstand rekonstruiert werden können.[481] Das systematische und doch flexibel aufgebaute Fragenschema in den Leitfadengesprächen gestattet Rückfragen der Befragten sowie Zusatz- und Nachfragen der Interviewerin. Leitfadeninterviews haben den Vorteil der Vergleichbarkeit, einer größeren Zielgerichtetheit und Spezifizierung als freiere Interviewformen. Wenige Male habe ich eine Konfrontationsfrage eingesetzt, wenn die Position der Interviewpartnerin nicht greifbar war. Dann habe ich auf eine Information aus meinen Recherchen Bezug genommen und meine Gesprächspartnerin um einen Kommentar gebeten.

Nonverbale Aspekte wie Pausen, Lachen, Räuspern wurden in die Transkription nicht aufgenommen. Auf die von Flick vorgeschlagene Struktur-Lege-Technik in einer Folgesitzung, eine sehr komplexe Interpretationsweise, die sich für die Diskursanalyse vermutlich kaum eignet, habe ich verzichtet. Die Interviews dauerten eine halbe bis dreiviertel Stunde. Das anfängliche Unbehagen mit der Interviewsituation hat sich für mein Gefühl bald verflüchtigt. Die Befürchtung, aufgrund der eigenen beruflichen Verbindung zum Untersuchungsgegenstand zu viele Vorannahmen in die Befragung hineinzutragen, hat sich nicht bestätigt. In allen vier Gesprächen habe ich Neues und Unerwartetes erfahren.

6.1 Diskursanalyse anhand eines Interviewleitfadens

Der Interviewleitfaden orientiert sich an den Themen, die im ersten bis vierten Kapitel bearbeitet wurden. Entsprechend der Position der Interviewpartnerin zu Belladonna habe ich die Fragen für jedes Interview modifiziert. Detailfragen habe ich, wenn notwendig, nach einer ersten Antwort noch ergänzt. Wegen der besseren Strukturierung und Lesbarkeit wurden sie aber in der Transkription mit dem Hauptthema zusammengefasst. Die Fragen an die Teamfrau konzentrierten sich mehr auf die Organisationsstruktur, die Zusammenarbeit und Beratung. Die Fragen an die Gründungsfrau fokussierten auf die historische Dimension. Im Gespräch mit der Vorstandsfrau kamen neben ihrer ›Arbeitgeberfunktion‹ auch die Aspekte der Repräsentation nach außen zur Sprache. Die Beratungsfrau schilderte plastisch, wie konfliktreich sich die Erwerbssituation und der Einstieg in die Pension für Kärntnerinnen gestaltet, wie der psychische Druck zunimmt, wie hilfreich sie die Beratung und Begleitung im Belladonna erlebt hat.

Der Leitfaden bezog sich auf sechs Stichworte:

1. **Stichwort Belladonna-Geschichte:** Gründung, die jeweils eigene Geschichte. Welche Phasen? Welche zentralen Ereignisse? An welchen Projekten und Schwerpunkten warst du maßgeblich beteiligt, wie sind sie gelaufen?

2. **Stichwort Frauenpolitik und Öffentlichkeit:** Verhältnis zu Medien, Fördergebern, Nutzerinnen, zur institutionellen Frauenpolitik und Netzwerken, Repräsentation nach außen.

3. **Stichwort feministische Theorie und Praxis:** Verhältnis von Frauenprojekten und feministischer Theoriebildung, Gleichheit/Differenz unter Frauen.

4. **Stichwort Organisation:** eigene Rolle und Funktion, das ›Andere‹ in der Organisationsstruktur, Arbeitsplatzsicherheit. Qualitätsbegriff, Zufriedenheit mit den Angeboten.

5. **Stichwort Frauenkultur und -kommunikation:** Werte, Spezifika von Frauenkultur und –kommunikation im Belladonna und im Allgemeinen. Konflikte, Entscheidungsfindung, Machtverhältnisse im Team.

6. **Standortbestimmung, Zukunftswünsche:** Rückblick auf Belladonna und die Situation der Frauen vor zwanzig Jahren und heute. Wünsche für die Zukunft.

6.1.1 Belladonna-Geschichte

Als Impuls für die Gründung eines Frauenkommunikationszentrums sieht die Teamfrau den Wunsch von Frauen, ihr Wissen und ihre Erfahrungen mit anderen Frauen zu teilen. Dieser Wunsch war mit einem starken Gefühl von Freiheit verbunden, dem Zauber, der jedem Anfang innewohnt.[482] *»Am Anfang war eben die Freiheit da, was wir machen wollen, tun wir.«* (Interview 1, Z. 12-13) Die Gründerinnen wollten ursprünglich ein Programm zur Versorgung von Frauen nach der Geburt initiieren und haben das Konzept verändert und erweitert: *»Da hat eigentlich alles Platz, in einem Frauenzentrum«.* (Interview 3, Z. 11) Die Gründungsfrau bezeichnet Belladonna als ein Baby, das weitergereicht und umsorgt wurde, damit es wachsen kann. (Interview 3, Z. 97-98) Die Vorstandsfrau beschreibt die 80er Jahre als eine sehr fruchtbare Zeit, in der *»alle möglichen gesellschaftlichen Probleme«* aufgegriffen wurden und sich ›das Frauenbewusstsein‹ geregt hat. (Interview 2, Z. 9-11) Dass damals die Idee für ein Frauenzentrum *»geboren«* wurde, hätte auch mit der feministischen Diskussion an der Universität zu tun. (Interview 2, Z. 9) ›Fruchtbare Zeit, Geburt, Baby, Freiheit, Raum, Platz für Alles‹ – diese Worte erinnern an Hannah Arendts Erkenntnis: *»Weil jeder Mensch auf Grund des Geborenseins ein* initium, *ein Anfang und Neuankömmling in der Welt ist, können Menschen Initiative ergreifen, Anfänger werden und Neues in Bewegung setzen.«*[483] Mit dem Anfangen, etwas Neues in Bewegung setzen, war ein Gefühl von Euphorie verbunden: *»Das war wirklich energetisch, total toll!«* (Interview 1, Z. 25/26) In der Beschreibung der ersten Jahre schwingt ein positives Grundgefühl mit, doch die Angst, zusperren zu müssen, war ein ständiger Begleiter, ein *»Gefühl der Bedrohung«* (Interview 3, Z. 60) Den Kampf ums Geld empfand die Gründungsfrau als sehr belastend und anstrengend, dieser enorme Druck hat ihre Entscheidung, aus Kärnten wegzuziehen, bestärkt.

Belladonna war ein Ort, an dem Frauen initiativ werden konnten. (Interview 1, Z. 42) Die Teamfrau hat ein erfolgreiches Sozialprojekt, die Offene Altenbetreuung, auf die Beine gestellt. Die Erfahrung, den eigenen Interessen und Neigungen folgend einen sinnvollen und erfolgreichen Arbeitsbereich zu schaffen, hat sie sehr gestärkt. Zuweilen wird sie heute noch gefragt, ob sie nicht noch einmal eine ähnliche Gruppe organisieren könnte. (Interview 1, Z. 60/61) Die Subventionskürzungen für dieses Projekt waren ein Schock. *»Wir konnten nie* *nachvollziehen, wieso die Gelder, es war ohnehin nicht viel, auf einmal gekürzt wurden.«* (Interview 1, Z. 48/49) Sie erwähnt aber, dass es Konkurrenz von großen Anbietern wie der Hauskrankenpflege gab; neben diesen können kleine dezentrale Initiativen kaum bestehen. Die Schließung des Frauencafés verunmöglichte die Fortführung des offenen Kommunikationszentrums. Die Teamfrau beschreibt die Veränderungen mehrmals in Form einer Erzählung: *»Zuerst [...] waren nur diese Angebote von uns, dann war dieses Öffentliche, es gibt günstig und gut zu essen, und dann war auf einmal das alles nicht mehr da.«* (Interview 1, Z. 32-33). Das gemeinsame Essen, vollwertig gekocht, an den runden Tischen hat sie ebenso geschätzt wie ihre Arbeit im Projekt. Es gab Raum für Kinder, Erwachsene, Alte, den Tod, für verschiedene Projekte.

Die Schilderungen hören sich nach einem ›guten Leben‹ im Sinne der aristotelischen Programmatik an, die von Martha Nussbaum rezipiert und weiterentwickelt wurden. Diese Lebensweise bemisst sich an den Grundfähigkeiten:
- sich eine Vorstellung vom Guten zu machen,
- in Verbundenheit mit der Natur zu leben (z. B. vegetarisches Vollwertessen),
- Verbundenheit mit Dingen, Tätigkeiten und Menschen leben zu können, auf andere bezogen zu sein,
- Freude zu haben, Erholung zu genießen,
- sein eigenes Leben gestalten und leben zu können.[484]

Nussbaum zählt auch die Fähigkeit und die Möglichkeit, Gespräche über gemeinsame Probleme und Fragen führen zu können, zu den Grundlagen eines guten Lebens.

Nach dem rapiden Ende dieser Projekte und der Umstrukturierung zur Beratungsstelle erlebte die Teamfrau einen *»markanten, großen Unterschied«* zur *»Beratungsschiene«.* (Interview 1, Z. 11-12) Im Gespräch verwendet sie dreimal diesen Begriff ›Beratungsschiene‹. Er bezeichnet offenbar ein starkes Erlebnis von Einengung: *»Auf einmal hat es geheißen: ›Das brauchen wir nicht, Frauen brauchen das nicht‹. Und mit dem war natürlich die Kommunikation weg. Logisch!«* (Z 28-29) ›Logisch, natürlich‹ bedeutet, dass ohne strukturelle Basis diese Art von Kommunikation nicht gelingen kann. Noch einmal machte sie die Erfahrung, in eine bestimmte Richtung gedrängt zu werden: als die damalige Frauenministerin aus Gründen der Mitfinanzierung anderer Ressorts einforderte, dass die Frauenberatungsstellen auch Familienberatungsstellen werden sollten. Als Beraterin macht sie diese Arbeit sehr gerne und schätzt es, wenn Männer mit in die Beratung kommen, doch den Weg dorthin erlebte sie als äußeren Zwang.

Der Jetztzustand zeichnet sich durch Stabilität aus, durch eine grundsätzliche Zufriedenheit mit den Organisations- und Kommunikationsstrukturen. Das signalisieren sowohl Team- als auch Beratungs- und Vorstandsfrau. Sie habe, *»wenn ich jetzt einmal so rede als Arbeitgeberin«*, ein gutes Gefühl, weil das Team die Geschichte und die aktuellen Probleme kennt und damit umgehen kann und Verhandlungskompetenz erworben hat. (Interview 2, Z. 90–92)

6.1.2 Frauenpolitik und Öffentlichkeit

Das Verhältnis zu Medien und Fördergebern ist nach Meinung der drei internen Interviewpartnerinnen stark von persönlichen Faktoren und Kontakten abhängig. In der Anfangszeit hat *»eine Frau vom Arbeitsamt«* unterstützt und zugeredet, das Zentrum zu gründen, eine Journalistin für mediale Öffentlichkeit gesorgt. (Interview 3, Z. 19/20) Für die Teamfrau waren die Kontakte und die Reputation nach außen von der jeweiligen Organisatorin abhängig. Jede habe ihre eigene Art gehabt, mit Medien und Öffentlichkeit umzugehen, *»da hat es auch Konfrontationen gegeben«*. (Interview 1, Z. 78) Am Anfang seien die Belladonnafrauen beargwöhnt und belächelt worden, dann gab es eine Phase, in der sie als Linke abgestempelt wurden. Heute findet sie: *»Je älter wir geworden sind, umso bodenständiger ist unser Ruf geworden.«* (Interview 1, Z. 79/80)

Das Verhältnis zur institutionellen Frauenpolitik ist ihrer Meinung nach vorwiegend von Unverständnis und institutionellen Hindernissen geprägt. Das habe in den Frauenberatungsstellen Enttäuschung und Resignation hinterlassen. Netzwerke findet sie wichtig, insbesondere das Netzwerk der Frauen- und Familienberatungsstellen, die Kärntner Netzwerke seien weniger ergiebig. (Interview 1, Z. 93–100)

Von Gerüchten über Belladonna hat die Gründungsfrau nicht viel mitbekommen. *»Ich glaube, dass ich da so mit der eigenen Arbeit beschäftigt war.«* (Interview 3, Z. 31)

Die Vorstandsfrau bringt eine Art Geschlechterkampf mit den früheren Schwierigkeiten in Verbindung: *»Das war vielfach wirklich personenabhängig und zum Teil auch schwierig, wenn es Männer waren.*

Da ist, glaube ich, recht viel in den Köpfen der Politiker vorgegangen, das irgendwie Abneigung erzeugt hat.« (Interview 2, Z. 51-53) Was da in den Köpfen vorgegangen sein könnte, lässt sie offen.

Die Vorstandsfrau glaubt, dass Belladonna heute nach außen hin kaum sichtbar ist. Früher seien die Feministinnen die Aufregerinnen gewesen, das sei auch in den Medien besser ›rübergekommen‹. Sie mutmaßt, dass einige gar nicht wissen, dass es Belladonna noch gibt. (Interview 2, Z. 40-47) Die Beratungsfrau hat über Belladonna in der Zeitung gelesen, aber eher informativ und nicht sehr ausführlich. Über Männerbüros sei mehr zu lesen in der Zeitung, sie vermutet, es liege daran, *»weil die viel schwieriger dazu zu bewegen sind, überhaupt so was in Anspruch zu nehmen.«* (Interview 4, Z. 32-34) Es könnte aber auch ein Indiz dafür sein, dass die neuen Angebote für Jungen und Männer im Zuge der Genderpolitik frauenspezifischen Einrichtungen Aufmerksamkeit entzieht. Jedenfalls glaubt sie, dass es zu wenige Informationen über Stellen wie Belladonna gibt, sie selbst ist über eine persönliche Empfehlung gekommen.

6.1.3 Verhältnis feministischer Theorie und Praxis

Dieses Thema löste bei einer Interviewpartnerin spürbares Unbehagen aus. Sie artikulierte schon vor dem Interview ihre Unsicherheit, ob sie wohl kompetent sei, solche Fragen zu beantworten. Als eher pragmatische Praktikerin im Team hat sie *»mit den Unigeschichten eigentlich wenig zu tun«.* Einen Bezug zur feministischen Theorie-Diskussion gab es früher über Frauen im Team, die einen universitären Hintergrund hatten und *»das eingebracht haben«.* (Interview 1, Z. 107-108) Sie gibt zu verstehen, dass ihre Distanz auch mit Prioritätensetzung und einem eingeschränkten Zeitbudget zu tun hat: *»Vielleicht wäre es mir auch wichtig, wenn ich mich mehr mit dem beschäftigen würde.«* (Interview 1, Z. 113-114) Für die Vorstandsfrau war der Austausch zwischen universitärem Bereich und Belladonna sehr wichtig und ist es noch. Sie glaubt jedoch, dass die jüngeren Frauen *»sowohl an der Uni als auch außerhalb«* andere Ansätze haben und die früheren Diskussions- und Reflexionsforen nicht mehr greifen. (Interview 2, Z. 60-70) Um in der alltäglichen Praxis wieder mehr Anschluss an die aktuellen Theoriediskussionen zu finden, *»müsste man es schon sehr gut planen und sagen: so, und jetzt diskutiert man über das«.* (Interview 1, Z. 110/111)

Die Gründungsfrau reagierte auf die Frage, indem sie ihre Irritation formulierte über Konzepte der Variabilität von Geschlecht. *»Eine Genderbeauftragte«* hätte kürzlich von fünf (?) Geschlechtern statt der üblichen Geschlechterdichotomie Mann/Frau) gesprochen. Damit könne sie nichts anfangen, Frauen seien Frauen, und Männer eben Männer, unabhängig von der sexuellen Orientierung. *»Dass es jetzt fünf Geschlechter geben soll, des find ich eigentlich ein bisschen blöd.«* (Interview 3, Z. 53)

Die Teamfrau antwortete auf die Frage, ob es für sie *die* Frauen gibt, dass sie weniger von *den* Frauen rede, sondern von *»den Frauen, die ich in Beratung habe«*. Damit spricht sie von konkreten Frauen mit einer jeweils unterschiedlichen Geschichte und Lebenssituation. Anschließend beschrieb sie aber etwas, dass sie als das *»typische Frauenleben in diesem patriarchalen System«* bezeichnet: die Berufstätigkeit und dieses *»Mehr-Tragen-Müssen, die Familie tragen müssen und zum Teil auch wollen, aber immer eben dieses Quäntchen zuviel, an Verantwortung, an Organisation, an Hausarbeit«*. (Interview 1, Z. 116–119) Der Einschub: ›zum Teil auch wollen‹ macht die Eigenverantwortung von Frauen an den Verhältnissen deutlich, die sie deutlich wahrnimmt. Die Kategorie Frau ist für sie nicht durch die Biologie bestimmt, sondern durch das, was Becker-Schmidt als die doppelte Vergesellschaftung von Frauen bezeichnet.[485] Frauen bringen ihr Arbeitsvermögen doppelt – als Haus- und als Erwerbsarbeit – in den sozialen Zusammenhalt ein, sind damit spezifischen Belastungen ausgesetzt. Ihre Zustandsbeschreibung des psychischen Drucks durch den ständigen Wechsel zwischen den beiden Tätigkeiten entspricht dem von Becker-Schmidt. In den Beratungsgesprächen macht er sich als zunehmendes psychisches Leiden bemerkbar. Das zeigt, dass die Frauen, die die Beratungsstelle aufsuchen, keine Wahlmöglichkeiten haben in einer Pluralität von feministischen Identitätskonzepten, sondern froh sind, wenn sie den Alltag bewältigen.

6.1.4 Organisationsstrukturen und Angebote

Die Zusammenarbeit im Belladonna hat die Gründungsfrau als angenehm in Erinnerung. Es gab trotz der Fluktuation durch Akademikertrainings und wechselnde Schwerpunkte einen Kern von Mitarbeiterinnen. In den regelmäßigen Supervisionen konnte jede äußern, was ihr am Herzen lag. (Interview 3, Z. 72/73) Die Vorstandsfrau über-

nimmt seit vielen Jahren in verschiedenen Vereinen Vorstandsfunkti-
on. Ihr ist es ein Anliegen, dass es Belladonna gibt. Deshalb stellt sie
sich auch ehrenamtlich für diese Position zur Verfügung. Sie würde
zwar eine Vollzeitstelle für die Organisationskraft bevorzugen, aber
durchaus die egalitären Entscheidungsstrukturen beibehalten und die
Verantwortung in diesem erfahrenen und selbstständigen Team teilen: »*So wie das Team jetzt aktuell zusammengefügt ist, finde ich, dass
es einfach ein Führungsteam ist, wo jede Frau ihre Kompetenzen und
ihre Aufgaben hat.*« (Interview 2, Z. 83/84) Sie erinnert sich jedoch
an das Konfliktpotential zwischen »*Beraterinnen und Geschäftsführung*« in der Vergangenheit. (Interview 2, Z. 87/88)

Das ist eines der wenigen Male in den Interviews, dass Konflikte
im Team thematisiert wurden, und in diesem Zusammenhang spricht
sie von Geschäftsführung, obwohl vorher von egalitären Entscheidungsstrukturen die Rede war – ein Zeichen dafür, dass die Rollen
nicht immer klar geregelt waren? Eine klassische Arbeitnehmer-Arbeit-
gebersituation sieht sie in diesem Fall nicht. Trotz finanzieller Krisen
werde im Belladonna verantwortungsvoll kalkuliert und kaum Schulden gemacht, was sie in ihrer Funktion als Vorstandsfrau entlastend
erlebt. Diesen Umgang mit Finanzen hält sie für eine frauenspezifische Fähigkeit: »*Ich glaube, Frauen sind da einfach verantwortungsvoller. Und haben auch mehr Durchblick.*« (Interview 2, Z. 105–106) Die
Teamfrau bezeichnet die basisdemokratischen Organisationsstrukturen als »*höchsten Genuss*«. (Interview 1, Z. 139) Es schwingt auch ein
Stolz darüber mit, dass es im Gegensatz zu vielen anderen Beratungsstellen gelungen ist, solche Entscheidungsstrukturen beizubehalten. Ihre eigene Rolle und Funktion im Team, aber auch das ›Andere‹ in der
Organisationsstruktur und in den Qualitätsbegriffen hält sie für sehr
stimmig. Schwierig sei es, den Fördergebern zu vermitteln, dass die
Basis eines jeden Projekts die Koordinatorin und Finanzfachfrau ist.
(Interview 1, Z. 72/73) Dass diese Funktion am unsichersten und zu
gering dotiert ist, führte zu häufigen Personalwechseln.

Die Beratungsfrau ist mit den Strukturen und dem Beratungsangebot einverstanden, so wie sie sind. Sie würde auch nichts ändern
wollen in Richtung Gruppen, das entspricht ihr nicht. Sie braucht eine vertraute Zweierkonstellation in der Beratung: »*Mir gibt das eher
Sicherheit, wenn ich wirklich mit jemandem, dem ich vertraue, über
Dinge reden kann, über die ich sonst mit niemandem sprechen möchte,*

wo ich weiß, das wird diskret behandelt.« (Interview 4, Z. 58-60) Mit niemand anderem darüber zu sprechen bedeutet auch, nicht mit einer Gruppe von anderen Frauen sprechen zu wollen, im Unterschied zu den Selbsterfahrungsgruppen. Damit kommt zum Ausdruck, dass die strukturellen Veränderungen hin zur Einzelberatung einem deutlich artikulierten Bedürfnis dieser Klientin (und vieler anderer auch) entsprechen, die äußeren Bedingungen sind mit den individuellen Wünschen von Frauen kompatibel.

Sie schätzt das kostenlose Angebot und betont, dass sie nicht in der Lage wäre, es zu bezahlen, auch wenn sie es wollte. Hilfreich waren auch die rechtlichen Informationen und die Unterstützung bei finanziellen und bürokratischen Problemen. *»Es ist sehr schwierig, an Informationen über seine Rechte zu kommen, vor allem wenn man eher zurückgezogen lebt. Man weiß nicht, wie viel Wissen man sich durch andere Menschen aneignen kann.«* (Interview 4, Z. 20-23)

6.1.5 Frauenkultur und Frauenkommunikation

Frauenkommunikation hat mit Austausch, gegenseitiger Wertschätzung und Vermittlung von Einsichten sowie mit Freiräumen zu tun, in denen dies möglich ist. Selbstverständlich ist das nicht: *»Den Frauen gesteht man offenbar weniger zu, dass sie kommunizieren und sich mit sich beschäftigen.«* (Interview 1, Z. 163) Die Gründungsfrau definiert Frauenkultur als *»Dinge, Worte, Bilder, die von Frauen gemacht werden, dass das eine gewisse Wertschätzung hat.«* (Interview 3, Z. 80/81) Die Teamfrau konkretisiert das Spezifische an Frauen-Kommunikation nicht, beschreibt aber einmal die Beschäftigung mit Kultur als Reifeprozess. (Interview 1, Z. 203) Ein anderes Mal spricht sie davon, *»dass Frauen ihre Sachen einbringen, was immer sie anderen Frauen weitergeben wollen«.* (Interview 1, Z. 9-10)

Es sind auch die Diskussionen und Entscheidungsprozesse im Team, die neue Sichtweisen eröffnen. Sie findet diesen Austausch *»absolut wichtig, um gemeinsame Worte oder einen gemeinsamen Weg zu finden«* - auch wenn das nicht immer ein leichter Prozess sei. (Interview 1, Z. 170/171) Über die Differenz zu einem Gemeinsamen kommen, macht den Reiz der Entscheidungsprozesse aus. Konflikte gehören zur Teamarbeit dazu. Nach ihrer Erfahrung spielen sich diese oft zwischen zwei Frauen ab (vielleicht auch als Stellvertreterinnen?), doch bei der Lösung würden die weniger Involvierten Brückenfunktion übernehmen.

Die Grundsätze frauenspezifischer Beratung und Kommunikation seien nach außen hin schwer zu vermitteln. Dass frau (sic!) sich mit sich und ihren Sachen beschäftigt und andere Sichtweisen erlangt, stehe im Gegensatz zu den Erwartungen der Fördergeber. Sie wollten handfeste Resultate, die es in Beratung und Therapie aber auf diese Weise nicht gibt. *»Es hat aber auch jahrelange Auseinandersetzungen gegeben, was heißt Beratung, was wollen die Fördergeber, was muss Beratung im Endeffekt sein?«* (Interview 1, Z. 81–83) Es fällt auf, dass die Beraterin im Zusammenhang mit Selbstermächtigung und Selbstreflexion der Frauen das Wörtchen ›frau‹ verwendet.

Was für die ›Klientin‹ Beratung ist, drückt sie deutlich aus: *»Ich finde, dass die Langzeitberatung besonders wichtig ist. Es gibt sehr viele Lernprozesse, die man, glaube ich, alleine nicht bewältigen kann, wenn man nur ein kurzes Stück begleitet wird«.* (Interview 4, Z. 63–65) Die Kommunikation in der Beratung beschreibt sie mit Worten wie ›Menschlichkeit, eine gewisse Wärme, Vertrauensbasis, der nötige Respekt, der Abstand‹. Sie betont mehrmals, dass ›alles da ist, alles passt‹, *»die Gespräche und auch die Zwischenströmung«* (Z. 12). Ohne es zu benennen, spricht sie mit dem ›Alles‹ die Dimension der Ganzheitlichkeit an. *»Ich muss für mich ohne Übertreibung sagen, dass das wirklich optimal ist.«* (Z. 62/63) Ebenfalls angesprochen ist Empowerment. Sie hat gelernt, sich ihre Lebensqualität zu schaffen und Selbstbewusstsein zu entwickeln und das Angebot ohne schlechtes Gewissen in Anspruch zu nehmen, solange sie es braucht. Anerkennung und Bestätigung zuzulassen war ihr vorher kaum möglich. Durch diesen Reifeprozess kann sie mit ihrer depressiven Disposition ebenso umgehen wie mit finanziellen Einschränkungen, sie hatte sogar den Mut, noch einmal zu heiraten. Diese Selbstermächtigung war am Arbeitsplatz, wo vor allem Frauen beschäftigt waren, nicht möglich, dort kam es zu Mobbingsituationen. Sie meint, wenn Frauen zusammenarbeiten, sei *»alles schon sehr im Paket. Bei den Männern wird es etwas aufgeteilt.«* Vielleicht könnte dieses ›im Paket‹ ausdrücken, dass die Handlungsspielräume der weiblichen Angestellten eingeschränkt waren und sich die Konflikte in der Ausgrenzung Schwächerer kanalisierten, als Arbeitsplätze abgebaut wurden, *»wo man vielleicht gerade Frauen als Erste nimmt«.* (Z. 121–128)

Die Vorstandsfrau hält feministische Ansprüche und Grundhaltungen für charakteristisch im Belladonna. *»Ich glaube, das Frauenspezi-*

fische, das leistet Belladonna nach wie vor.« (Interview 2, Z. 115/116)
Was dieses Feministische, Frauenspezifische ist, führt sie nicht weiter aus. Es scheint etwas mit Erfahrung zu tun zu haben, *»dadurch, dass viele Frauen aus dem Team von Anfang an das Belladonna begleitet haben«.* (Interview 2, Z. 112)

In den Statements zu Frauenkultur und -kommunikation sind die drei Faktoren Verbundenheit, Authentizität und Emotionalität wieder präsent, laut Christina Schachtner Merkmale feministischer Räume, auch wenn sie in den Interviews nie so bezeichnet werden.[486]

6.1.6 Bestandsaufnahme und Zukunftswünsche

Die Vorstandsfrau konstatiert einen Fortschritt in den letzten 20 Jahren, bei der beruflichen Gleichstellung und der Familienpolitik müsse aber noch viel geschehen. (Interview 3, Z. 122–126) Die aktuelle Situation der Frauen betrachtet die Teamfrau sehr skeptisch, dass *»diese Geschichte Halbe-Halbe, wie das sogar öffentlich gefordert worden ist, dass das einfach nicht realisierbar ist. Wo die Zeit noch nicht reif ist oder die Männer nicht bereit sind oder die ganze Gesellschaft eigentlich da noch hinterherhinkt«.* (Interview 1, Z. 127–129) Eine Kausalität kann sie nicht bezeichnen, es ist die Zeit, es sind die Männer, die ganze Gesellschaft. Es fehlt der Zugang, die Situation zu erfassen, es fehlen die politischen Konzepte. Dass die Infrastruktur für eine Balance zwischen Beruf und Familie nicht mitspielt, sei *»eine irrsinnige Belastung«* für die Frauen. Das mache sich auch im Medikamentenkonsum bemerkbar. (Interview 1, Z. 125/126)

Skeptisch ist die Teamfrau auch, was die Realisierung ihrer Wünsche angeht. Sie hätte gerne wieder einen Raum für Frauen, als Treffpunkt, als Informationsstelle, auch für Migrantinnen. Sie hätte gerne wieder mehr Raum für Kunst und Kultur, und sie wünscht sich einen finanziellen Topf für Frauen in Notsituationen. (Interview 1, Z. 192–203) Es ist sehr belastend zu erleben, dass KlientInnen das Geld für Essen oder öffentliche Verkehrsmittel nicht aufbringen können. Die Gründungsfrau wünscht Belladonna als Beratungs- *und* Kulturzentrum *»einen sicheren Boden unter den Füßen«*, damit sich die Frauen, die dort hinkommen, sicher fühlen können. (Interview 3, Z. 117/118)

Ähnlich ist der Wunsch der Beratungsfrau nach mehr Beratungsstellen bzw. langfristigen Beratungsmöglichkeiten durch Belladonna; sie hat die Einschränkungen in den letzten Jahren durchaus bemerkt.

Die eigene Erfahrung bestätigt ihre Ansicht, dass die Beratung präventiven Charakter hat und aufwändige, teure psychiatrische und medikamentöse Behandlungen reduzieren kann. (Interview 4, Z. 201–204) Frauen brauchen in ihren Augen Zeit, um zu Selbstbewusstsein und Selbstakzeptanz zu finden. Eine Grundsicherung ohne großen bürokratischen Aufwand und belastende Behördengänge wäre ihr ein großes Anliegen. Sie wünscht sich für Frauen über Fünfzig, deren psychische und physische Reserven erschöpft sind, aus der Erwerbsarbeit aussteigen zu können, das würde außerdem jugendlichen Arbeitslosen Chancen auf einen Arbeitsplatz bieten.

6.2 Gründungsfrau, Teamfrau, Vorstandsfrau, Beratungsfrau: Gemeinsamkeiten und Unterschiede

In der Auswertung habe ich versucht, Grundtendenzen, Gemeinsamkeiten und Unterschiede in den Diskursen zu entdecken. Die Tendenz, Aussagen mit Füllwörtern wie ›eigentlich, halt, eben, also‹ zu relativieren oder die eigene Subjektivität mit ›ich denke, ich glaube, ich für meinen Teil‹ zu betonen, ist bei allen Interviewpartnerinnen unübersehbar. Sie beanspruchen keinen Wahrheitsanspruch, sind vorsichtig mit Urteilen, artikulieren aber zu den für sie zentralen Themen sehr klar ihre Haltung. Dabei neigen sie zur Wiederholung ihrer Aussage. Emotional aufgeladene oder konfliktbeladene Themen führen häufig zu einem Wechsel im Sprachduktus. Eine Frau verwendet Ausrufesätze, eine andere stellt (sich selbst) Fragen oder baut die wörtliche Rede ein. Die Bereitschaft zur Reflexion ist auffallend. Die Frauen suchen nach Erklärungen für einen Sachverhalt: »*Ich habe mir darüber schon viel Gedanken gemacht, bin aber noch nicht wirklich zu einem Schluss gekommen.*« (Interview 2, Z. 9–11)

Im Vergleich zu den Tätigkeitsberichten kommen mehr und vielfältigere **Verben** vor, wie ›beleuchten, zusammenschließen, schrumpfen, versickern, sich regen, vermissen, reifen‹. Passivkonstruktionen sind relativ selten. Häufiger, besonders in den Aussagen der Teamfrau, sind Redewendungen wie ›es gibt, gab, war‹. Damit wird auf äußere Bedingungen Bezug genommen, die ›eben so sind wie sie sind‹, kaum Handlungsspielraum ermöglichen. Die Gründungsfrau greift öfter zu der Redewendung: ›ich kann mich nicht mehr so gut erinnern‹.

Sie ist schon vor längerer Zeit weggezogen, hat also viel Abstand zur heutigen Beratungsstelle.

Substantive: Alle verwenden mehrmals das Wort ›Gefühl‹. Die Beratungsfrau benutzt es für ihre Bestandsaufnahme der Lebenssituation der Kärntnerinnen heute, die Teamfrau im Zusammenhang mit der Repräsentation nach außen (*»Lange Zeit ist das aber alles sehr fragwürdig dagestanden für mein Gefühl«*), heute habe sie das Gefühl, das es passt. (Interview 1, Z. 70–71). Die Gründungsfrau spricht über die Zusammenarbeit im Belladonna (wo sie sich nie alleingelassen fühlte) und über ihren Abschied von Gefühl: *»Mit dem Gefühl bin ich eigentlich gegangen und habe ein gutes Gefühl gehabt.«* (Z. 98/99)

Die Vorstandsfrau benutzt den Begriff für die Beschreibung der Entscheidungsstrukturen, die in der Vergangenheit von Konflikten gezeichnet waren, und für den Jetztzustand, wo es gut klappt. (Interview 2, Z. 90). In dem Zusammenhang fällt das Wort ›zufrieden‹, das auch die Teamfrau gebraucht: Es laufe nicht immer reibungslos, sagt sie, aber es mache sehr zufrieden (Z. 143). Die Beratungsfrau sagt mehrmals, das alles ›passt‹ oder stimmt.

Fremdwörter, Anglizismen und Jargon sind selten, zum Beispiel ›Highlights, feministischer Output‹ (Interview 2), ›job-ready‹ im Gegensatz zu ›holistisch‹ (Interview 1), ›Mobbing, Stress‹, mehrmals ›Diskriminierung, bagatellisieren, Langzeittherapie‹. ›Die Seelische Gesundheit‹ als Bezeichnung für die psychiatrische Abteilung des LKH Klagenfurt ist schon Insiderjargon (Interview 4). ›Ultrafeministinnen und spinnerte Frauen‹ dienen zur Bezeichnung der Außensicht (Interview 1).

Pronomina: Team-, Vorstands- und Gründungsfrau sprechen häufig von sich, selten passiert es, dass sie ins ›man‹ rutschen. Die Beratungsfrau verwendet in ihren Schilderungen häufiger ›man‹, spricht aber auch oft von sich selbst. Das ›frau‹ hat sich in der Alltagssprache offensichtlich nicht etabliert. Teamfrau und Gründungsfrau, die beide die Anfangszeit aktiv mitgestaltet haben, verwenden ›wir‹, ohne genauer darauf einzugehen, welche Personen mit diesem ›Wir‹ gemeint sind. Es scheint, dass damals Differenzen und Individualitäten hinter dem ›Wir‹ zurücktraten. Die Teamfrau benutzt es mehrmals auch für die Beschreibung der Teamstrukturen, der ›Corporate Identity‹, im Verhältnis zu Fördergebern und nach außen.

Die Vorstandsfrau spricht im Vergleich zu den anderen häufig von sich und nur einmal, beim Resümee von ›wir‹: *»ein paar Schritte sind* *wir in den letzten 20 Jahren weitergekommen.«* (Interview 2, Z. 122) Damit meint sie die Frauenbewegung oder die Frauen überhaupt, aber kein konkretes ›Wir‹ als Ausdruck einer Gemeinschaft. Ihre Position ist offensichtlich abgegrenzter. Sie macht deutliche Unterschiede zwischen den Rollen: das Team, das Führungsteam, die Beraterin, die Geschäftsführung, der Vorstand. Die Beratungsfrau, also die Klientin, gebraucht nie ›wir‹ im Zusammenhang mit Frauen. Sie hat am Arbeitsplatz von Kolleginnen Ausgrenzung und Tratsch erfahren (dass über andere geredet wurde, wenn sie nicht da waren) und dadurch wenig solidarische Gefühle zu ihren Geschlechtsgenossinnen aufgebaut.

Alle Gesprächspartnerinnen benutzten im Interview relativ unbefangen ihre individuelle Alltagssprache und wechselten nur bei bestimmten Themen in einen anderen Diskurs. Selten fallen Begriffe, die ich dem herrschenden ›Plastikwörterdiskurs‹ zuordnen würde. Das sind die Redewendung ›mittels Medikation‹ (Interview 1), alle möglichen gesellschaftlichen Probleme wurden ›aufgegriffen‹ (Interview 2), ›man verlagert die Priorität‹, es wird ›Diskriminierung vorgenommen‹ (Interview 4), meine ›Thematik hat sich verändert‹ (Interview 3). Auch Symbole mit Fährenfunktion kommen kaum vor. Die Teamfrau spricht mehrmals das Kaffeetrinken an, für sie ein positiv besetztes Kommunikationsmittel, von Kritikern oft abwertend gebraucht (›die trinken ja nur Kaffee ...‹). Eine poetische Passage sticht hervor, als sie *»nicht einmal ein zartes grünes Licht«* für Veränderung erkennt. (Interview 1, Z. 190)

Für die Beratungsfrau sind die Begriffe ›Depressionen‹ und ›Ausgleichszulage‹ konstitutiv. An diesen Begriffen zeigt sich das Hineinsickern des hegemonialen Diskurses in das subjektive Selbstverständnis. Daran hängt ein Großteil der Alltagsbewältigung: Arztbesuche, Ämterwege, Nachweise, Anträge für bestimmte Leistungen. Die Diagnose ›Depressionen‹ half ihr, die eigene Biografie von der Kindheit an ordnen und überblicken zu können. Dass psychische Belastungen und Erkrankungen *»in Zeitungen schon sehr stark abgehandelt«* werden, entlastet, schafft aber noch kein Klima der Akzeptanz und Offenheit im Alltag. Stigmatisierung und Abwertung sind die Antwort auf diejenigen, die sich nicht ›durchboxen‹ können oder wollen. *»Über Probleme zu sprechen, das hört man schon ab und zu, aber das wird meistens so abgehandelt, dass eben die Männer so sind oder das Leben eben so ist. Das wird schon bagatellisiert.«* (Interview 4, Z. 130-131)

Kollektivsymbole erlauben Analogiebeziehungen und Assoziationsketten.[487] Wie absurd die Produkte hegemonialer Diskurse tatsächlich sein können, zeigen die post-modernen Wortschöpfungen. Das Wort ›Ausgleichszulage‹ klingt nach einem gerechten Ausgleich, auch nach etwas Zusätzlichem, obwohl es nur ein Minimum vom Allernotwendigsten ist. Eine ärztliche Diagnose entscheidet über den Pensionsanspruch, die ›Ausgleichszulage‹ hängt ab von einem zwanzig Jahre alten Scheidungsurteil und dem Zugang zu Informationen über Rechte und Ansprüche. Mit der Frühpension und der Ausgleichszulage, den Diagnosen und Kontrollen und Anträgen bilden sich Architekturen, Programmatiken und Technologien eines Dispositivs der Macht, die die Gesellschaft, die Subjekte, die Körper durchzieht.[488]

Als Ausgleichszulagenbezieherin glaubt sie, dass unter einer bestimmten Verdienstgrenze die Behandlung von Männern und Frauen gleich ist. Sie sieht geschlechtsspezifische Ungleichheiten beim Verdienst und bei den Pensionen. Frauenbenachteilung gebe es da sicher, aber insgesamt ist sie der Meinung, *»es liegt viel daran, wie man etwas selber sieht. Diskriminierung möchte ich heute gar nicht mehr so sehr sagen.«* (Interview 3, Z. 48/49) Sie erlebt die andere Seite des Rechtfertigungsdrucks der Teamfrau: ›job-ready‹ zu werden, wo es nicht einmal für die Jungen Arbeitsplätze gibt, eben ready ohne Job zu werden. Zwei Frauen sprechen von Schienen, die Teamfrau mehrmals von ›Beratungsschiene‹, die Vorstandsfrau von ›kultureller Schiene‹. Auf Schienen fahren Eisenbahnen. Sie symbolisieren Bewegung, Veränderung, Technik, können aber auch Verengung, Eingleisigkeit bedeuten. In einem Zug fahren viele mit, sie können nur an Bahnhöfen aussteigen etc.[489] Vielleicht kommt die Schiene auch so häufig vor, weil sie im medialen Diskurs sehr präsent ist: In der Politik wird oft ›etwas auf Schiene gebracht‹.

Letztlich fügen sich die unterschiedlichen Zugänge dieser Frauen, die Fragmente aus ihren Statements zu einem neuen Text zusammen. Bei allen ist herauszuhören, dass sie gesamtgesellschaftlich wenig Handlungsspielräume sehen und auf äußere institutionelle und politische Bedingungen reagieren müssen. Umso mehr schätzen sie diesen Raum, in dem vieles ›passt‹, weil sie es so gestalten. Die Frau, die über einige Jahre im Belladonna in Beratung ist, formuliert es so: *»Ich bin heute so weit, dass ich endlich einmal zu mir selber komme.«* (Interview 4, Z. 194) Die Frauen sprachen mit Empathie und Enga-

gement über Belladonna. Für eine ist es ein erwachsen gewordenes
›Baby‹, für die andere eine Einrichtung, die das ›Frauenspezifische‹
nach wie vor leistet, für eine Frau der Ort, an dem ihr mit Respekt
und Aufmerksamkeit begegnet wird und sie Zeit hat, soviel sie
braucht. Die Teamfrau kann sich nicht vorstellen, anderswo annähernd so gute Arbeitsbedingungen zu haben. Die Liebe und Begeisterung für frühere Projekte ist durch den »Wechsel der Aufgaben des
Belladonna, also die Umstrukturierungen« (Interview 3, Z. 39/40) bei
den langjährigen Belladonnafrauen zu einer sachlicheren Beziehung
geworden. Ihr Beharren auf Frauenräumen, die nicht von außen ›auf
Schiene gebracht werden‹, ist ungebrochen, ebenso wie das Wissen,
dass von (geschlechter-)gerechten Verhältnissen noch lange nicht die
Rede ist, weder in finanzieller noch in öffentlich-politischer Hinsicht.

7   FrauenEinsichten

Ziel ist jene Gemeinschaft,
wo die Sehnsucht der Sache nicht zuvorkommt,
noch die Erfüllung geringer ist als die Sehnsucht.
Ernst Bloch[490]

Dies ist nun das erste Mal, dass ich vor einer weißen Seite sitze und keine Worte finde. Durch die intensive Beschäftigung mit der Geschichte des Vereins Belladonna ist sie mir näher gerückt, ein Stück mehr auch zu meiner Geschichte geworden. Inzwischen ist der zwanzigste Geburtstag verstrichen. Gefeiert wird später – zur rechten Zeit. Auf welche Weise, ist noch offen. Ein Teil des Feierns wird jedenfalls das Erinnern sein.

Sehr lange ist es noch nicht her, dass es Frauen möglich ist, ihre Geschichte(n) zu dokumentieren. Marie Tusch, die ich als eine der Ahninnen der Klagenfurter Frauenprojekte vorgestellt habe, muss eine beeindruckende Frau gewesen sein, die viel zu sagen hatte und viel bewirkt hat, doch es ist nur wenig überliefert davon. Es ist auch nicht sehr lange her , dass Frauen sich eigene Räume schaffen konnten. In Klagenfurt hat es zehn Jahre gedauert, bis aus der Idee ein Frauenzentrum wurde. Nach weiteren zehn Jahren war aus dem Frauenzentrum Belladonna eine Frauenberatungsstelle geworden, und wieder zehn Jahre später ist die Frauen- und Familienberatungsstelle ein fixer Bestandteil der psychosozialen Versorgung dieser Stadt.

Bei der Betrachtung dieser Zeit halte ich mich an Koppert und Lindberg:

> »Wir wollen dazu ermutigen, die in die Frauenbewegung eingegangenen Wünsche, Antriebe und Energieschübe nicht als spätpubertäre Höhenflüge mit anschließender Bauchlandung abzutun, die im Erwachsenwerden enden – was allzu oft bedeutet, auf die Angebote der herrschenden Ordnung einzugehen. Es ist notwendig, sich über die Erfahrungen immer wieder neu zu verständigen, auch über deren Hintergründe.«[491]

Über die Veränderungsprozesse gibt es viel Material, nicht immer vollständig. Die in den Interviews und im persönlichen Kontakt artikulierten Erfahrungen haben hier neue Zugänge ermöglicht. Danke an meine Gesprächspartnerinnen dafür! Die Euphorie der ersten Jahre ist an Grenzen gestoßen. Es galt, Ideale, Initiativen, Mitstreiterinnen zu verabschieden. (Margit Brückner spricht hier von der Endlich-keit des Experimentellen.[492]) Doch in Zeiten von Stagnation und Rück-schritten haben sich die Belladonna-Frauen psychisches, soziales und politisches Beharrungsvermögen bewahrt. Belladonna hat seine basis-demokratischen Organisationsstrukturen ebenso erhalten wie seine künstlerisch-kreative Note und seine kritische Stimme. Dass die Stim-me leiser geworden ist, dafür scheinen die medialen Konflikte der 90er Jahre nicht unbedeutend zu sein. Ein paar Narben und Falten sind geblieben – das darf es in den Wechseljahren wohl geben. Zu ei-ner Bauchlandung ist es nie gekommen.

Ich habe versucht, in den Belladonna-Texten etwas zu erhaschen von den Veränderungen in den Einstellungen, Alltagspraktiken, der Kritik an den Machtverhältnissen und den Momenten der Selbster-mächtigung, *»die vielleicht schnell vergehen, aber prägend und einfluss-reich sein können«*.[493] Momente der Selbstermächtigung gab es in spektakulären Plakataktionen, Vereinszeitungen und anderen media-len Repräsentationen, in künstlerischen Positionen, beim gemeinsa-men Mittagstisch ebenso wie im Beratungsgespräch unter vier Augen. Das Spektrum der Diskurse, die ich dabei untersuchte habe, spiegelt Professionalisierungsprozesse, Beharrlichkeiten, Widerstände, Such-bewegungen, Leerstellen.

Es gibt heute eine feministische Öffentlichkeit, die der Ausdiffe-renzierung der Interessen, Identitäten und Bedürfnisse unterschiedli-cher Frauen Rechnung trägt. Belladonna ist Teil davon und hat sich trotz ›Alltag und Desaster‹ Freude an der Arbeit von und mit Frauen bewahrt.[494] Die Projektfrauen haben sich als Knotenpunkt für diverse Netze und Initiativen zur Verfügung gestellt und sich vielleicht dabei zu sehr verausgabt. Belladonna hat viel Neues angestoßen, vielleicht zeigt es deshalb wenig Veränderungslust. Die Integration junger Frau-en und Veränderungen des Angebotsspektrums könnten neue Heraus-forderungen für die Organisation bedeuten (siehe Kap. 4). In den Jah-ren, in denen Belladonna ›erwachsen wurde‹, ist eine neue Generati-on herangewachsen. Eine dieser jungen Frauen stellt heute fest, dass die Verhältnisse so sind, dass *»Postfeministinnen aus ihrem 15jährigen Wachkoma erwachen«* und darüber nachdenken, *»ob man sich viel-leicht langsam mal wieder, Sekunde, wie hieß das noch mal, für die Gleichberechtigung engagieren müsste«*.[495] Belladonna-Frauen müssen da nicht nachdenken. Die postfeministische Theoriediskussion, der ich eine heilsame Erschütterung binärer Eindeutigkeiten verdanke, hat sie kaum tangiert. Die Erfahrung der Beratungspraxis lässt diese Art der Abstraktion von der Kategorie Frau zu Recht nicht zu. Ihr Engagement war vor zwanzig Jahren anders als heute, doch es war immer ein feministisches.

Die neoliberalen und gesellschaftspolitischen Verwerfungen haben die Lebensbedingungen vieler Frauen verschärft. Es ist kein Zufall, dass sich zum heurigen Internationalen Frauentag universitäre, institutionelle und autonome Foren mit Frauenarbeit und Frauenzeit beschäftigten. »*Öffentliche Reflexionszeit, gleichsam ein raumgreifendes Innehalten, ist umso dringender, je unübersichtlicher und komplexer die Probleme sind, die nach Lösung verlangen.*«[496]

Inge Rowhani findet, es ist Zeit, den Kampf um die Zeit aufzunehmen, die Raum lässt für Verantwortung, für Beziehungen, für Selbstversorgung und Erwerbsarbeit, für Interaktion, Kooperation und Utopie.[497] Zeit ist in der Beratung und den Entscheidungsprozessen im Team ein zentraler Faktor. Belladonna hat dieser Art von Zeit immer Wert beigemessen. Ich werde jetzt wieder mehr Zeit haben für meine Tochter, die sich schon lange darauf freut, den letzten Punkt zu setzen.

Anmerkungen

1 Mies, Maria (1997): Die ›Methodischen Postulate zur Frauenforschung‹ – ein Rückblick nach 20 Jahren. In: Völger, Gisela (Hg.): Sie und Er. Frauenmacht und Männerherrschaft im Kulturvergleich. Köln: Rautenstrauch-Joest-Museum, S. 55.

2 Stephan, Cora (1993): Emma in den Wechseljahren. In: Nuber, Ursula (Hg): Wir wollten alles ... was haben wir nun? Eine Zwischenbilanz der Frauenbewegung. Zürich: Kreuz, S. 27.

3 Northrup, Christiane (2001): Wechseljahre. München: Zabert Sandmann, S. 36.

4 Bloch, Ernst (1999): Das Prinzip Hoffnung. Frankfurt/M.: Suhrkamp. Kap. 38–55, S. 1618.

5 Lutter, Christina/Reisenleitner, Markus (2002): Cultural Studies. Eine Einführung. Wien: Löcker, S. 115.

6 Vgl. Winter, Rainer (2001): Die Kunst des Eigensinns. Cultural Studies als Kritik der Macht. Weilerswist: Velbrück Wissenschaft, S. 14.

7 Röser, Jutta/Wischermann, Ulla (2004): Medien- und Kommunikationsforschung: Geschlechterkritische Studien zu Medien, Rezeption und Publikum. In: Becker, Ruth/Kortendieck, Beate (Hg): Handbuch der Frauen- und Geschlechterforschung. Theorie, Methoden, Empirie. Wiesbaden: VS Verlag, S. 637.

8 Vgl. Nohl, Arnd-Michael (2005): Dokumentarische Interpretation narrativer Interviews. In: Bildungsforschung, Jg. 2, Ausgabe 2. www.bildungsforschung.org/Archiv/2005-02/interview, 8. 4. 2006.

9 Bohnsack (2003), ebd.

10 Jäger, Siegfried (2004): Kritische Diskursanalyse. Eine Einführung. Duisburger Institut für Sprach- und Sozialforschung. 4. Aufl. Münster: Unrast, S. 132.

11 Vgl. Raab (1998) bei Hipfl, Brigitte (1999): Kein Ort. Nirgendwo? – Feministische und post-feministische Konzepte. In: Subjekt der Medien. Habilitationsschrift, Universität Klagenfurt, S. 55.

12 Vgl. Müller, Christa (2004): Parteilichkeit und Betroffenheit: Frauenforschung als politische Praxis. In: Becker, Ruth/Kortendieck, Beate (Hg): Handbuch der Frauen- und Geschlechterforschung. Theorie, Methoden, Empirie. Wiesbaden: VS Verlag, S. 294.

13 Arendt, Hannah (1994): Zwischen Vergangenheit und Zukunft. Übungen im politischen Denken I, Hg. von Ludz, Ursula. München: Piper, S. 18.

14 Verein Belladonna (1995): Konzept 1996, S. 16.

15 Ebd.

16 Verein Belladonna (1986): Konzept.

17 Programm vom Jänner 1986.

18 Belladonna, Verein zur Förderung von Frauenkommunikation, -kultur und -beratung (1986): Statuten.

19 Bundesministerium für Frauenangelegenheiten/Bundeskanzleramt (1995): Bericht über die Situation der Frauen in Österreich. Frauenbericht 1995. Wien, S. 120–121.

20 Geiger, Brigitte/Hacker, Hanna (1989): Donauwalzer Damenwahl. Frauenbewegte Zusammenhänge in Österreich. Wien: Promedia, S. 169.

21 Belladonna-Konzept (1995), S. 4.

22 Belladonna-Konzept (1995), S. 18.

23 Verein Belladonna, Frauenberatung und Familienberatung. Zentrum für Frauenkommunikation und Frauenkultur (2000): Statuten.

24 Verein Belladonna: Tätigkeitsbericht 2005, S. 24.

25 Machan, Anna (1901): Über Frauenbildung und Frauenbewegung in Kärnten. Klagenfurt: Kleinmayr.

26 Tropper, Christine (1999): Frausein in Kärnten um 1900 und um 2000. Lebenschancen im Vergleich. In: Fräss-Ehrfeld, Claudia (Hg): Lebenschancen in Kärnten 1900-2000. Ein Vergleich. Klagenfurt: Verlag des Geschichtsvereins für Kärnten, S. 187.

27 Vgl. Cervenka, Maria/Kraigher, Helga (2001): Frauen in Klagenfurt. 8 Portraits. Klagenfurt: Projektgruppe Frauen, Broschüre.

28 Vgl. Jobst, Vinzenz (1999): Marie Tusch. Lebensbild einer Tabakarbeiterin. Klagenfurt: Archiv der Kärntner Arbeiterbewegung, S. 38.

29 Tropper (1999), S. 205.

30 www.kaernten.gruene.at, 15. 3. 2006.

31 Vgl. Appelt, Erna (1992): Ein, zwei, viele Widersprüche. Zum Geschlechterverhältnis in ethnischen Konflikten am Beispiel der Burgenländischen KroatInnen und der Kärntner SlowenInnen. In: L'Homme. Zeitschrift für feministische Geschichtswissenschaft. 3. Jg/Heft 2, S. 34-57.

32 Vgl. Bahovec, Tina (2003): Zur Rolle der Frau in der Ära der Nationalisierung. In: Bahovec, Tina (Hg.): Eliten und Nationwerdung. Klagenfurt/Celovec: Hermagoras, S. 345-385.

33 Appelt (1992), S. 47.

34 Zit. bei Singer, Mona (2003): Feministische Epistemologien. In: Knapp, Gudrun-Axeli/Wetterer, Angelika (Hg): Achsen der Differenz. Gesellschaftstheorie und feministische Kritik II. Münster: Westfälisches Dampfboot, S. 233.

35 Tropper (1999), S. 187.

36 Gerhard (1990), zit. bei Blattert, Barbara Maria (1998): Aus(sen)wirkungen staatlicher Frauenpolitik. Eine Untersuchung des Verhältnisses von Gleichstellungsstelle und Frauenprojekten in Berlin. Frankfurt/M.: Peter Lang, S. 39.

37 Blattert (1998), S. 41.

38 Ebd., S. 37 f.

39 Kortendieck, Beate/Cottmann, Angelika (2000): Frauen in der sozialen Arbeit. In: Cottmann/Kortendieck/Schildmann (Hg): Das undisziplinierte Geschlecht. Opladen: Leske + Budrich, S. 131.

40 Rösslhumer, Maria/Appelt, Birgit (2001): Hauptsache Frauen: Politikerinnen in der Zweiten Republik. Graz/Wien: Styria, S. 33.

41 Ebd., S. 32.

42 Geiger/Hacker (1989), S. 13.

43 Chrysanthou, Trude et al. (1993): Der Widerspenstigen Lähmung? Frauenprojekte gegen den Strich gebürstet. In: Rieger, Renate (Hg): Der Widerspenstigen Lähmung? Frankfurt/M.: Campus, S. 14.

44 Geiger /Hacker (1989), S. 99.

45 Strobl, Ingrid (1979): ›Thesen wider die verstumpfung der wiener frauenbewegung‹. Zit. bei: Geiger/Hacker (1989), S. 119.

46 Im Interview mit Kirstin Mertlitsch (2003). In: Hochschülerschaft der Universität Klagenfurt (Hg): Zeitreisen. Die Geschichte des ÖH-Frauenreferats an der Universität Klagenfurt, S. 33.

47 Magistrat der Stadt Klagenfurt (Hg.) (1995): Lebenssituation der Frauen in Klagenfurt. Endbericht Juni 1995, durchgeführt vom Österr. Gallup Institut Karmasin Wien, S. 29.

48 Ebd., S. 57.

49 Ebd., S. 45.

50 Frausein in Kärnten (1995) [Empirische Grundlagenstudie im Auftrag der Kärntner Landesregierung]. Wien: Inst. für Empir. Sozialforschung, S. 99 f.

51 Ebd., S. 130.

52 Ebd., S.79.

53 Tropper (1999), S. 195.

54 Referat für Frauen und Gleichbehandlung, mit Beitr. v. Alexandrowicz, Rainer
(2004): Kärntner Genderstudie. Geschlechterverhältnisse und geschlechtstypische
Disparitäten, Klagenfurt: Amt der Kärntner Landesregierung, S. 6 f.

55 Ebd., S. 9.

56 Höferl, Andreas (2005): Armut von Frauen in Kärnten. Wien: Österr. Gesell. f.
Politikberatung und Politikentwicklung, S. 5. In: http://www.politikberatung.or.at/,
20. 1. 2005.

57 Kärntner Genderstudie (2004), S. 49.

58 Ebd., S. 134.

59 Kärntner Genderstudie (2004), S. 56.

60 Kleine Zeitung, 15. 3. 2006, S. 14.

61 Kammer für Arbeiter und Angestellte für Wien (2006): AK Frauenbericht 1995–
2005, S. 15.

62 AK Frauenbericht (2005), S. 57.

63 Frauenbericht (1995), S. 45.

64 Stuiber, Petra (2004): Österreich in Männerhand? Ein Land als Herrenclub – und
wie Frauen es trotzdem schaffen. Wien: Ueberreuter, S. 40.

65 www.verwaltung.ktn.gv.at, 20. 1. 2006.

66 Tropper (1999), S. 194.

67 Höferl (2005), S. 5.

68 Rowhani-Ennemoser, Inge (1998): Arbeitsmarktpolitik als Frauenpolitik. In: Kreisky, Eva/Sauer, Birgit (Hg): Geschlecht und Eigensinn. Fem. Recherchen in der
Politikwissenschaft. Wien: Böhlau, S. 115.

69 Arbeitsmarkt Kärnten (2005): Jahresbilanz.

70 Michalitsch, Gabriele (2005): Welcher Teil welcher Zeit, welcher Arbeit? Teilzeitarbeit im Kontext neoliberaler Transformation. In: Exner, Andreas et al. (Hg):
Losarbeiten – Arbeitslos. Globalisierungskritik und die Krise der Arbeitsgesellschaft. Münster: Unrast, S. 87.

71 Ebd., S. 89.

72 AK Frauenbericht (2005), S. 37.

73 Höferl (2005), S. 7.

74 Bundesministerium für soziale Sicherheit, Generationen und Konsumentenschutz
(2004): Bericht über die soziale Lage 2003–2004. Wien: BMSG, S. 21.

75 Vgl. Rowhani-Ennemoser (1998), S. 116 f.

76 Ebd., S. 121.

77 Neyer, Gerda (1998): Dilemmas der Sozialpolitik. In: Kreisky, Eva/Sauer, Birgit
(Hg.): Geschlecht und Eigensinn. Feministische Recherchen in der Politikwissenschaft. Wien: Böhlau, S. 92–93.

78 von Werlhof, Claudia (1983): Der Proletarier ist tot, es lebe die Hausfrau? In: von
Werlhof, Claudia/Mies, Maria/Bennholt-Thomson, Veronika: Frauen, die letzte Kolonie. Reinbek: rororo, S. 125.

79 von Werlhof, Claudia (2002): GATS und die Frauen. In: AEP Informationen, Jg.
29, Heft 4/02, S. 16.

80 Zit. bei Weiss, Alexandra (2005): Globalisierungskritik und feministische Politik. In: Exner, Andreas et al. (Hg.): Losarbeiten – Arbeitslos. Globalisierungskritik und die Krise der Arbeitsgesellschaft. Münster: Unrast, S. 227.

81 Vgl. Weiss (2005), S. 230 f.

82 Vgl. Tropper (1999), S. 199.

83 Weiss, Alexandra (2003): Globalisierung – ein Angriff auf Frauen. In: Kofra. Zeitschrift für Feminismus und Arbeit. Heft 103, 21. Jg. Mai/Juni 2003, S. 5.

84 Fraser, Nancy (1994): Widerständige Praktiken. Macht, Diskurs, Geschlecht. Frankfurt/M.: Suhrkamp, S. 202.

85 Vgl. Fraser (1994), S. 198 f.

86 Zit. bei Weiss (2005), S. 234.

87 Vgl. Sauer (2001) bei Weiss (2005) S. 237 f.

88 Aus einer Rede bei der Präsentation der Studie ›Beharrlichkeit, Anpassung und Widerstand‹ 1993.

89 Feigl, Susanne (2002): Was gehen mich seine Knöpfe an. Johanna Dohnal, eine Biographie. Wien: Überreuter, S. 55.

90 Feigl (2002), S. 80.

91 Zit. bei Rösslhumer/Appelt (2001), S. 96.

92 Frauenbericht (1995), S. 19.

93 www.renner-institut.at/frauenakademie/sozdemokratinnen/konrad.htm, 4. 2. 2006.

94 www.johanna-dohnal.at, 4. 2. 2006.

95 www.ceiberweiber.at/wahl1/hauptzumfrauentag.htm, 4. 2. 2006.

96 Vgl. Rösslhumer/Appelt (2001), S. 99.

97 Rösslhumer/Appelt (2001), S. 101.

98 Der Standard, 28. 3. 2000.

99 Zit. bei Rösslhumer/Appelt (2001), S. 269.

100 www.ceiberweiber.at/wahl/wien/news.htm, 21. 1. 2006.

101 Zit. bei Erdemgil-Brandstätter, Anneliese/Moser, Maria (2003): Zivilgesellschaft – ein Konzept für Frauenprojekte? In: Appelt, Margit et al. (Hg): Zivilgesellschaft – ein Konzept für Frauen? Frankfurt/M.: Peter Lang, S. 59.

102 BM für Gesundheit und Frauen: www.bmgf.gv.at, Frauenprojektförderungen, 21. 1. 2006.

103 Thürmer-Rohr, zit. bei Hänsch, Ulrike (1993): Frauenprojekte im Zustand kollektiver Ermüdung und erfolgsorientierter Anpassung. In: ›beiträge zur feministischen theorie und praxis‹, Heft 35/1993, S. 12.

104 Zitatensammlung der Frauenbewegung der ÖVP, in: www.frauenoffensive.at, 4. 2. 2006.

105 www.bmgf.gv.at/cms/site/bilderliste.htm, 21. 1. 2006.

106 Bitzan, Maria (1999): Fraueninitiativen, Frauenbüros und Frauenzentren. Frauenprojekte zwischen Sozialer Arbeit und feministischer Politik. In: Chassé, Karl August/Wensierski, Hans-Jürgen (Hg.): Praxisfelder der Sozialen Arbeit. Weinheim/München: Juventa, S. 248.

107 Ebd., S. 249.

108 Frauenreferat Kärnten: www.frauen.ktn.gv.at, 4. 2. 2006.

109 Kleine Zeitung 8. 3. 2006, S. 17.

110 Vgl. Lutter/Reisenleitner (2002), S. 92.

111 Becker-Schmidt, Regina/Knapp, Gudrun-Axeli (2000): Feministische Theorie zur Einführung. Hamburg: Junius, S. 7.

112 Klinger, Cornelia (2003): Ungleichheit in den Verhältnissen von Klasse, Rasse und Geschlecht. In: Knapp, Gudrun-Axeli/Wetterer, Angelika (Hg.): Achsen der Differenz. Gesellschaftstheorie und feministische Kritik II. Münster: Westfälisches Dampfboot, S. 15.

113 Ebd., S. 24.

114 Zwei aktuelle Buchtitel.

115 Bilden, Helga (2003): Feministische Wissenschaft und Geschlechterforschung. Erkenntnisinteressen, Vielfalt/Pluralität und Desiderata. www.lrz-muenchen.de/˜Reflexive_Sozialpsychologie/Bilden, 1. 4. 2006.

116 Bilden (2003), ebd.

117 Hagel, Antje/Schuhmann, Antje (1994): Aufstieg und Fall der Frauenbewegung. In: Eichhorn, Cornelia/Grimm, Sabine (Hg.): Gender Killer. Texte zu Feminismus und Politik. Berlin–Amsterdam: Edition ID-Archiv http://www.nadir.org/nadir/archiv/ Feminismus/GenderKiller/gender_7.html, 16. 12. 2005.

118 Belladonna-Konzept 1996, S. 53.

119 www.aliceschwarzer.de/preise_ehrungen.html, 27. 12. 2005.

120 Sichtermann, Marie (2003): Der zäheste Fisch seit es Fahrräder gibt. Ein Plädoyer für autonome Frauenräume. Königstein/Taunus: Ulrike Helmer, S. 144.

121 Schwarzer, Alice (2002): Der große Unterschied. Frankfurt/M.: Fischer, S. 34.

122 Schwarzer (2002), S. 34.

123 Pusch, Luise (Hg.) (1983): Feminismus – Inspektion der Herrenkultur. Frankfurt/ M.: Suhrkamp, S. 13.

124 Villa, Paula-Irene (2003): Woran erkennen wir eine Feministin? Polemische und programmatische Gedanken zur Politisierung von Erfahrungen. In: Knapp, Gudrun-Axeli/Wetterer, Angelika (Hg.) Achsen der Differenz. Münster: Westfälisches Dampfboot, S. 266.

125 Zit. bei Klinger (1999), S. 111.

126 de Lauretis (1996) bei Bilden, Helga (2000): Feministische Theorie(n) und feministische psychosoziale Arbeit. Manuskript, München. www.lrz-muenchen.de/˜Reflexive_Sozialpsychologie/Bilden, 1. 4. 2006.

127 Arendt, Hannah (2001): Vita activa oder vom tätigen Leben. München/Zürich: Piper, S. 213.

128 Galster, Ingrid (2004): Französischer Feminismus: Zum Verhältnis von Egalität und Differenz. In: Becker, Ruth/Kortendieck, Beate (Hg.): Handbuch der Frauen- und Geschlechterforschung. Theorie, Methoden, Empirie. Wiesbaden: VS Verlag, S. 43.

129 Vgl. Hipfl (1999), S. 69.

130 Badinter, Elisabeth: Die Wahrheit über Partnergewalt. L'Express 20. 06. 2005. In: http://www.maennerrat.de/elisabeth-badinter.htm, 2. 1. 2006.

131 Fraisse, Geneviéve (1995): Geschlecht und Moderne. Frankfurt/M.: Fischer, S. 141.

132 Libreria delle Donne di Milano (1988): Wie weibliche Freiheit entsteht. Eine neue politische Praxis. Berlin: Orlando, S. 182.

133 Libreria delle Donne di Milano (1996): Das Patriarchat ist zu Ende. Es ist passiert – nicht aus Zufall. Rüsselsheim: Göttert.

134 Kahlert, Heike (2004): Differenz, Genealogie, Affidamento. In: Becker/Kortendieck (Hg.), S. 93.

135 Zit. bei Schumak, Renate (2000): Feministische Theorie in den 90er Jahren des letzten Jahrhunderts – Rund um den Butlerboom. www.spsh.de/texte/butler/htm, 10. 3. 2006.

136 Treibel, Annette (2004): Einführung in die soziologischen Theorien der Gegenwart. Geschlecht als soziale Konstruktion und Dekonstruktion. Wiesbaden: Verlag für Sozialwissenschaften, S. 115.

137 Klinger, Cornelia (1999): Essentialismus, Universalismus und feministische Politik. In: Lutter, Christina/Menasse-Wiesbauer, Elisabeth (Hg.): Frauenforschung, feministische Forschung, Gender Studies. Entwicklungen und Perspektiven. Wien: bmwk, S. 110.

138 Vgl. Gildemeister, Regine (2004): Doing Gender: Soziale Praktiken der Geschlechterunterscheidung. In: Becker/Kortendieck (Hg.), S. 133.

139 Kessler/McKenna (1978), ebd., S. 135.

140 Ebd., S. 138.

141 Gildemeister, Regine/Wetterer, Angelika (1992): Wie Geschlechter gemacht werden. Die soziale Konstruktion von Zweigeschlechtlichkeit und ihre Reifizierung in der Frauenforschung. In: Knapp, Gudrun-Axeli/Wetterer, Angelika (Hg.): Traditionen Brüche. Freiburg: Kore, S. 201–254.

142 Mies (1997), S. 61.

143 Butler, Judith (1995): Körper von Gewicht. Die diskursiven Grenzen des Geschlechts. Berlin: Berlin Verlag, S. 21.

144 Butler (1997), zit. bei Treibel (2004), S. 120.

145 Vgl. Haraway, Donna (1995): Manifest for Cyborgs. In: Haraway, Donna (Hg.): Die Neuerfindung der Natur. Frankfurt/M.: Campus, S. 33–72.

146 Butler (1991): Das Unbehagen der Geschlechter. Zit. bei Koppert (2003), S. 126.

147 Purschert, Patricia/Ruef, Maja (2003): Feminismus in den 90ern: Krise oder Öffnung? Erbe oder Neuanfang? In: Koppert, Claudia/Selders, Beate (Hg.): Hand aufs dekonstruierte Herz. Königsstein/Taunus: Helmer, S. 36 f.

148 Butler (1991), zit. ebd., S. 35.

149 Bei Bilden (2003), a. a. O.

150 Trumann, Andrea (2002): Feministische Theorie. Frauenbewegung und weibliche Subjektbildung im Spätkapitalismus. Stuttgart: Schmetterling Verlag, S. 130.

151 Nussbaum (1999), zit. bei Do Mar Castro Varela, María (2003): Vom Sinn des Herum-Irrens. Emanzipation und Dekonstruktion. In: Koppert/Selders (Hg.), S. 93.

152 Zit. bei Schumack (2000), a. a. O.

153 Koppert, Claudia (2003b): Post Feminismus: Eskalierende Anerkennungsbedürfnisse, Selbstabschaffungstendenzen und die Notwendigkeit aufgeklärter Konstruktionen. In: Koppert/Selders (Hg.), S. 127.

154 Ebd., S. 138 f.

155 Zit. bei Schumak (2000), a. a. O.

156 Koppert (2003b), S. 127.

157 Hark, Sabine (2004): Lesbenforschung und Queertheorie In: Becker/Kortendieck (Hg.), S. 106.

158 Vgl. Schumak (2000), a. a. O.

159 Rondo/03/02/2006, S. 12.

160 Ebd., S. 5–7.

161 Hark, Sabine (2005): Dissidente Partizipation. Eine Diskursgeschichte des Feminismus. Frankfurt/M.: Suhrkamp, S. 16.

162 Ebd., S. 125 f.

163 Ebd., S. 389.

164 www.genderstudies-hamburg.de, 22. 2. 2006.

165 www.frauenforschung-hamburg.de, 2. 2. 2006.

166 Jaegher, Stella (2003): Gender Mainstreaming. Ein umstrittenes Konzept aus feministischer Perspektive. In: Feminismus, Gender, Geschlecht. Widerspruch 44, 23. Jg/1. Hj 2003, S. 7.

167 Stiegler (2002), zit. bei Jaegher (2003), S. 5.

168 Pörksen, Uwe (1988): Plastikwörter: die Sprache einer internationalen Diktatur. Stuttgart: Clett-Cotta.

169 Schunter-Kleemann, Susanne (2003): Was ist neoliberal am Gender Mainstreaming? In: Widerspruch 44, 23. Jg./1. Hj. 2003, S. 19 f.

170 Ebd.

171 Stiegler, Barbara (2003): Gender Mainstreaming. Postmoderner Schmusekurs oder geschlechterpolitische Chance? Argumente zur Diskussion. In: Friedrich-Ebert-Stiftung (Hg.): Expertisen zur Frauenforschung. Bonn: Wirtschafts- und sozialpolitisches Forschungs- und Beratungszentrum.

172 Jaegher (2003), S. 15.

173 Definition des Europarates (1998). In: BM für Gesundheit und Frauen (Hg.): Frauenratgeberin 2005: Wien, S. 201.

174 Vgl. Koch-Klenske, Eva (1991): Die Töchter der Emanzen? München: Frauenoffensive.

175 Wolf, Naomi (1993): Die Stärke der Frauen. Gegen den falsch verstandenen Feminismus. München: Droemer Knaur, S. 185.

176 Rutschky, Katharina (1999): Emma und ihre Schwestern. Ausflüge in den real existierenden Feminismus. München: Hanser.

177 Plesch, Tine (2004): Popmusikerinnen und Ladyfeste. Versuch einer Positionsbestimmung. In: Kulturrisse 0204, http://igkultur.at/igkultur/kulturrisse/10867665 00, 22. 2. 2006.

178 Coors, Barbara (1993): Sagt mir, wo die jungen Frauen sind, wo sind sie geblieben? In: Rieger, Renate (Hg.): Der Widerspenstigen Lähmung? Frauenprojekte zwischen Autonomie und Anpassung. Frankfurt/M.: Campus, S. 128 f.

179 Purschert/Ruef (2003), S. 45.

180 Ebd., S. 52.

181 Bilden, Helga (2000): Feministische Theorie(n) und psychosoziale Arbeit. Manuskript, München. In: www.lrz-muenchen.de/˜Reflexive_Sozialpsychologie/Bilden, 1. 4. 2006.

182 Mies (1997), S. 60.

183 de Lauretis (1993), zit. bei Luig, Ute (1997): Verlorene Gewissheiten. Prozesse der Differenzierung des Begriffs Geschlecht und neue Formen seiner Repräsentation. In: Völger (Hg.), S. 72.

184 Buber, Martin (1982), (Erstauflage 1938): Das Problem des Menschen. Heidelberg: Lambert Schneider S. 115 f. Zit. bei Doubrawa, Erhard: Die Politik des Ich-Du. Der Anarchist Martin Buber. Gestaltkritik Heft 2/1999. In: www.gestalt.de/doubrawa_buber.html, 22. 2. 2006.

185 Koppert, Claudia (2003a): Post Feminismus: Komplexe Verhältnisse, widerspruchsvolle Lagen, tragische Heldinnen. In: Koppert/Selders (Hg.), S. 10.

186 Vgl. Hipfl (1999), S. 83.

187 Haug (1996), zit. ebd.

188 Ebd., S. 83 f.

189 Spivak (1990) bei do Mar Castro Varela (2003), S. 109.

190 Klinger (2003), S. 24.

191 Krainer, Larissa (2002): Feministische Aus-Zeit? In: Neissl, Julia (Hg.): der/die Journalismus. Geschlechterperspektiven in den Medien. Innsbruck: Studienverlag, S. 82 ff.

192 Vgl. Vorwort von Knapp, Gudrun-Axeli /Wetterer, Angelika (Hg.) (2003): Achsen der Differenz. Gesellschaftstheorie und feministische Kritik Münster: Westfälisches Dampfboot, S. 10.

193 Becker, Ruth/Kortendieck, Beate (Hg.) (2004): Handbuch der Frauen- und Geschlechterforschung. Theorie, Methoden, Empirie. Wiesbaden: VS Verlag.

194 do Mar Castro Varela (2003), S. 110 f.

195 Editorial der ›beiträge zur feministischen theorie und praxis‹ Heft 35 (1993), S. 7.

196 Knapp, Gudrun-Axeli (2003): Aporie als Grundlage: Zum Produktionscharakter der feministischen Diskurskonstellation. In: Knapp/Wetterer (Hg.), S. 260.

197 Foucault (1990), zit. bei do Mar Castro Varela (2003), S. 112.

198 Doderer, Yvonne/Kortendieck, Beate (2004): Frauenprojekte: Handlungs- und Entwicklungsräume feministischer Frauenbewegungen. In: Becker/Kortendieck (Hg.), S. 686.

199 Meyer, Birgit (1991): Von der Balance des Erträglichen. Frauenbewegung und politische Kultur in den achtziger Jahren. In: Koch-Klenske, Eva (Hg.): Die Töchter der Emanzen. München: Frauenoffensive, S. 38 ff.

200 Lenz, Ilse (2004b): Frauenbewegungen: Zu den Anliegen und Verlaufsformen von Frauenbewegungen als sozialen Bewegungen. In: Becker/Kortendieck (Hg.), S. 671.

201 Ebd., S. 674.

202 Brückner (1993), zit. bei Sellach, Brigitte (1993): Zukunft der Frauenprojektepolitik. In: beiträge zur feministischen theorie und praxis, Heft 35/1993, S. 32.

203 Zit. bei Hänsch, Ulrike (1993): Frauenprojekte im Zustand kollektiver Ermüdung und erfolgsorientierter Anpassung. In: beiträge zur feministischen theorie und praxis, Heft 35/1993, S. 9.

204 Ebd.

205 Freytag, Gabriele (1992): Grundlagen der feministischen Therapie. In: Bilden, Helga (Hg.): Das Frauentherapie Handbuch. München: Frauenoffensive, S. 29.

206 Janshoff, Brigitte (1995): Frauenprojekte und feministische Professionalität. Diplomarbeit Universität Klagenfurt, S. 14.

207 Doderer/Kortendieck (2004), S. 685.

208 Jung, Dörthe (1993): Das Experiment Frauenbewegung – Strukturen der politischen Praxis von Frauen. In: Rieger (Hg.), S. 25.

209 Meyer (1991), S. 46.

210 Frauenbericht 1995, S. 625.

211 Ebd., S. 627.

212 Doderer/Kortendieck (2004), S. 687 ff.

213 Schachtner, Christina (2005): Architektinnen der Zukunft. Lokale Frauenprojekte im Kontext der Globalisierung. München: Oekom, S. 16.

214 Sichtermann, Marie/Siegel, Brigitte (1993): Organisationsentwicklung in Frauenprojekten. In: Rieger, Renate (Hg.): Der Widerspenstigen Lähmung? Frankfurt/M.: Campus, S. 111.

215 Vgl. Chrysanthou (1993), S. 13.

216 Belladonna-Konzept 1996, S. 16.

217 Nienhaus, Ursula (1993): Autonomie und Frauenprojektebewegung. In: Rieger (Hg.): Der Widerspenstigen Lähmung? Frauenprojekte zwischen Autonomie und Anpassung. Frankfurt/M.: Campus, S. 40.

218 Ebd., S. 43.
219 Buber, Martin (1985): Pfade in Utopia. Über Gemeinschaft und deren Verwirklichung. Heidelberg: Lambert Schneider, S. 149.
220 Vgl. Chrysanthou (1993), S. 14.
221 Hippo (1977): Frauenjahrbuch. Zit. bei Koppert, Claudia/Lindberg, Birgit (1993): Projekte der Moderne. Zu zwanzig Jahren feministischer Zusammenarbeit. In: Koppert, Claudia (Hg.): Glück, Alltag und Desaster. Über die Zusammenarbeit von Frauen. Berlin: Orlanda, S. 76.
222 Vgl. Hipfl (1999), S. 65.
223 Vgl. Koppert (2003a), S. 19.
224 Vgl. Koppert (2003a), S. 16.
225 Beck (1995): Was meint »eigenes Leben«? In: Beck, Ulrich/Vossenkuhl, Wilhelm, Ziegler, Ulf: Eigenes Leben. Ausflüge in die unbekannte Gesellschaft, in der wir leben. München: Beck, S. 11 f.
226 Ebd., S. 10.
227 Vgl. do Mar Castro Varela (2003), S. 111.
228 Schachtner (2005), S. 124 f.
229 Vgl. Holland-Cunz (1998) bei Schachtner (2005) S. 127.
230 Schachtner (2005), S. 128.
231 Nienhaus (1993), S. 52.
232 Sichtermann, Marie/Siegel, Brigitte (1993): Organisationsentwicklung in Frauenprojekten. In: Rieger (Hg.), S. 111.
233 So der Titel des Aufsatzbandes von Angerer et al. (Hg.) (1991) Wien: Verlag für Gesellschaftskritik.
234 Brückner (1998) bei Kortendieck/Cottmann (2000), S. 135.
235 Brückner, Margit (1996): Frauen- und Mädchenprojekte. Von feministischen Gewissheiten zu neuen Suchbewegungen. Opladen: Leske + Budrich, S. 55.
236 beiträge zur feministischen theorie und praxis, Heft 35 (1993), S. 6.
237 Sellach (1993), S. 36.
238 Freytag, Gabriele (1993): Die große und die kleine Freiheit – Sieben Thesen über die Ähnlichkeit von Hausarbeit und Projektarbeit. In: Koppert, Claudia (Hg.): Glück, Alltag und Desaster. Über die Zusammenarbeit von Frauen. Berlin: Orlanda, S. 27.
239 Freytag (2003), S. 28–41.
240 Brückner (1996), S. 284.
241 Sichtermann/Siegel (1993), S. 116.
242 Sellach (1993), S. 41.
243 Ebd., S. 38.
244 Sichtermann (2003), S. 146.
245 Ebd., S. 17 f.
246 Kortendieck/Cottmann (2000), S. 134 f.
247 http://de.wikipedia.org/wiki/Institution, 17. 12. 2005.
248 Zit. bei Hörmann, Martina (2002): Vom kreativen Chaos zum professionellen Management. Organisationsentwicklung in Frauenprojekten. Opladen: Leske + Budrich, S. 51.
249 Eichhorn, Cornelia (1994): Im Dienste des Gemeinwohls. Frauenbewegung und Nationalstaat. In: Eichhorn/Grimm (Hg.): Gender Killer. www.nadir.org/nadir/archiv/Feminismus/GenderKiller/gender_8.html, 6. 1. 2006.
250 Großmaß, Ruth (2000): Psychische Krisen und sozialer Raum. Eine Sozialphänomenologie psychosozialer Beratung. Tübingen: DGTV, S. 237.

251 Ebd., S. 239.
252 Vgl. Großmaß (2000), S. 243.
253 Großmaß (2000), S. 244.
254 Kortendieck/Cottmann (2000), S. 139.
255 Zit. bei Großmaß (2000), S. 36.
256 Ebd., S. 37.
257 Hörmann (2002), S. 56 f.
258 Badelt (1997), zit. bei Hörmann (2002), S. 60.
259 Ebd., S. 64.
260 »Wir über uns« www.frauenberatenfrauen.at/verein.htm, 4. 1. 2004.
261 »Wir über uns« www.frauenberatenfrauen.at/verein.htm, 18. 12. 2005.
262 Sichtermann (2003), S. 133.
263 Pörksen (1988), S. 119.
264 Google Suchmaschine: www.google.at, 18. 3. 2006.
265 Hörmann (2002), S. 109.
266 Vgl. Brückner, Margit/Holler, Simone (1990): Frauenprojekte und soziale Arbeit. Eine empirische Studie. Frankfurt/M.: Fachhochschule FB Sozialarbeit/ Sozialpolitik, S. 32.
267 Gildemeister, (1992): Neue Aspekte der Professionalisierungsdebatte. In: Neue Praxis 3/1992, S. 207.
268 Ebd., S. 210.
269 Ebd., S. 208.
270 Hänsch (1993), S. 10.
271 Ebd., S. 12.
272 Hänsch (1993), S. 14.
273 Belladonna Konzept (1986), S. 14.
274 http://de.wikipedia.org/wiki/Erfahrung, 15. 2. 2006.
275 http://de.wikiquote.org/wiki/Erfahrung, 15. 2. 2006.
276 Bos, Marguérite/Vincent, Bettina/Wirz, Tanja (Hg.) (2004): Erfahrung: Alles nur Diskurs? Zur Verwendung des Erfahrungsbegriffs in der Geschlechtergeschichte. Zürich: Chronos, S. 10.
277 Vgl. Canning, Kathleen (2004): Problematische Dichotomien. Erfahrung zwischen Narrativität und Materialität. In: Bos/Vincent/Wirz (Hg.), S. 37.
278 Williams (1976) bei Canning (2004), S. 39 f.
279 Daniel, Ute (2004): Die Erfahrungen der Geschlechtergeschichte. In: Bos/Vincent/Wirz (Hg.), S. 60.
280 Günter, Andrea (2001): Die weibliche Seite der Politik. Königstein/Taunus: Helmer, S. 190 f.
281 Großmaß (2000) S. 38.
282 Netzwerk der österreichischen Frauen- und Mädchenberatungsstellen (2004b): Zusammenfassung der Gespräche mit Vorstandsfrauen. Broschüre.
283 Sichtermann (2003), S. 104.
284 http://de.wikipedia.org/wiki/Qualit %C3 %A4tssicherung, 25. 3. 2006.
285 Ev. Erziehungsverband (1998), zit. bei Hörmann (2002), S. 72.
286 Bundeskanzleramt (2000): Österreich neu regieren. Regierungsprogramm 4. 3. 2000. Kap. IV, Politik für Frauen, S. 35.
287 Schlaflose Nächte (2000). Dokumentation der 2. Tagung 27./28.September in Graz, S. 17.
288 Ebd., S. 22–30.

289 Netzwerk österreichische Frauen- und Mädchenberatungsstellen (2004): Qualitätsstandards der Frauenservicestellen im Rahmen von Frauen- und Mädchenberatungsstellen. Wien, o. V.

290 Großmaß (2000), S. 37.

291 Nienhaus (1993), S. 48.

292 Stockhammer-Wagner, Ilse (1998): Zur Bedeutung von Tagtraum, Wunsch und Hoffnung in der Berufsorientierung. Eine Haltungsübung. Unveröffentl. Abschlussarbeit, Universität Klagenfurt.

293 Belladonna-Konzept (1986), S. 14.

294 Netzwerk österreichische Frauen- und Mädchenberatungsstellen NÖF (Hg.) (1998): Frauenberatungsstellen, Mädchenberatungsstellen in Österreich. Wien, S. 25–29.

295 Brückner (1996), S. 35.

296 Belladonna Konzept (1986), S. 14.

297 Brückner /Holler (1990), S. 26.

298 Hörmann (2002), S. 105.

299 Hartwig, Luise/Weber, Monika (2000): Parteilichkeit in der Mädchen- und Frauenarbeit. In: Luise Hartwig, Joachim Merkel (Hg.): Parteilichkeit in der Sozialen Arbeit. Münster/New York/München/Berlin: Waxmann, S. 29.

300 NÖF (1998), S. 27.

301 Belladonna-Konzept (2005), S. 14.

302 Brückner/Holler (1990), S. 28.

303 Zit. bei Hartwig/Weber (2000), S. 36.

304 Bitzan (1993) zit. ebd., S. 39.

305 Zit. bei Hartwig/Weber (2000), S. 37.

306 Ebd.

307 Brückner (1996), S. 34.

308 Groth/Steinbach (1986) bei Brückner/Holler (1990), S. 30.

309 Ebd., S. 31.

310 Groth/Steinbach (1986), zit. ebd., S. 32.

311 Mies (1997), S. 56.

312 Brückner (1996), S. 43.

313 Grossberg (1994), zit. bei Renger (2003), S. 168.

314 Foucault (1978), zit. bei Bublitz, Hannelore (2003): Diskurs. Bielefeld: transcript, S. 69.

315 Ebd., S. 67 f.

316 Ebd., S. 70.

317 Arendt, Hannah (2001), S. 252.

318 Ebd., S. 255.

319 do Mar Castro Varela (2003), S. 103.

320 Sichtermann (2003), S. 122 f.

321 Vgl. Mühlen Achs bei Kovacic, Sanja (2002): Kommunikationsprobleme zwischen Männern und Frauen im Berufsleben. In: www.frauensache.at/thema/thema-kommunikation.html, 4. 2. 2006.

322 Dalla Costa, Mariarosa/James, Selma (1973): Die Macht der Frauen und der Umsturz der Gesellschaft. Berlin: Merve.

323 Thürmer-Rohr, Christina: Die unheilbare Pluralität der Welt. Von der Patriarchatskritik zur Totalitarismusforschung. In: Heinrich-Böll-Stiftung: Debatte zu Politik und Moderne, Band I., o. J. In: www.boell-bremen.de, 4. 2. 2006.

324 Günter, Andrea (1996): Weibliche Autorität, Freiheit und Geschlechterdifferenz. Königstein/Taunus: Ulrike Helmer, S. 28–31.

325 Lenz, Ilse (2004a): Geschlechtssymmetrische Gesellschaften: Wo weder Frauen noch Männer herrschen. In: Becker/Kortendieck (Hg.), S. 30.

326 Ebd., S. 33.

327 Arendt, Hannah (1970): Macht und Gewalt. München: Piper, S. 45.

328 Trömel-Plötz, Senta (1997): Die Herstellung von Gleichheit in Frauengesprächen. In: Trömel-Plötz, Senta (Hg.): Frauengespräche. Sprache der Verständigung. Frankfurt/M.: Fischer, S. 121 ff.

329 Sichtermann (2003), S. 130.

330 Ebd., S. 137.

331 Von Frauengruppen bezahlte Aufschrift auf Wiener Straßenbahnen, März 1988.

332 Weber (1922), zit. bei Hörmann (2002), S. 29.

333 Sichtermann, Marie (1993): Auf der Suche nach dem Glück in Frauenprojekten. Eine Streitschrift. In: Rieger (Hg.), S. 98.

334 Meulenbelt, Anja (1993): Differenzen zwischen Frauen – Möglichkeiten und Schwierigkeiten der Zusammenarbeit. In: Frauenberatung Wien (Hg.): Zusammenspiel und Kontrapunkt. Wien: Wiener Frauenverlag, S. 31.

335 Breiter, Marion (1993): Zehn Jahre Frauen-Teamarbeit in der Wiener Frauenberatungsstelle: Team-Dynamik zwischen Ansprüchen und Alltag. In: Frauenberatung Wien (Hg.), S. 18.

336 Hörmann (2002), S. 95.

337 Brückner/Holler (1990), S. 90.

338 Breiter (1993), S. 20.

339 Freytag (1993), S. 35.

340 Flaake, Karin (1993): Lieber schwach aber gemeinsam, als stark aber einsam? Arbeitszusammenhänge von Frauen aus psychoanalytischer Sicht. In: Koppert (Hg.) S. 42 ff.

341 Meulenbelt (1993), S. 36.

342 Zit. bei Kramer, Gisela (1993): Wer ist die Beste im ganzen Land? Konkurrenz unter Frauen. Frankfurt/M.: Fischer, S. 116.

343 Flaake (1993), S. 53.

344 Freytag (1993), S. 40.

345 Koppert, Claudia (1993): Glück, Alltag und Desaster. Berlin: Orlando, S. 9.

346 Sichtermann (1993), S. 98.

347 Varela, F. J. (1990): Kognitionswissenschaft – Kognitionstechnik. Eine Skizze aktueller Perspektiven. Frankfurt/M.: Suhrkamp, S. 113. In: http://brainworker.ch/Dialog/, 2. 2. 2006.

348 Cavarero, Adriana (1989): Ansätze zu einer Theorie der Geschlechterdifferenz. In: Diotima: Der Mensch ist zwei. Das Denken der Geschlechterdifferenz. Wien: Reihe Frauenforschung, S. 65 ff.

349 Trömel-Plötz (1997), S. 121.

350 Boxer, Diana (1997): Jammern, meckern, nörgeln: »Jörckeln« als weibliches Reden. In: Trömel-Plötz (Hg.), S. 259.

351 Trömel-Plötz (1997), S. 375.

352 Willutzki, Ulrike (2001): Feministische Perspektiven für die psychosoziale Versorgung. In: Franke, Alexa/Kämmerer, Annette (Hg.): Klinische Psychologie der Frau. Göttingen: Hogrefe, S. 700.

353 Verein Belladonna: Konzept (2000), S. 14.

354 Ebd., S. 16.
355 Freytag, Gabriele (1992): Grundlagen der feministischen Therapie. In: Bilden, Helga (Hg.): Das Frauentherapiehandbuch. München: Frauenoffensive, S. 17.
356 Vgl. Kavemann (1997) bei Hartwig/Weber (2000), S. 28.
357 Freytag (1992), S. 17.
358 Ebd., S. 16.
359 Großmaß (2000), S. 240.
360 Vgl. Rahm (1995) in: Verein Belladonna: Konzept (2000), S. 14.
361 Großmaß (2000) S. 38.
362 Bilden (2000), a. a. O.
363 Sichtermann (2003), S. 33.
364 Koppert (1993), S. 86.
365 Flaake (1993), S. 44.
366 Ebd., S. 43.
367 Hänsch (1993), S. 12.
368 Scheffler (1993), zit. bei Flaake (1993), S. 47.
369 Sichtermann (1993), S. 84.
370 Flaake (1993), S. 52.
371 Sichtermann (2003), S. 27.
372 Clausen, Gisela (1993): Konflikte bewältigen. Supervision und Organisationsentwicklung in Frauenprojekten. In: Koppert, Claudia (Hg.) Glück, Alltag und Desaster. Über die Zusammenarbeit von Frauen. Berlin: Orlanda, S. 62.
373 Herzer (1997) bei Hörmann (2002), S. 50.
374 Doderer/Kortendieck (2004), S. 686.
375 Zit. bei Nienhaus (1993), S. 49.
376 Hörmann (2002), S. 53.
377 Chrysanthou (1993), S. 15.
378 Doderer/Kortendieck (2004), S. 689.
379 Blattert (1998), S. 130.
380 Sichtermann/Siegel (1993), S. 117 f.
381 Hörmann (2002), S. 246-250.
382 Ebd., S. 240.
383 Hörmann (2002), S. 68-71.
384 Funken, Christiane/Fohler, Susanne (2003): (Sich) Verkaufen: Zur modernitäts- und geschlechtsspezifischen Bedeutung der Geldkarriere im Vertrieb. In: Dackweiler/ Hornung (Hg.): frauen-macht-geld. Münster: Westfälisches Dampfboot, S. 165.
385 Breiter (1993), S. 20.
386 Blattert (1998), S. 132-134.
387 Verein Belladonna: Tätigkeitsberichte 1996-2004.
388 Clausen (1993), S. 58.
389 Vgl. Krainz, Ewald (1991): Kooperation und Geschlecht. Gruppendynamik 22. Jg., Heft 4/91, S. 431.
390 Brückner (1996), S. 286.
391 Regenhard (2000), zit. bei Hörmann (2002), S. 256.
392 Deutsches Institut für Normierung, zit. bei Hörmann (2002), S. 73.
393 Vgl. Ev. Erziehungsverband (1998), bei Hörmann (2002), S. 78.
394 Clausen (1993), S. 75.
395 Hörmann (2002), S. 255.

396 Vgl. Bock, Stefanie (2004): Frauennetzwerke: geschlechterpolitische Strategien oder exklusive Expertinnennetzwerke? In: Becker/Kortendieck (Hg.), S. 677.

397 Ebd., S. 682.

398 Stuiber (2004), S. 25 ff.

399 Zit ebd., S. 30.

400 Erdemgil-Brandstätter/Moser (2003), S. 52.

401 Diese Angaben verdanke ich einem Gespräch mit Edda Pilgram-Hannesschläger.

402 Netzwerk österreichische Frauen- und Mädchenberatungsstellen NÖF (Hg.) (1998): Frauenberatungsstellen, Mädchenberatungsstellen in Österreich. Wien, S. 41.

403 www.netzwerk-frauenberatung.at, 14. 2. 2006.

404 Wichterich, Christa (2005): From Margin to Mainstream to Margin. Wege und Umwege transnationaler Frauennetzwerke und der Globalisierung von Frauenrechten. In: 100 Peripherien – Die Welt von den Rändern her denken, Münster: Westfälisches Dampfboot, S. 538.

405 Arbeitsgruppe Frauenrechte Menschenrechte (1994): Dokumentation. Wien: AÖF, S. 3.

406 AG Frauenrechte/Menschenrechte (1994), S. 20.

407 Belladonna Zeitschrift Nr. 57, 10/1994.

408 Bundesministerium für Inneres, Abt. III/6 www.bmi.gv.at/wahlen/volksbeg_frauen_erg.asp, 5. 10. 2005.

409 Ebd., S. 105.

410 Schlaflose Nächte (2000). Dokumentation der 2. Tagung 27./28. September in Graz, S. 3.

411 Beyer (1991), zit. bei Krainer (1995), S. 138.

412 Vgl. Wetschanow, Karin (2003): Zivilgesellschaft, Talkshows und Frauenbewegung. In: Appelt/Gubitzer/Sauer (Hg.), S. 42.

413 Belladonna-Konzept 1996, S. 25.

414 Ebd., S. 51.

415 Erdemgil-Brandstätter/Moser (2003), S. 65.

416 Ebd., S. 67.

417 Wetschanow (2003), S. 36.

418 Marchard (2000), zit. bei Nemeth, Elisabeth (2003): Die Zivilgesellschaft und ihre vielen Freunde. Ein Orientierungsversuch. In: Appelt/Gubitzer/Sauer (Hg.), S. 21 f.

419 Puntscher Riekmann, Sonja: Der Begriff des Politischen. Hannah Arendt, Carl Schmitt und feministische Theorie. In: Kreisky/Sauer (Hg.), S. 38 f.

420 Schachtner (2005), S. 124.

421 Khol, Andreas (1999): Durchbruch zur Bürgergesellschaft. Zit. bei Nemeth (2003), S. 24.

422 Wetschanow (2003), S. 41.

423 Žižek (1998), zit. bei do Mar Castro Varela (2003), S. 111.

424 Schmerl, Christiane (1993): Neue Frauen, kalter Kaffee. In: Nuber, Ursula (Hg.): Wir wollten alles ... was haben wir nun? Eine Zwischenbilanz der Frauenbewegung. Zürich: Kreuz, S. 98 f.

425 Vgl. Geiger, Brigitte (2002): Mediale Vermittlung feministischer Öffentlichkeiten. In: Neissl, Julia (Hg.): der/die Journalismus. Geschlechterperspektiven in den Medien. Innsbruck: Studienverlag, S. 94.

426 Geiger/Hacker (1995), S. 188.

427 Ebd., S. 96.

428 Frigga Haug: »Wer ist das Frauenvolk?« Vorwort in: Krainer, Larissa (1995): Österreichische Frauenzeitschriften. Zwischen Kommerz- und Alternativmedien. Klagenfurt: Drava, S. 10 f.
429 Geiger (2002), S. 102.
430 Belladonna-Konzept (1995), S. 53.
431 Titel eines Berichts in der Kärntner Krone, 8. 5. 1996.
432 Kleine Zeitung, 7. 5. 1996.
433 Vgl. Link (1984), zit. bei Jäger (2004), S. 137.
434 Vgl. ebd., S. 141.
435 Leserbriefe Kleine Zeitung, 12. 5. 1996.
436 Belldonna Nr. 63, 7/1996.
437 Kleine Zeitung, 8. 7. 1999.
438 Kleine Zeitung, 10. 7. 1999.
439 Kärntner Krone, 10. 7. 1999.
440 Profil Nr. 51, 18. 12. 2000, S. 22.
441 Stern 13/2000, S. 101.
442 Belladonna Nr. 43 11/1990.
443 Becker, Howard (1973): Außenseiter. Zur Soziologie abweichenden Verhaltens. Frankfurt: Fischer, S. 72.
444 Verein Belladonna (1995): Konzept 1996, S. 21.
445 Koppert/Lindberg (1993), S. 76 f.
446 Vgl. Lutter/Reisenleitner (2002), S. 10.
447 Vgl. Renger (2003), S. 163.
448 Johnson (1996), zit. ebd.
449 Becker (1973), S. 71–91.
450 Vgl. Bourdieu, Pierre (1982): Die feinen Unterschiede. Kritik der gesellschaftlichen Urteilskraft. Frankfurt/M.: Suhrkamp, S. 279.
451 Sichtermann (2003), S. 18.
452 Tango 3. Jg., Nr. 11/93, 18. 3. 1993, S. 11.
453 Vgl. Posner, Roland (1999): Kultur als Zeichensystem. Zur Explikation kulturwissenschaftlicher Grundbegriffe. In: Assmann, Aleida/Harth, Dietrich (Hg.): Kultur als Lebenswelt und Monument. Frankfurt/M.: Fischer, S. 37–74.
454 Brickner, Irene (2006): Falsche Festgäste. Kommentar in: Der Standard, 8. 3. 2006, S. 32.
455 www.frauen.ktn.gv.at, 6. 4. 2006.
456 Kleine Zeitung, 8. 3. 2006, S. 17–18.
457 AK Frauenbericht 1995–2005, S. 58.
458 Šubik, Christof: Trauerarbeitsplätze. Über eine Installation von Helmut Stockhammer und Ilse Stockhammer-Wagner. In: http://www.uni-klu.ac.at/ipg/alt/publ/pgk/subik1.htm, 1. 4. 2006.
459 Bauer, Ingrid (2002): Frauengeschichte, Männergeschichte, Geschlechtergeschichte. In: Bauer/Neissl: Gender Studies. Denkachsen und Perspektiven der Geschlechterforschung. Innsbruck: Studienverlag, S. 41.
460 Seitz, Rita (1994): ›Prisoner of Gender‹ or ›Prisoner of Discourse‹? Diskurstheoretische Analyse sozialwissenschaftlicher Daten. In: Diezinger, Angelika et al. (Hg.): Erfahrung mit Methode. Freiburg: Kore, S. 196.
461 Fax (1992), zit. ebd., S. 188.
462 Vgl. Jäger (2004) S. 130.
463 Vgl. Foucault (1973) bei Bublitz (2003), S. 57.

464 Krainer (1995), S. 162.

465 Belladonna Nr. 6, 6/1987.

466 Belladonna Nr. 34 3/1990.

467 Titelspruch der Belladonna-Zeitung Nr. 13, März 1988.

468 Belladonna Nr. 46, Mai 1991.

469 Jäger (2004), S. 181.

470 Verein Belladonna: Programmfolder 11/1986.

471 http://www.frauenberatung-belladonna.sid.at, 1. 10. 2005.

472 Schneider, Wolf/Raue, Paul-Josef (1996): Handbuch des Journalismus. Reinbek: Rowohlt, S. 182.

473 Links über www.netzwerk-frauenberatung.at (Zugriff am 1. 4. 2006).

474 http://web.utanet.at/frauenberatung-oberwart, www.frauen-op.at/, www.maedchenzentrum.at, 1. 4. 2006.

475 Vgl. Pesjak, Cynthia (2005): Die Gynäkologinnen. Wenn der Arztbesuch zum Luxus wird. In: Huhnke (Hg.): Starke Frauen in Kärnten. Klagenfurt/Celovec: Drava, S. 52–56.

476 Verein Belladonna: Tätigkeitsbericht 2004, S. 22.

477 Verein Belladonna: Tätigkeitsbericht 2005, S. 23.

478 Tätigkeitsbericht 2004, S. 25.

479 Tätigkeitsbericht 2002, S. 23.

480 Universitätskulturzentrum Unikum Klagenfurt: www.unikum.ac.at/kh/, 4. 4. 2006.

481 Vgl. Flick, Uwe (2000): Qualitative Forschung: Theorie, Methoden, Anwendung in Psychologie und Sozialwissenschaften. Reinbek/Hamburg: Rowohlt, S. 99 f.

482 In Anlehnung an das Gedicht ›Stufen‹ von Hermann Hesse.

483 Arendt (2001), S. 215.

484 Nussbaum (1999), zit. bei Schachtner (2005), S. 125.

485 Becker-Schmidt, Regina (2004): Doppelte Vergesellschaftung von Frauen. In: Becker, Ruth/Kortendieck, Beate (Hg): Handbuch der Frauen- und Geschlechterforschung. Theorie, Methoden, Empirie. Wiesbaden: VS Verlag, S. 63–70.

486 Schachtner (2005), S. 123 f.

487 Vgl. Link bei Jäger (2004), S. 140.

488 Vergl. Bublitz (2003), S. 59.

489 Ebd., S. 141.

490 Bloch (1957), S. 1628.

491 Koppert/Lindberg (1993), S. 77.

492 Vgl. Brückner (1996), S. 271 f.

493 Winter (2001), S. 13.

494 Vgl. Koppert (Hg.) (1993): Glück, Alltag und Desaster, a. a. O.

495 Faller, Heike (2006): Haben wir die Emanzipation verspielt? In: Die Zeit Nr. 17, 20. 4. 2006, S. 61 f.

496 Negt/Kluge (1992), zit. bei Rowhani, Inge (1994): Frauenzeit-Männerzeit. In: Feministische Politikwissenschaften In: Appelt, Erna/Neyer, Gerda (Hg.): Feministische Politikwissenschaft. Wien: Verlag für Gesellschaftskritik, S. 184.

497 Ebd., S. 214.

Literatur

Angerer, Marie-Luise/Appelt, Erna/Bell, Anni/Rosenberger, Sieglinde/Seidl, Hadwig (Hg.) (1991): Auf glattem Parkett. Feministinnen in Institutionen. Wien: Verlag für Gesellschaftskritik.

Appelt, Erna (1992): Ein, zwei – viele Widersprüche. Zum Geschlechterverhältnis in ethnischen Konflikten am Beispiel der Burgenländischen Kroat/inn/en und der Kärntner Slowen/inn/en. In: L'Homme, Zeitschrift für feministische Geschichtswissenschaft 3. Jg./Heft 2, S. 34–58.

Arbeitsgruppe Frauenrechte Menschenrechte (1994): Dokumentation. Wien: AÖF.

Arbeitsmarkt Kärnten (2005): Jahresbilanz 2005. AMS Klagenfurt.

Arendt, Hannah (1970): Macht und Gewalt. München: Piper.

Arendt, Hannah (1994): Zwischen Vergangenheit und Zukunft. Übungen im politischen Denken I. Hg. von Ludz, Ursula. München: Piper.

Arendt, Hannah (2001): Vita activa oder Vom tätigen Leben. München/Zürich: Piper.

Bahovec, Tina (2003): Zur Rolle der Frau in der Ära der Nationalisierung. In Bahovec, Tina (Hg.): Eliten und Nationwerdung. Klagenfurt/Celovec: Hermagoras, S. 345–385.

Bauer, Ingrid (2002): Frauengeschichte, Männergeschichte, Geschlechtergeschichte. In: Bauer/Neissl: Gender Studies. Denkachsen und Perspektiven der Geschlechterforschung. Innsbruck/Wien/Bozen/München: Studienverlag, S. 35–52.

Beck, Ulrich: Was meint »eigenes Leben«? In: Beck, Ulrich/Vossenkuhl, Wilhelm, Ziegler, Ulf (1995): Eigenes Leben. Ausflüge in die unbekannte Gesellschaft, in der wir leben. München: Beck, S. 9–15.

Becker, Howard (1973): Außenseiter. Zur Soziologie abweichenden Verhaltens. Frankfurt: Fischer.

Becker, Ruth/Kortendieck, Beate (Hg.) (2004): Handbuch der Frauen- und Geschlechterforschung. Theorie, Methoden, Empirie. Wiesbaden: VS Verlag.

Becker-Schmidt, Regina/Knapp, Gudrun-Axeli (2000): Feministische Theorie zur Einführung. Hamburg: Junius.

Becker-Schmidt, Regina (2004): Doppelte Vergesellschaftung von Frauen. In: Becker, Ruth/Kortendieck, Beate (Hg.): Handbuch der Frauen- und Geschlechterforschung. Theorie, Methoden, Empirie. Wiesbaden: VS Verlag, S. 62–71.

›beiträge zur feministischen theorie und praxis‹ Heft 35 (1993), Editorial.

Belladonna Vereinszeitungen. Ausgaben Nr. 1/1987 bis 63/1996.

Bitzan, Maria (1999): Fraueninitiativen, Frauenbüros und Frauenzentren. Frauenprojekte zwischen Sozialer Arbeit und feministischer Politik. In: Chassé, Karl-August/von Wensierski, Hans-Jürgen (Hg.): Praxisfelder der Sozialen Arbeit. Weinheim/München: Juventa, S. 239–251.

Blattert, Barbara Maria (1998): Aus(sen)wirkungen staatlicher Frauenpolitik. Eine Untersuchung des Verhältnisses von Gleichstellungsstelle und Frauenprojekten in Berlin. Frankfurt/M.: Peter Lang.

Bloch, Ernst (1959): Das Prinzip Hoffnung. Frankfurt/M.: Suhrkamp. Kap. 38–55.

Bock, Stefanie: Frauennetzwerke (2004): Geschlechterpolitische Strategien oder exklusive Expertinnennetzwerke? In: Becker, Ruth/Kortendieck, Beate (Hg.): Handbuch der Frauen- und Geschlechterforschung. Theorie, Methoden, Empirie. Wiesbaden: VS Verlag, S. 676–683.

Bos, Marguérite/Vincent, Bettina/Wirz, Tanja (Hg.) (2004): Erfahrung: Alles nur Diskurs? Zur Verwendung des Erfahrungsbegriffs in der Geschlechtergeschichte. Zürich: Chronos.

Bourdieu, Pierre (1982): Die feinen Unterschiede. Kritik der gesellschaftlichen Urteilskraft. Frankfurt/M.: Suhrkamp.

Boxer, Diana (1997): Jammern, meckern, nörgeln: »Jörckeln« als weibliches Reden. In: Trömel-Plötz, Senta (Hg.): Frauengespräche. Sprache der Verständigung. Frankfurt/M.: Fischer, S. 257–278.

Breiter, Marion (1993): Zehn Jahre Frauen-Teamarbeit in der Wiener Frauenberatungsstelle: Team-Dynamik zwischen Ansprüchen und Alltag. In: Frauenberatung Wien (Hg.): Zusammenspiel und Kontrapunkt. Wien: Wiener Frauenverlag, S. 17–24.

Brickner, Irene (2006): Falsche Festgäste. Kommentar in: Der Standard, 8. 3. 2006, S. 32.

Brückner, Margit/Holler, Simone (1990): Frauenprojekte und soziale Arbeit. Eine empirische Studie. Materialien zur Sozialarbeit und Sozialpolitik Bd. 27. Frankfurt/M.: Fachhochschule FB Sozialarbeit/ Sozialpolitik.

Brückner, Margit (1996): Frauen- und Mädchenprojekte. Von feministischen Gewissheiten zu neuen Suchbewegungen. Opladen: Leske + Budrich.

Buber, Martin (1985): Pfade in Utopia. Über Gemeinschaft und deren Verwirklichung. Heidelberg: Lambert Schneider.

Bublitz, Hannelore (2003): Diskurs. Bielefeld: transcript.

Bundeskanzleramt (2000): Österreich neu regieren. Regierungsprogramm 4. 2. 2000, Wien.

Bundesministerin für Frauenangelegenheiten/Bundeskanzleramt (1995): Bericht über die Situation der Frauen in Österreich. Frauenbericht 1995. Wien: BM für Frauen/Bundeskanzleramt.

Bundesministerium für soziale Sicherheit, Generationen und Konsumentenschutz (2004): Bericht über die soziale Lage 2003–2004. Wien: BMSG.

Bundesministerium für Gesundheit und Frauen (Hg.) (2005): Frauenratgeberin 2005. Wien: BMGF.

Butler, Judith (1995): Körper von Gewicht. Die diskursiven Grenzen des Geschlechts. Berlin: Berlin Verlag.

Canning, Kathleen (2004): Problematische Dichotomien. Erfahrung zwischen Narrativität und Materialität. In: Bos, Marguérite/Vincent, Bettina/Wirz, Tanja (Hg.): Erfahrung: Alles nur Diskurs? Zur Verwendung des Erfahrungsbegriffs in der Geschlechtergeschichte. Zürich: Chronos, S. 37–58.

Cavarero, Adriana (1989): Ansätze zu einer Theorie der Geschlechterdifferenz. In: Diotima: Der Mensch ist zwei. Das Denken der Geschlechterdifferenz. Wien: Reihe Frauenforschung Bd. 11, S. 65–102.

Cervenka, Maria/Kraigher, Helga (2001): Frauen in Klagenfurt. 8 Portraits. Klagenfurt: Projektgruppe Frauen.

Chrysanthou, Traude et al. (1993): Der Widerspenstigen Lähmung? Frauenprojektegeschichte gegen den Strich gebürstet. In: Rieger, Renate (Hg.): Der Widerspenstigen Lähmung? Frauenprojekte zwischen Autonomie und Anpassung. Frankfurt/M.: Campus, S. 7–19.

Clausen, Gisela (1993): Konflikte bewältigen. Supervision und Organisationsentwicklung in Frauenprojekten. In: Koppert, Claudia (Hg.): Glück, Alltag und Desaster. Über die Zusammenarbeit von Frauen. Berlin: Orlanda, S. 58–75.

Coors, Barbara (1993): Sagt mir, wo die jungen Frauen sind, wo sind sie geblieben? In: Rieger, Renate (Hg.): Der Widerspenstigen Lähmung? Frauenprojekte zwischen Autonomie und Anpassung. Frankfurt/M.: Campus, S. 123–129.

Daniel, Ute (2004): Die Erfahrungen der Geschlechtergeschichte. In: Bos, Marguérite/Vincent, Bettina/Wirz, Tanja (Hg.): Erfahrung: Alles nur Diskurs? Zur Verwendung des Erfahrungsbegriffs in der Geschlechtergeschichte. Zürich: Chronos, S. 59–69.

Dalla Costa, Mariarosa/James, Selma (1973): Die Macht der Frauen und der Umsturz der Gesellschaft. Berlin: Merve.

Doderer, Yvonne/Kortendieck, Beate (2004): Frauenprojekte: Handlungs- und Entwicklungsräume feministischer Frauenbewegungen. In: Becker, Ruth/Kortendieck, Beate (Hg.): Handbuch der Frauen- und Geschlechterforschung. Theorie, Methoden, Empirie. Wiesbaden: VS Verlag, S. 684–691.

Do Mar Castro Varela, María (2003): Vom Sinn des Herum-Irrens. Emanzipation und Dekonstruktion. In: Koppert, Claudia/Selders, Beate (Hg.): Hand aufs dekonstruierte Herz. Königstein/Taunus: Ulrike Helmer, S. 91–115.

Erdemgil-Brandstätter, Anneliese/Moser, Maria (2003): Zivilgesellschaft – ein Konzept für Frauenprojekte? In: Appelt, Margit/Gubitzer, Luise/Sauer, Birgit (Hg.): Zivilgesellschaft – ein Konzept für Frauen? Frankfurt/M.: Peter Lang, S. 51–69.

Faller, Heike (2006): Haben wir die Emanzipation verspielt? In: Die Zeit Nr. 17, 20. 4. 2006, S. 61 f.

Feigl, Susanne (2002): Was gehen mich seine Knöpfe an? Johanna Dohnal, eine Biographie. Wien: Ueberreuter.

Flaake, Karin (1993): Lieber schwach aber gemeinsam, als stark aber einsam. Arbeitszusammenhänge von Frauen aus psychoanalytischer Sicht. In Koppert, Claudia (Hg.): Glück, Alltag und Desaster. Berlin: Orlando, S. 42–57.

Flick, Uwe (2000): Qualitative Forschung: Theorie, Methoden, Anwendung in Psychologie und Sozialwissenschaften. Reinbek/Hamburg: Rowohlt.

Fraisse, Geneviéve (1995): Geschlecht und Moderne. Frankfurt/M.: Fischer.

Fraser, Nancy (1994): Widerständige Praktiken. Macht, Diskurs, Geschlecht. Frankfurt/M.: Suhrkamp.

Frausein in Kärnten (1995). Empirische Grundlagenstudie im Auftrag der Kärntner Landesregierung. Wien: Inst. für Empir. Sozialforschung.

Freytag, Gabriele (1992): Grundlagen der feministischen Therapie. In: Bilden, Helga (Hg.): Das Frauentherapiehandbuch. München: Frauenoffensive, S. 11–35.

Freytag, Gabriele (1993): Die große und die kleine Freiheit – Sieben Thesen über die Ähnlichkeit von Hausarbeit und Projektarbeit. In: Koppert, Claudia (Hg.): Glück, Alltag und Desaster. Über die Zusammenarbeit von Frauen. Berlin: Orlanda, S. 27–41.

Funken, Christiane/Fohler, Susanne (2003): (Sich) Verkaufen: Zur modernitäts- und geschlechtsspezifischen Bedeutung der Geldkarriere im Vertrieb. In: Dackweiler/ Hornung (Hg.): frauen-macht-geld. Münster: Westfälisches Dampfboot, S. 164–183.

Galster, Ingrid (2004): Französischer Feminismus: Zum Verhältnis von Egalität und Differenz. In: Becker, Ruth/Kortendieck, Beate (Hg): Handbuch der Frauen- und Geschlechterforschung. Theorie, Methoden, Empirie. Wiesbaden: VS Verlag, S. 42–48.

Geiger, Brigitte /Hacker, Hanna (1989): Donauwalzer Damenwahl. Frauenbewegte Zusammenhänge in Österreich, Wien: Promedia.

Geiger, Brigitte (2002): Mediale Vermittlung feministischer Öffentlichkeiten. In: Neissl, Julia (Hg.): der/die Journalismus. Geschlechterperspektiven in den Medien. Innsbruck: Studienverlag, S. 91–111.

Gildemeister, Regine (1992): Neue Aspekte der Professionalisierungsdebatte. In: Neue Praxis 3/1992, S. 207–219.

Gildemeister, Regine/Wetterer, Angelika (1992): Wie Geschlechter gemacht werden. Die soziale Konstruktion von Zweigeschlechtlichkeit und ihre Reifizierung in der Frauenforschung. In: Knapp, Gudrun-Axeli/Wetterer, Angelika (Hg.): Traditionen Brüche. Freiburg: Kore, S. 201–254.

Gildemeister, Regine (2004): Doing Gender: Soziale Praktiken der Geschlechterunterscheidung. Becker, Ruth/Kortendieck, Beate (Hg.): Handbuch der Frauen- und Geschlechterforschung. Theorie, Methoden, Empirie. Wiesbaden: VS Verlag, S. 132–140.

Die Grünen Österreich, Brigid Weinzinger (Hg.) (2005): Grüner Frauenbericht. Wien.

Großmaß, Ruth (2000): Psychische Krisen und sozialer Raum. Eine Sozialphänomenologie psychosozialer Beratung. Tübingen: DGTV.

Günter, Andrea (1996): Weibliche Autorität, Freiheit und Geschlechterdifferenz. Bausteine einer feministischen politischen Theorie. Königstein/Taunus: Ulrike Helmer.

Günter, Andrea (2001): Die weibliche Seite der Politik. Königstein/Taunus: Ulrike Helmer.

Hänsch, Ulrike (1993): Frauenprojekte im Zustand kollektiver Ermüdung und erfolgsorientierter Anpassung. In: Beiträge zur feministischen Theorie und Praxis, Heft 35/1993, S. 9–15.

Haraway, Donna (1995): Manifest for Cyborgs. In: Haraway, Donna (Hg.): Die Neuerfindung der Natur. Frankfurt/M.: Campus, S. 33–72.

Hark, Sabine (2004): Lesbenforschung und Queertheorie. In: Becker, Ruth/Kortendieck, Beate (Hg.): Handbuch der Frauen- und Geschlechterforschung. Theorie, Methoden, Empirie. Wiesbaden: VS Verlag, S. 104–111.

Hark, Sabine (2005): Dissidente Partizipation. Eine Diskursgeschichte des Feminismus, Frankfurt/M.: Suhrkamp.

Hartwig, Luise/Weber, Monika (2000): Parteilichkeit in der Mädchen- und Frauenarbeit. In: Hartwig, Luise/Merkel, Joachim (Hg.): Parteilichkeit in der Sozialen Arbeit. Münster/New York/ München/Berlin: Waxmann, S. 25–48.

Hipfl, Brigitte (1999): Subjekt der Medien. Habilitationsschrift Universität Klagenfurt.

Hochschülerschaft an der Universität Klagenfurt (Hg.) (2003): Zeitreisen. Die Geschichte des ÖH-Frauenreferats an der Universität Klagenfurt.

Hörmann, Martina (2002): Vom kreativen Chaos zum professionellen Management. Organisationsentwicklung in Frauenprojekten. Opladen: Leske + Budrich.

Jäger, Siegfried (2004): Kritische Diskursanalyse. Eine Einführung. Duisburger Institut für Sprach- und Sozialforschung. 4. Aufl. Münster: Unrast.

Jaegher, Stella (2003): Gender Mainstreaming. Ein umstrittenes Konzept aus feministischer Perspektive. In: Widerspruch. Beiträge zu sozialistischer Politik. Heft 44, 23. Jg. Zürich: Förderverein Widerspruch.

Janshoff, Brigitte (1995): Frauenprojekte und feministische Professionalität. Diplomarbeit Universität Klagenfurt.

Jobst, Vinzenz (1999): Marie Tusch. Lebensbild einer Tabakarbeiterin. Klagenfurt: Archiv der Kärntner Arbeiterbewegung.

Jung, Dörthe (1993): Das Experiment Frauenbewegung. In: Rieger, Renate (Hg.): Der Widerspenstigen Lähmung? Frauenprojekte zwischen Autonomie und Anpassung. Frankfurt/M.: Campus, S. 23–38.

Kärntner Krone, 8. 5. 1996, S. 10.

Kärntner Krone, 10. 7. 1999, S. 21.

Kahlert, Heike (2004): Differenz, Genealogie, Affidamento. In: Becker/Kortendieck (Hg.): Handbuch der Frauen- und Geschlechterforschung. Theorie, Methoden, Empirie. Wiesbaden: VS Verlag, S. 91–98.

Kammer für Arbeiter und Angestellte Wien (2006): AK Frauenbericht 1995–2005.

Knapp, Gudrun-Axeli (2003): Aporie als Grundlage: Zum Produktionscharakter der feministischen Diskurskonstellation. In: Knapp, Gudrun-Axeli/Wetterer, Angelika (Hg): Achsen der Differenz. Gesellschaftstheorie und feministische Kritik II. Münster: Westfäl. Dampfboot, S. 240–265.

Knapp, Gudrun-Axeli/Wetterer, Angelika (Hg.) (2003): Achsen der Differenz. Gesellschaftstheorie und feministische Kritik II. Münster: Westfälisches Dampfboot.

Kleine Zeitung, 7. + 12. 5. 1996.

Kleine Zeitung, 8. 7. 1999, S. 37.

Kleine Zeitung 8. 3. 2006, S. 17.

Kleine Zeitung 15. 3. 2006, S. 14.

Klinger, Cornelia (1999): Essentialismus, Universalismus und feministische Politik. In: Lutter, Christina/Menasse-Wiesbauer, Elisabeth (Hg.): Frauenforschung, feministische Forschung, Gender Studies. Entwicklungen und Perspektiven Wien: bmwk, S. 95–115.

Klinger, Cornelia (2003): Ungleichheit in den Verhältnissen von Klasse, Rasse und Geschlecht. In: Knapp/Wetterer (Hg.): Achsen der Differenz. Gesellschaftstheorie und feministische Kritik. Münster: Westfälisches Dampfboot, S. 14–48.

Koch-Klenske, Eva (Hg.) (1991): Die Töchter der Emanzen. Kommunikationsstrukturen in der Frauenbewegung. München: Frauenoffensive.

Koppert, Claudia (Hg.) (1993): Glück, Alltag und Desaster. Über die Zusammenarbeit von Frauen. Berlin: Orlanda.

Koppert, Claudia/Lindberg, Birgit (1993): Projekte der Moderne. Zu zwanzig Jahren feministischer Zusammenarbeit. In: Koppert, Claudia (Hg.): Glück, Alltag und Desaster. Über die Zusammenarbeit von Frauen. Berlin: Orlanda, S. 76–100.

Koppert, Claudia (2003a): Post Feminismus: Komplexe Verhältnisse, widerspruchsvolle Lagen, tragische Heldinnen. In: Koppert, Claudia/Selders, Beate (Hg.): Hand aufs dekonstruierte Herz. Verständigungsversuche in Zeiten der politisch-theoretischen Selbstabschaffung von Frauen. Königstein/Taunus: Ulrike Helmer, S. 10–26.

Koppert, Claudia (2003b): Post Feminismus: Eskalierende Anerkennungsbedürfnisse, Selbstabschaffungstendenzen und die Notwendigkeit aufgeklärter Konstruktionen. In: Koppert, Claudia/Selders, Beate (Hg.): Hand aufs dekonstruierte Herz. Verständigungsversuche in Zeiten der politisch-theoretischen Selbstabschaffung von Frauen. Königstein/Taunus: Ulrike Helmer, S. 116–149.

Kortendieck, Beate/Cottmann, Angelika (2000): Frauen in der Sozialen Arbeit – zwischen Profession, Ehrenamt und Selbsthilfe. In: Cottmann/Kortendieck/Schildmann: Das undisziplinierte Geschlecht. Opladen: Leske + Budrich, S. 127–149.

Krainer, Larissa (1995): Österreichische Frauenzeitschriften. Zwischen Kommerz- und Alternativmedien. Klagenfurt: Drava.

Krainer, Larissa (2002): Feministische Aus-Zeit? In: Neissl, Julia (Hg.): der/die Journalismus. Geschlechterperspektiven in den Medien. Innsbruck: Studienverlag, S. 69–89.

Krainz, Ewald (1991): Kooperation und Geschlecht. Gruppendynamik 22. Jg., Heft 4/91, S. 415–441.

Kramer, Gisela (1993): Wer ist die Beste im ganzen Land? Konkurrenz unter Frauen. Frankfurt/M.: Fischer.

Lenz, Ilse (2004a): Geschlechtssymmetrische Gesellschaften: Wo weder Frauen noch Männer herrschen. In: Becker/Kortendieck (Hg.): Handbuch der Frauen- und Geschlechterforschung. Theorie, Methoden, Empirie. Wiesbaden: VS Verlag, S. 28–34.

Lenz, Ilse (2004b): Frauenbewegungen: Zu den Anliegen und Verlaufsformen von Frauenbewegungen als sozialen Bewegungen. In: Becker/Kortendieck (Hg.): Handbuch der Frauen- und Geschlechterforschung. Theorie, Methoden, Empirie. Wiesbaden: VS Verlag, S. 665–675.

Libreria delle Donne di Milano (1988): Wie weibliche Freiheit entsteht. Eine neue politische Praxis. Berlin: Orlando.

Libreria delle Donne di Milano (1996): Das Patriarchat ist zuende. Es ist passiert – nicht aus Zufall. Rüsselsheim: Göttert.

Luig, Ute (1997): Verlorene Gewissheiten. Prozesse der Differenzierung des Begriffs Geschlecht und neue Formen seiner Repräsentation. In: Völger, Gisela (Hg.): Sie und Er, Frauenmacht und Männerherrschaft im Kulturvergleich. Köln: Rautenstrauch-Joest-Museum, S. 69–76.

Lutter, Christina/Menasse-Wiesbauer, Elisabeth (Hg.) (1999): Frauenforschung, feministische Forschung, Gender Studies. Entwicklungen und Perspektiven. Wien: bmwk.

Lutter, Christina, Reisenleitner, Markus (2002): Cultural Studies. Eine Einführung. Wien: Löcker.

Machan, Anna (1901): Über Frauenbildung und Frauenbewegung in Kärnten. Klagenfurt: Kleinmayr.

Magistrat der Stadt Klagenfurt (Hg.) (1995): Grundlagenstudie Lebenssituation der Frauen in Klagenfurt. Endbericht Juni 1995, durchgeführt vom Österreichischen Gallup Institut Dr. Karmasin Wien.

Meyer, Birgit (1991): Von der Balance des Erträglichen. Frauenbewegung und polische Kultur in den achtziger Jahren. In: Koch-Klenske, Eva (Hg.): Die Töchter der Emanzen. München: Frauenoffensive, S. 34–52.

Meulenbelt, Anja (1993): Differenzen zwischen Frauen – Möglichkeiten und Schwierigkeiten der Zusammenarbeit. In: Frauenberatung Wien Hg: Zusammenspiel und Kontrapunkt. Wien: Wiener Frauenverlag, S. 25–39.

Michalitsch, Gabriele (2005): Welcher Teil welcher Zeit, welcher Arbeit? Teilzeitarbeit im Kontext neoliberaler Transformation. In: Exner, Andreas et al. (Hg.): Losarbeiten – Arbeitslos. Globalisierungskritik und die Krise der Arbeitsgesellschaft. Münster: Unrast, S. 86–96.

Mies, Maria (1997): Die Methodischen Postulate zur Frauenforschung – ein Rückblick nach 20 Jahren. In: Völger, Gisela (Hg.): Sie und Er. Frauenmacht und Männerherrschaft im Kulturvergleich. Köln: Rautenstrauch-Joest-Museum, S. 55–62.

Müller, Christa (2004): Parteilichkeit und Betroffenheit: Frauenforschung als politische Praxis. In: Becker, Ruth/Kortendiek, Beate (Hg.): Handbuch Frauen- und Geschlechterforschung. Theorie, Methoden, Empirie, Wiesbaden: VS Verlag für Sozialwissenschaften, S. 294–297.

Nemeth, Elisabeth (2003): Die Zivilgesellschaft und ihre vielen Freunde. Ein Orientierungsversuch. In: Appelt, Margit/Gubitzer, Luise/Sauer, Birgit (Hg.): Zivilgesellschaft – ein Konzept für Frauen? Frankfurt/M.: Peter Lang, S. 19–33.

Netzwerk österreichische Frauen- und Mädchenberatungsstellen (Hg.) (1998): Frauenberatungsstellen, Mädchenberatungsstellen in Österreich. Informationsbroschüre Wien.

Netzwerk österreichische Frauen- und Mädchenberatungsstellen (2004a): Qualitätsstandards der Frauen- und Mädchenberatungsstellen..

Netzwerk der österreichischen Frauen- und Mädchenberatungsstellen (2004b): Zusammenfassung der Gespräche mit Vorstandsfrauen. Broschüre.

Neyer, Gerda (1998): Dilemmas der Sozialpolitik. In: Kreisky, Eva/Sauer, Birgit (Hg.): Geschlecht und Eigensinn. Feministische Recherchen über die Politikwissenschaft. Wien: Böhlau, S. 90–100.

Nienhaus, Ursula (1993): Autonomie und Frauenprojektebewegung. In: Rieger, Renate (Hg.): Der Widerspenstigen Lähmung? Frauenprojekte zwischen Autonomie und Anpassung. Frankfurt/M.: Campus, S. 39–52.

Northrup, Christiane (2001): Wechseljahre. München: Zabert Sandmann.

Pesjak, Cynthia (2005): Die Gynäkologinnen. Wenn der Arztbesuch zum Luxus wird. In Huhnke, Brigitta (Hg.): Starke Frauen in Kärnten. Klagenfurt: Drava, S. 52–56.

Pörksen, Uwe (1988): Plastikwörter: die Sprache einer internationalen Diktatur. Stuttgart: Klett-Kotta.

Posner, Roland (1999): Kultur als Zeichensystem. Zur Explikation kulturwissenschaftlicher Grundbegriffe. In: Assmann, Aleida/Harth, Dietrich (Hg.): Kultur als Lebenswelt und Monument. Frankfurt/M.: Fischer, S. 37–74.

profil Nachrichtenmagazin Nr. 51, 18. 12. 2000, S. 19–22.

Puntscher Riekmann, Sonja: Der Begriff des Politischen. Hannah Arendt, Carl Schmitt und feministische Theorie. In: Kreisky /Sauer (Hg.), S. 37-48.

Purschert, Patricia/Ruef, Maja (2003): Feminismus in den 90ern: Krise oder Öffnung? Erbe oder Neuanfang? In: Claudia Koppert/Beate Selders (Hg.): Hand aufs dekonstruierte Herz. Königsstein/Taunus: U. Helmer, S. 62-90.

Pusch, Luise (Hg.) (1983): Feminismus - Inspektion der Herrenkultur. Frankfurt/M.: Suhrkamp.

Referat für Frauen und Gleichbehandlung, Amt der Kärntner Landesregierung (Hg.), Mit Beitr. von Alexandrowicz, Rainer W. A. (2004): Kärntner Genderstudie. Geschlechterverhältnisse und geschlechtstypische Disparitäten, Klagenfurt: Amt der Kärntner Landesregierung, Referat für Frauen und Gleichbehandlung.

Renger, Rudi (2003): Kulturtheorien der Medien. In: Weber, Stefan (Hg.): Theorien der Medien. Konstanz: UVK, S. 154-179.

Rondo 03/02/2006. Beilage zur Tageszeitung Der Standard, 3. 2. 2006.

Rowhani, Inge (1994): Frauenzeit - Männerzeit. In: Appelt, Erna/Neyer, Gerda (Hg.): Feministische Politikwissenschaft. Wien: Verlag für Gesellschaftskritik, S. 183-217.

Rowhani-Ennemoser, Inge (1998): Arbeitsmarktpolitik als Frauenpolitik. In: Kreisky, Eva/Sauer, Birgit (Hg.): Geschlecht und Eigensinn. Feministische Recherchen in der Politikwissenschaft. Wien: Böhlau, S. 115-130.

Röser, Jutta/Wischermann, Ulla (2004): Medien- und Kommunikationsforschung: Geschlechterkritische Studien zu Medien, Rezeption und Publikum. In: Becker, Ruth/Kortendieck, Beate (Hg.): Handbuch der Frauen- und Geschlechterforschung. Theorie, Methoden, Empirie. Wiesbaden: VS Verlag, S. 633-638.

Rösslhumer, Maria/Appelt, Birgit (2001): Hauptsache Frauen: Politikerinnen in der zweiten Republik. Graz/Wien: Styria.

Rutschky, Katharina (1999): Emma und ihre Schwestern. Ausflüge in den real existierenden Feminismus. München: Hanser.

Schachtner, Christina (2005): Architektinnen der Zukunft. Lokale Frauenprojekte im Kontext der Globalisierung. München: Oekom.

Schlaflose Nächte (2000). Dokumentation der 2. Tagung 27./28.September in Graz.

Schmerl, Christiane (1993): Neue Frauen, kalter Kaffee. In: Nuber, Ursula (Hg.) Wir wollten alles ... was haben wir nun? Eine Zwischenbilanz der Frauenbewegung. Zürich: Kreuz, S. 98-119.

Schneider, Wolf/Raue, Paul-Josef (1996): Handbuch des Journalismus. Reinbek: Rowohlt.

Schunter-Kleemann, Susanne (2003): Was ist neoliberal am Gender Mainstreaming? In: Widerspruch 44. 23. Jg., 1. Hj. 2003, S. 19-33.

Schwarzer, Alice (2002): Der große Unterschied. Frankfurt/M.: Fischer.

Sellach, Brigitte (1993): Zukunft der Frauenprojektepolitik. In: beiträge zur feministischen theorie und praxis, Heft 35/1993, S. 31-42.

Seitz, Rita (1994): ›Prisoner of Gender‹ or ›Prisoner of Discourse‹? Diskurstheoretische Analyse sozialwissenschaftlicher Daten. In: Diezinger, Angelika et al. (Hg.): Erfahrung mit Methode. Münster: Westfälisches Dampfboot, S. 183-199.

Sichtermann, Marie (1993): Auf der Suche nach dem Glück in Frauenprojekten. Eine Streitschrift. In: Rieger, Renate (Hg.): Der Widerspenstigen Lähmung? Frauenprojekte zwischen Autonomie und Anpassung. Frankfurt/M.: Campus, S. 83-99.

Sichtermann, Marie/Siegel, Brigitte (1993): Organisationsentwicklung in Frauenprojekten. In: Rieger, Renate (Hg.): Der Widerspenstigen Lähmung? Frankfurt/M.: Campus, S. 111-119.

Sichtermann, Marie (2003): Der zäheste Fisch seit es Fahrräder gibt. Ein Plädoyer für autonome Frauenräume. Königstein/Taunus: Ulrike Helmer.

Singer, Mona (2003): Feministische Epistemologien. In: Knapp, Gudrun-Axeli/Wetterer, Angelika (Hg.): Achsen der Differenz. Gesellschaftstheorie und feministische Kritik II. Münster: Westfälisches Dampfboot, S. 228–239.

Stephan, Cora (1993): Emma in den Wechseljahren. In: Nuber, Ursula (Hg.): Wir wollten alles ... was haben wir nun? Eine Zwischenbilanz der Frauenbewegung. Zürich: Kreuz, S. 24–31.

Stern Nr. 13/2000, S. 93–101.

Stiegler, Barbara (2003): Gender Mainstreaming. Postmoderner Schmusekurs oder geschlechterpolitische Chance? Argumente zur Diskussion. In: Friedrich-Ebert-Stiftung (Hg.): Expertisen zur Frauenforschung. Bonn: Wirtschafts- und sozialpolitisches Forschungs- und Beratungszentrum.

Stockhammer-Wagner, Ilse (1998): Zur Bedeutung von Tagtraum, Wunsch und Hoffnung in der Berufsorientierung. Eine Haltungsübung. Unveröffentl. Abschlussarbeit, Lehrgang Berufsorientierung, Universität Klagenfurt.

Stuiber, Petra (2004): Österreich in Männerhand? Ein Land als Herrenclub – und wie Frauen es trotzdem schaffen. Wien: Ueberreuter.

Treibel, Annette (2004): Einführung in die soziologischen Theorien der Gegenwart. Geschlecht als soziale Konstruktion und Dekonstruktion. Wiesbaden: Verlag für Sozialwissenschaften.

Trömel-Plötz, Senta (1997): Die Herstellung von Gleichheit in Frauengesprächen. In: Trömel-Plötz, Senta (Hg.): Frauengespräche. Sprache der Verständigung. Frankfurt/M.: Fischer, S. 121–139.

Tropper, Christine (1999): Frausein in Kärnten um 1900 und um 2000. In: Fräss-Ehrfeld (Hg): Lebenschancen in Kärnten 1900–2000. Klagenfurt: Verlag des Geschichtsvereins für Kärnten, S. 185–216.

Trumann, Andrea (2002): Feministische Theorie. Frauenbewegung und weibliche Subjektbildung im Spätkapitalismus. Stuttgart: Schmetterling Verlag.

Verein Belladonna (1986): Konzept.

Verein Belladonna, Verein zur Förderung von Frauenkommunikation, -kultur und -beratung (1986) und Verein Belladonna, Frauenberatung und Familienberatung. Zentrum für Frauenkommunikation und Frauenkultur (2000): Statuten.

Verein Belladonna (1995): Konzept 1996. Klagenfurt.

Verein Belladonna, Frauenberatung und Familienberatung. Zentrum für Frauenkommunikation und Frauenkultur (2000): Konzept. Klagenfurt.

Verein Belladonna: Tätigkeitsberichte 1989, 1996 bis 2005. Klagenfurt.

Villa, Paula-Irene (2003): Woran erkennen wir eine Feministin? Polemische und programmatische Gedanken zur Politisierung von Erfahrungen. In: Knapp, Gudrun-Axeli/Wetterer, Angelika (Hg.): Achsen der Differenz. Gesellschaftstheorie und feministische Kritik II. Münster: Westfälisches Dampfboot, S. 266–285.

Weiss, Alexandra (2003): Globalisierung – ein Angriff auf Frauen. In: Kofra. Zeitschrift für Feminismus und Arbeit. Heft 103, 21. Jg., S. 4–6.

Weiss, Alexandra (2005): Globalisierungskritik und feministische Politik. In: Exner, Andreas et al (Hg.): Losarbeiten – Arbeitslos. Globalisierungskritik und die Krise der Arbeitsgesellschaft. Münster: Unrast, S. 226–244.

von Werlhof, Claudia (1983): Der Proletarier ist tot, es lebe die Hausfrau? In: von Werlhof, Claudia/Mies, Maria/Bennholt-Thomson, Veronika: Frauen, die letzte Kolonie. Reinbek: rororo.

von Werlhof, Claudia (2002): GATS und die Frauen. In: AEP Informationen, 29. Jg., Heft 4/02.

Wetschanow, Karin (2003): Zivilgesellschaft, Talkshows und Frauenbewegung. In: Appelt, Margit/Gubitzer, Luise/Sauer, Birgit (Hg.): Zivilgesellschaft – ein Konzept für Frauen? Frankfurt/M.: Peter Lang, S. 35–50.

Wetterer, Angelika (2004): Konstruktion von Geschlecht. Reproduktionsweisen der Zweigeschlechtlichkeit. In: Becker/Kortendieck (Hg.): Handbuch der Frauen- und Geschlechterforschung. Theorie, Methoden, Empirie. Wiesbaden: VS Verlag, S. 122–131.

Wichterich, Christa (2005): From Margin to Mainstream to Margin Wege und Umwege transnationaler Frauennetzwerke und der Globalisierung von Frauenrechten. In: 100 PERIPHERIEN – Die Welt von den Rändern her denken. Peripherie Nr. 100, 25. Jhg., 11/2005. Münster: Westfälisches Dampfboot, S. 534–538.

Willutzki, Ulrike (2001): Feministische Perspektiven für die psychosoziale Versorgung. In: Franke, Alexa/Kämmerer, Annette (Hg.): Klinische Psychologie der Frau. Göttingen: Hogrefe, S 689–715.

Winter, Rainer (2001): Die Kunst des Eigensinns. Cultural Studies als Kritik der Macht. Weilerswist: Velbrück Wissenschaft.

Wolf, Naomi (1993): Die Stärke der Frauen. Gegen den falsch verstandenen Feminismus. München: Droemer Knaur.

Internetquellen

Amt der Kärntner Landesregierung. Referat für Frauen und Gleichbehandlung: http://www.frauen.ktn.gv.at, 4. 2. 2006.

Badinter, Elisabeth: Die Wahrheit über Partnergewalt. L'Express, 20. 06. 2005. In http://www.maennerrat.de/elisabeth-badinter.htm, 2. 1. 2006.

Bilden, Helga (2000): Feministische Theorie(n) und feministische psychosoziale Arbeit. Manuskript, München. www.lrz-muenchen.de/˜Reflexive_Sozialpsychologie/Bilden, 1. 4. 2006.

Bilden, Helga (2003): Feministische Wissenschaft und Geschlechterforschung. Erkenntnisinteressen, Vielfalt/Pluralität und Desiderata. www.lrz-muenchen.de/˜Reflexive_Sozialpsychologie/Bilden, 1. 4. 2006.

Buber, Martin (1982) Erstauflage 1938: Das Problem des Menschen. Heidelberg: Lambert Schneider, S. 115 f. Zit. bei Doubrawa, Erhard: Die Politik des Ich-Du. Der Anarchist Martin Buber. Gestaltkritik Heft 2/1999. In: http://www.gestalt.de/doubrawa_buber.html, 22. 2. 2006.

Bundesministerium für Gesundheit und Frauen: www.bmgf.gv.at, 21. 1. 2006.

Bundesministerium für Inneres, Abteilung III/6: www.bmi.gv.at/wahlen/volksbeg_frauen_erg.asp, 5. 10. 2005.

Ceiberweiber: http://www.ceiberweiber.at/wahl1/hauptzumfrauentag.htm, 4. 2. 2006, http://www.ceiberweiber.at/wahl/wien/news.htm, 21. 1. 2006.

Dohnal, Johanna. Website: http://www.johanna-dohnal.at, 7. 1. 2006.

Eichhorn, Cornelia (1994): Im Dienste des Gemeinwohls. Frauenbewegung und Nationalstaat. In: Eichhorn/ Grimm (Hg.): Gender Killer. www.nadir.org/nadir/archiv/Feminismus/GenderKiller/gender_8.html, 6. 1. 2006.

Frauenakademie des Rennerinstituts: http://www.renner-institut.at/frauenakademie/sozdemokratinnen/konrad.htm, 4. 2. 2006.

Frauen beraten Frauen: »Wir über uns« http://www.frauenberatenfrauen.at/verein.htm, 4. 1. 2004.

»Wir über uns« http://www.frauenberatenfrauen.at/verein.htm, 18. 12. 2005.

Frauenbewegung der ÖVP, www.frauenoffensive.at, 4. 2. 2006.

Frauenreferat des Amts der Kärntner Landesregierung www.frauen.ktn.gv.at, 4. 2. 2006.

Frauenstudien Hamburg: www.frauenforschung-hamburg.de, 2. 2. 2006.

Genderstudies Hamburg: www.genderstudies-hamburg.de, 22. 2. 2006.

Google Suchmaschine: www.google.at, 18. 3. 2006.

Hagel, Antje/Schuhmann, Antje (1994): Aufstieg und Fall der Frauenbewegung. In: Eichhorn, Cornelia/ Grimm, Sabine (Hg.): Gender Killer. Texte zu Feminismus und Politik. www.nadir.org/nadir/archiv/Feminismus/GenderKiller/gender_7.html, 16. 12. 2005.

Höferl, Andreas (2005): Armut von Frauen in Kärnten. Wien: Österr. Gesell. f. Politikberatung und Politikentwicklung S. 5. In: http://www.politikberatung.or.at/, 20. 1. 2005.

1. Kärntner Kurzschlusshandlung (1999): http://www.unikum.ac.at/kh/, 4. 4. 2006.

Kovacic, Sanja (2002): Kommunikationsprobleme zwischen Männern und Frauen im Berufsleben. http://www.frauensache.at/thema/thema-kommunikation.html, 4. 2. 2006.

Netzwerk Frauen- und Mädchenberatungsstellen: www.netzwerk-frauenberatung.at, 14. 2. 2006.

Frauenberatungsstellen: http://web.utanet.at/frauenberatung-oberwart, http://www.frauen-op.at/, www.maedchenzentrum.at, 1. 4.2006.

Nohl, Arnd-Michael (2005): Dokumentarische Interpretation narrativer Interviews. In: bildungsforschung, Jg. 2, Ausgabe 2. www.bildungsforschung.org/Archiv/2005-02/interview, 8. 4. 2006.

Plesch, Tine (2004): Popmusikerinnen und Ladyfeste. Versuch einer Positionsbestimmung. In: Kulturrisse 0204, http://igkultur.at/igkultur/kulturrisse/1086766500, 22. 2. 2006.

Schumak, Renate (2000): Feministische Theorie in den 90er Jahren des letzten Jahrhunderts – Rund um den Butlerboom. www.spsh.de/texte/butler/htm, 10. 3. 2006.

Schwarzer, Alice. Website: www.aliceschwarzer.de/preise_ehrungen.html, 27. 12. 2005.

Šubik, Christof: Trauerarbeitsplätze. Über eine Installation von Helmut Stockhammer und Ilse Stockhammer-Wagner. In: http://www.uni-klu.ac.at/ipg/alt/publ/pgk/subik1.htm, 1. 4. 2006.

Thürmer-Rohr, Christina: Die unheilbare Pluralität der Welt. Von der Patriarchatskritik zur Totalitarismusforschung. In: Heinrich-Böll-Stiftung: Debatte zu Politik und Moderne, Band I. keine Jahreszahl in: http://www.boell-bremen.de, 4. 2. 2006.

Universitätskulturzentrum Unikum www.unikum.ac.at/kh/, 4. 4. 2006.

Varela, F.J. (1990): Kognitionswissenschaft – Kognitionstechnik. Eine Skizze aktueller Perspektiven. Frankfurt/M.: Suhrkamp, S. 113. In: http://brainworker.ch/Dialog/, 2. 2. 2006.

Wikipedia

http://de.wikipedia.org/wiki/Institution, 17. 12. 2005.

http://de.wikipedia.org/wiki/Erfahrung, 15. 2. 2006.

http://de.wikiquote.org/wiki/Erfahrung, 15. 2. 2006.

http://de.wikipedia.org/wiki/Qualit %C3 %A4tssicherung, 25. 3. 2006.

Anhang

Teamfrau (Interview 1 am 31. 3. 2006)

Frage 1: Stichwort Belladonna-Geschichte: Welche zentralen Ereignisse, welche Hochs und Tiefs hat es gegeben? An welchen Projekten warst du maßgeblich beteiligt, wie sind sie gelaufen?

Ich war nicht kontinuierlich Belladonna-nahe diese 20 Jahre, aber doch immer wieder jahrelang dabei dadurch, dass die Altenbetreuung da herinnen war. Ausgegangen ist es eigentlich davon: die Idee war ein Frauenkommunikationszentrum zu gründen, dass Frauen ihre Sachen einbringen, was immer sie anderen Frauen weitergeben wollen. Früher war es eigentlich mehr freier Raum, früher hat man sich freier bewegt, mit dem, was wir wollten, während es jetzt durch diese Beratungsschiene eingeengt worden ist auf Beratung. Das ist der markante, große Unterschied. Am Anfang war eben die Freiheit da, was wir machen wollen, tun wir, und wir das auch gemacht haben.

Nach fünf Jahren war dann schon die Küche da, wo gekocht wurde. Dann war rapid die Kürzung von diesem Auskochen und dann ist eigentlich sehr schnell diese Beratungsschiene gekommen. Dann war noch einmal so ein Einbruch von diesem Status Frauenberatung, wie dann die Prammer war, praktisch dieser Zwang fast, wir kriegen keine Förderung vom Frauenministerium, wenn wir nicht Familienberatungsstelle werden. Das war also keine freie Entscheidung, sondern war von der Prammer ein Muss und dadurch gibt es jetzt keine reine Frauenberatungsstelle mehr.

Zum Mittagstisch: Am Anfang war das Kommunikative ganz frei und wir haben das Gefühl gehabt, jetzt können wir Kaffee machen und kochen und das ist ja auch alles sehr gut angenommen worden. Dadurch war aber wirklich dieser Kommunikationsraum da, weil jeden Mittag waren da zwanzig bis dreißig Leute. Es ist Vollwert gekocht worden, und ganz viel hat sich da während des Essens abgespielt. Wer sich da alles getroffen hat! Da hat es diese runden Tische gegeben, die wir dann weggegeben haben. Es war ja wirklich bummvoll, sodass oft kein Platz frei war. Das war wirklich energetisch total toll! Das wirklich eine ganz besondere Zeit.

Aber das hat alles damit nichts zu tun gehabt, dass der Bedarf ja da war und es gut gegangen ist und auf einmal hat es geheißen: „Das brauchen wir nicht, Frauen brauchen das nicht". Und mit dem war natürlich die Kommunikation weg. Logisch! Es wurde nicht mehr gekocht, und dann diese freie Schiene, wir machen jetzt alles von Rhetorik bis, ich weiß nicht, Bauchtanz und Massage, auf einmal dann: wir beraten! Das war dann wirklich dieser große Schritt weg vom Kommunikativen. Zuerst ist der Rahmen erweitert worden, zuerst waren nur diese Angebote von uns, dann war dieses Öffentliche, es gibt günstig und gut zu essen, und dann war auf einmal das Alles nicht mehr da. Dafür ist dann kein Geld mehr locker gemacht worden.

Zur offenen Altenbetreuung: Parallel mit dem Mittagstisch gab es noch ein Projekt der offenen Altenbetreuung, das war ein Bedürfnis von mir. Ich habe massiert und habe immer mehr mit alten Menschen zu tun gehabt und habe gemerkt, dass sie die Berührung so genießen, dass der Termin bei mir das Einzige war, was die Leute an Berührung gekriegt haben. Ich habe mich auch sehr mit Alter und Tod beschäftigt und mit Altenbetreuung. So ist dann diese Idee entstanden, die Menschen auch zu Hause zu betreuen. Zu dieser Zeit wurde auch die Ausländerberatung gegründet, die dann auch hier Platz gefunden hat. Ich war vormittags herinnen, die Ausländerberatung nachmittags. Das

42 Belladonna war für Frauen, die eine Initiative gründen wollten, der Platz, wo sie starten konnten. Viele
43 Initiativen wurden ausgegliedert, weil der Raum zu klein war oder sie haben sich aufgelöst, weil sie
44 nicht mehr finanziert werden konnten. Für die Altenbetreuung war kein Geld mehr da und die
45 Ausländerberatung ist dann wo anders hin gegangen. Für die Altenbetreuung hat es auch immer
46 Parallelen gegeben, z.B. die Hauskrankenhilfe.
47 Wir konnten nie nachvollziehen, wieso die Gelder, es war ohnehin nicht viel, auf einmal gekürzt
48 wurden. Es waren ja immerhin 50 Mitarbeiterinnen, wir haben wöchentlich unsere Teamabende
49 herinnen gehabt, da waren im Schnitt immer 20 Leute anwesend. Die Frauen hatten damals einen
50 Stundensatz von 60, 70 Schilling pro Stunde. Das war für diese Schwerarbeit ohnehin noch
51 unterbezahlt. Die Betreuungsangebote waren ganz unterschiedlich: eine Frau hat immer am
52 Wochenende Dienst gemacht, d.h. sie hat bei der betreuten Frau am Wochenende auch geschlafen.
53 Andere haben täglich oder zweimal die Woche betreut. Ich habe auch immer wieder betreut, parallel
54 dazu, dass ich es organisiert habe. Ich habe halt nur zwei Frauen gehabt und war auch für die
55 Erstkontakte zuständig. Zu den Familien hingehen, schauen, welche Betreuerin dort gut dazupasst,
56 was sie für Wünsche haben, ob wir das auch erfüllen können. Wir haben auch alle Weiterbildungen
57 besucht. Beim Roten Kreuz hat es so ein Angebot gegeben. Es hat auch oft schwierige Situationen
58 gegeben. Die Leute haben gesagt, es fehlt ihnen etwas, sie haben etwas verlegt, bei so viel
59 Betreuungen hat es immer sehr viel zu klären gegeben. Die Betreuerinnen waren zum Großteil Laien,
60 die sich weitergebildet haben und es hat zum Großteil sehr gut funktioniert. Ich treffe auch noch jetzt
61 Leute aus der Zeit damals, die mich auffordern wieder eine Gruppe zu organisieren.
62
63 **Frage 2: Stichwort Frauenpolitik und Öffentlichkeit:** *Wie wird Belladonna von außen, von*
64 *Medien, Fördergebern, Nutzerinnen gesehen? Wie ist das Verhältnis zur institutionellen*
65 *Frauenpolitik und den Netzwerken?*
66
67 **Zur Außensicht:** Am Anfang war schon ein Argwohn: was wollen die Frauen überhaupt. Wir wurden
68 auch ein bisschen belächelt. Das ist dann in die Phase übergegangen, dass wir wirklich nur links
69 gestanden sind. Ich denke, dass wir jetzt schon einen guten Ruf haben. Das merke ich, wenn ich oft
70 mit Leuten rede oder auch bei unseren Fördergebern habe ich das Gefühl, das passt. Lange Zeit ist
71 das aber alles sehr fragwürdig dagestanden für mein Gefühl.
72 Für unsere Fördergeber wird es oft nicht sichtbar, dass die Basis eines jeden Projekts die
73 Koordinatorin und Finanzfachfrau ist, und die ist halt bei uns am schlechtesten finanziert. Für uns
74 Beraterinnen ist es sich finanziell immer ausgegangen, aber die Organisatorinnen sind ja oft
75 ausgestiegen, die mussten teilweise auf 10 Stunden reduzieren, da kann man ja nicht davon leben.
76 Die Organisation haben die unterschiedlichsten Frauen gemacht. Jede hat auch ihre eigene Art
77 gehabt, mit Medien und Öffentlichkeit umzugehen. Die jeweilige Organisatorin war für den Umgang
78 mit der Öffentlichkeit zuständig, da hat es auch Konfrontationen gegeben. Bald war dann der Ruf da,
79 wir seien überhaupt Ultrafeministinnen und alles „spinnerte" Frauen. Je älter wir geworden sind, umso
80 bodenständiger ist unser Ruf auch geworden. Jetzt sind wir auf der Leistungsschiene, eben der
81 Beratung, das ist dann schon etwas fundierter und auch anerkannter. Es hat aber auch jahrelange

82 Auseinandersetzungen gegeben, was heißt Beratung, was wollen die Fördergeber, was muss

83 Beratung im Endeffekt sein? Am Besten, dass die Frau wieder arbeitet?

84 **Zu Medien:** Wir haben uns für Vieles eingesetzt. Vor ca. 15 Jahren hat es in Kärnten keine einzige

85 Frauenärztin gegeben. Da gab es eine große Initiative für die erste Frauenärztin, und zwar für eine

86 Kassenärztin. Wir haben uns zwar an die Öffentlichkeit und die Medien gewandt, aber es war nicht so,

87 dass das großartig aufgegriffen wurde. Das war halt wieder eher so ein „Randthema". Aber im

88 Endeffekt waren wir erfolgreich. Wie weit das unser Erfolg war weiß ich nicht, es war eben auch die

89 Zeit, die reif für solche Entscheidungen war.

90 Sicher wäre es fürs Belladonna eine Möglichkeit, wesentlich häufiger an die Medien zu gehen oder

91 Missstände auszudrücken. Wo wir wieder bei.dem sind: wer macht das dann? Es ist ja keine Zeit, so

92 passiert es ja auch individuell, dass so wenig Zeit ist.

93 **Zu Netzwerken und zur institutionellen Frauenpolitik:** Das Verhältnis zur institutionellen

94 Frauenpolitik ist eher nicht gut. Oft bekleiden hier Frauen Positionen, die eigentlich wenig Ahnung

95 haben, was wirklich Thema ist. Oder die auch schon so institutionalisiert sind, das heißt, das das in

96 ihrer Institution für sie nicht machbar ist. Das ist für Frauenberatungsstellen schon eine Enttäuschung,

97 die auch zu Resignation führt. Es gab in diesen Funktionen selten Frauen die sich wirklich für uns

98 eingesetzt haben, die verstanden haben, was Thema ist, was wir bräuchten. Netzwerke halte ich für

99 ganz wichtig. Das österreichweite Netzwerk für Frauen- und Familienberatungsstellen leistet total

100 wichtige Arbeit. Die Kärntner Netzwerke halte ich nicht für so ergiebig.

101

102

103 ***Frage 3: Stichwort feministische Theorie und Praxis:*** *Wie ist dein Verhältnis zu*

104 *Frauenprojekten und feministischer Theoriebildung, zu Gleichheit/Differenz unter Frauen,*

105 *Frauenberatung und Politik.*

106

107 **Zum Verhältnis von Theorie und Praxis:** Ich habe mit den Unigeschichten eigentlich wenig zu tun.

108 Wenn Frauen herinnen waren, die mit der Uni verbunden waren und das eingebracht haben, ist das

109 sicher immer wieder ein Thema gewesen. Wir haben einen großen Zulauf und haben dadurch wenig

110 Kapazitäten frei, was nicht heißt, das es mich nicht interessieren würde. Man müsste es schon sehr

111 gut planen und sagen: so, und jetzt diskutiert man über das. Das ist früher sicher mehr passiert. Wie

112 die B. da war, wie sie noch in Kärnten gewohnt hat, da hat es schon so Diskussionen gegeben, wo ich

113 jetzt nicht sagen kann, das war jetzt mir nah oder wichtig. Stimmt auch nicht. Vielleicht wäre es mir

114 auch wichtig, wenn ich mich mehr mit dem beschäftigen würde.

115 **Zu Gleichheit/Differenz unter Frauen:** Ich rede weniger von den Frauen, sondern von den Frauen,

116 die ich in Beratung habe. Das typische Frauenleben in diesem patriarchalen System, dieses Mehr-

117 Tragen-Müssen, die Familie tragen müssen und zum Teil auch wollen, aber immer eben dieses

118 Quäntchen zuviel, an Verantwortung, an Organisation, an Hausarbeit, also eh diese leidlichen

119 Themen, das ist eben in jedem Frauenleben auch da.

120 Die psychische Belastung der Frauen hängt zusammen mit dem Arbeiten-gehen-wollen, das nicht

121 organisieren können, zum Teil wegen der fehlenden Kindergärten, dass die ganze Infrastruktur ja

122 nicht mitspielt, dass das alles eine irrsinnige Belastung ist. Wie kriege ich alle meine Sachen in der

123 Zeit, die ich habe, unter einen Hut, wie kann ich existieren, wenn ich jetzt drei Kinder habe und die
124 Tagesmutter zahlen muss, dann zahle ich 600 Euro, wie manage ich das?
125 Die Lage der Frauen hat sich schon verändert, aber es ist eher eine negative Veränderung, dass sehr
126 viel mehr Frauen psychisch leiden und das auch mittels Medikation sichtbar wird. Also dass der Druck
127 stärker wird, die Belastung größer wird und dass diese Geschichte Halbe-Halbe, wie das sogar
128 öffentlich gefordert worden ist, dass das einfach nicht realisierbar ist. Wo die Zeit noch nicht reif ist,
129 oder die Männer nicht bereit sind oder die ganze Gesellschaft eigentlich da noch hinterherhinkt. Dass
130 die Frauen eigentlich sehr allein gelassen werden in großen Belangen. Selbstbestimmt leben, das
131 geht eigentlich nicht. Man redet zwar groß, aber es ist oft nicht möglich. Die Wahl ist nicht wirklich da.
132
133
134   **_Frage 4: Stichwort Arbeitsplatz/Organisation: Was ist 'anders'_** _– als normale_
135   _Arbeitsplätze, im Vergleich zu anderen Frauenberatungsstellen? Arbeitsplatzqualität,_
136   _Qualifikationen, Professionalitätsbegriff_
137
138 **Zu Arbeitsplatzqualität:** Wir sind basisdemokratisch, das heißt, wir sind ein Team und treffen
139 Entscheidungen gemeinsam und das ist für mich der höchste Genuss, ich kann mir nicht vorstellen,
140 woanders annähernd solche guten Arbeitsbedingungen zu haben. In anderen Frauenberatungsstellen
141 ist die hierarchische Ordnung das gängige Muster. Wir werden oft angezweifelt, dass unser System
142 funktioniert, aber ich kann nur immer wieder bestätigen, dass es so gut läuft. Natürlich auch nicht
143 immer reibungslos, es ist aber sehr gut lebbar und macht sehr zufrieden.
144 **Zu Professionalität:** Unsere Professionalität ist sicher gut und auf Grund unterschiedlicher
145 Ausbildungen verschieden. Für die Qualität haben wir einen eigenen Begriff, das heißt, wann sind wir
146 zufrieden mit unserer Arbeit. Das ist manchmal verschieden von dem, was die Fördergeber verlangen.
147 Zum Teil muss viel Zeit für Dokumentationen und Statistiken aufgewendet werden, die nicht wirklich
148 aussagekräftig sind. Ich denke schon, dass wir Qualitätsbegriffe haben, aber eine andere Sprache
149 sprechen.
150 Jemand, der den wirtschaftlichen Aspekt sehen will, hat eine andere Sprache als wir, wo wir zum Teil
151 auf dieser therapeutischen, menschlichen Schiene sind, auf diesem holistischen Weg und die Frauen
152 als Ganzes sehen. Ich meine, das ist schon fast utopisch für mich, dass hier eine Annäherung
153 passiert, weil im Moment eher die Trennung immer stärker wird. Hier sind zwei Ansichten: das was
154 hier gefordert ist, zum Teil, am besten jede Frau ist job-ready, oder sollte schon am besten überhaupt
155 immer arbeiten, obwohl es auf der einen Seite keine Arbeit gibt, die Frauen schlecht ausgebildet sind,
156 es wenig Qualifikationsmöglichkeiten gibt und rund um dieses Thema sehr vieles fehlt. Mit ist es
157 wichtig, dass man die Frau als Ganzes sieht.
158
159
160   **_Frage 5: Stichwort Frauenkultur und -kommunikation:_** _Werte, Prinzipien, Umgang mit den_
161   _Klientinnen? Nähe und Distanz, Konflikte, Entscheidungen, Macht im Team_
162

163 Den Frauen gesteht man offenbar weniger zu, dass sie kommunizieren und sich mit sich beschäftigen.
164 Das Ziel der Fördergeber war ja nicht unbedingt der Prozess, dass frau sich mit sich beschäftigt,
165 andere Sichtweisen erlangt oder einfach ihre Sachen behandeln kann. Fördergeber wollen halt
166 handfeste Resultate, das gibt es in Beratung und Therapie nicht. Oft gibt es auch nur minimale
167 Veränderungen, die gar nicht messbar sind. Es ist ja auch nicht so, dass du den Frauen sagst, was
168 sie machen sollen. Sie wissen eh viel, es sind oft so einfache Leut, und so gescheit!
169 **Zum Team:** Jeder von uns hat eine gewisse Blickrichtung. Ich erlebe oft, dass die Diskussionen, die
170 wir so führen, eine Erweiterung für jede von uns sind und dass dieser Austausch absolut wichtig ist,
171 um gemeinsame Worte oder einen gemeinsamen Weg zu finden. Das ist nicht immer ein leichter
172 Prozess, der aber im Endeffekt die Sichten erweitert. Für Freundschaften und Kontakte untereinander
173 ist bei uns auch Raum vorhanden. Wir vermissen das auch, wenn es sich von der Arbeit her eine Zeit
174 lang nicht ausgeht. Wenn es diesen Bereich und diese Austauschmöglichkeit nicht gibt, je nachdem
175 wie eng man halt zueinander ist, dass man dann weniger rund in der Arbeit ist.
176 Wir als Team sind deshalb so konstant, weil wir ein sehr gutes Einverständnis haben und unser
177 Ansatzpunkt im Umgang mit den Frauen sich ähnelt. Wir haben das Gefühl, wir ziehen an einem
178 Strang und schätzen uns wert.
179 **Zu Konflikten:** Also Konflikte hat es gegeben, natürlich. So was ist oft zwischen zwei Leut, die
180 wirklichen Konflikte schon. Und die dritte Person ist dann eigentlich sehr hilfreich, sie redet mit beiden,
181 und dann geht auch irgendwann wieder etwas zwischen den beiden.
182
183
184 ***Frage 6: Standortbestimmung, Visionen:** Wie siehst du die Situation von Belladonna*
185 *heute? Was würdest du dir wünschen für die Zukunft? Für die Frauen heute und in der*
186 *Zukunft.*
187
188 Ich wünsche mir schon, dass es wieder kommunikativer wird. Ich sehe aber, es ist nicht möglich, dass
189 dann irgendwann mehr Gelder kommen für diesen Bereich. Es ist auf jeden Fall eine finanzielle
190 Sache. Das sehe ich überhaupt nicht, man sieht da nicht einmal ein zartes grünes Licht sondern ich
191 glaube, es wird auf dieser Schiene bleiben. Man muss eher fürchten, dass das noch gekürzt wird.
192 Unter Visionen und Utopien könnte ich mir vieles vorstellen. Einen Raum für Frauen wieder, um sich
193 zu treffen. Es fehlt der Raum, den man aufsucht, um einen Kaffee zu trinken oder um ein Buch
194 auszuborgen, da wir ja Bücher da haben, es ist einfach sehr geschrumpft. Es gibt sehr viele
195 ausländische Frauen, man könnte so einen Kommunikationsraum schaffen für sie. So einen
196 Treffpunkt und Austausch, mit Kaffee und sehr vielen Angeboten und eine Infostelle, wohin wende ich
197 mich, wenn ich etwas brauche, was wir hier heroben schon auch haben. Nur kommen zu uns Frauen,
198 die beraten werden wollen und es kommt selten jemand und fragt: wohin kann ich mich wenden, wenn
199 das und das ist. Das ist jetzt eben nur die Beratungsschiene. Wünschen würd ich mir auch einen Topf,
200 damit Frauen kurzfristig finanziell unterstützt werden können. Die Armut ist härter geworden, die
201 Wohnungen sind nicht leistbar, was machst du, wenn die Frau kein Geld hat und nichts zu wohnen?
202 Ich tät's auch schön finden und wichtig, wenn es wieder möglich wäre, sich mehr mit Kunst und Kultur
203 zu beschäftigen. Es tut einfach gut, ist eben auch ein Reifeprozess.

Vorstandsfrau (Interview 2 am 6. 4. 2006)

Frage 1: Stichwort Geschichte: wann hat deine Geschichte mit Belladonna begonnen? Welche zentralen Ereignisse hat es für dich gegeben? Woran warst du maßgeblich beteiligt?

Ich habe 1975 in Klagenfurt zu studieren angefangen, also 1975 bis 82 war ich in Klagenfurt. Und in der Zeit habe ich schon auch Kontakt gehabt zu den Gründerinnen des späteren Belladonna. Es waren zu dieser Zeit an der Uni feministische Fragen durchaus Thema. Also ich glaube, es ist wirklich in diesen Jahren die Idee auch geboren worden. Das war eine sehr fruchtbare Zeit, in der alle möglichen gesellschaftlichen Probleme aufgegriffen worden sind und grade das Frauenbewusstsein sich geregt hat. Ich war dann 6 Jahre am Land und bin 1988 wieder nach Klagenfurt gekommen, habe eben meinen Sohn großgezogen, der war dann sechs Jahre, hat zum Schulgehen angefangen. Da war ich dann wieder in Klagenfurt und habe ein Jahr lang in einer Frauenberatungsstelle gearbeitet. In dem Zusammenhang hat es auch Verbindung mit dem Belladonna gegeben. In der Zeit hat es so ein Klagenfurter oder Kärntner Netzwerk für Fraueninitiativen gegeben. Da waren einige Treffen von dieser Plattform, und da bin ich eigentlich mit Belladonna wieder in Berührung gekommen. Ich habe während der Zeit eine Kulturmanagement-Ausbildung gemacht und dann 1990 die Interessensgemeinschaft für die Kärntner Kulturinitiativen gegründet, in dem Belladonna auch Mitglied war. Weil damals eben auch noch die kulturelle Schiene verstärkt wahrgenommen worden ist, war Belladonna dort Mitglied, und unser Verein hat zumindest auch ein paar Leistungen vom Belladonna bekommen wie einen Sitzungsraum. Verbindung war dann weiter da, weil die K. das Büro ein Jahr lang im selben Haus gehabt hat. Die Highlights sehe ich eigentlich in dieser ersten Kontaktzeit mit dem Belladonna, das war eigentlich die ereignisreichste Zeit. Das war so 1989 bis 1991, wo es wirklich einen Frauenraum gegeben hat, das Frauen-Clubcafé, wo immer Frauen anwesend waren auch mit Kindern. Es hat die Kindergruppe gegeben, es waren auch andere Vereine in den Räumlichkeiten, soweit ich weiß die Offene Altenbetreuung und die Ausländerberatung. Es war sehr viel los, es war wirklich ein Zentrum, in den Räumen war Leben. Also das würde ich sagen, das waren einfach die Jahre, wo sich am meisten getan hat.

Eigentlich habe ich die Dienste nicht so sehr in Anspruch genommen, muss ich sagen, es war der Hintergrund, eher der Überbau. Das ist immer schwierig in Vereinen mit Vorstand, nach dem das ja alles ehrenamtliche Vorstandsleute sind, das man da immer jemand findet, der Verantwortung übernimmt und so weiter. Und dafür habe ich mich dann einfach bereit erklärt, weil für mich das so wichtig war, dass es diese Möglichkeiten gibt.

Frage 2: Stichwort Frauenpolitik und Öffentlichkeit: Wie siehst du die Öffentlichkeitsarbeit, der Status von Belladonna nach außen und gegenüber der Politik?

Der große Unterschied ist einfach der Wechsel der Aufgaben des Belladonna, also der Umstrukturierung. Früher war es ein Zentrum für Frauen mit stark feministischem Output, was natürlich irgendwie, also es waren die Feministinnen die Aufregerinnen, was natürlich auch in den Medien besser rüberkommt. Auch durch die Veranstaltungen und durch die Vorträge, die das

42	Belladonna angeboten hat, ist es in der Öffentlichkeit präsenter gewesen. Während jetzt, wo es
43	eigentlich den Status einer Beratungsstelle hat und die Bereiche Kommunikation und Kultur weniger
44	vorkommen, ist es nach außen hin, glaube ich, kaum sichtbar. Es sind ja auch die Personen, die in die
45	Beratung kommen, die kommen über Kontaktadressen oder werden geschickt von anderen
46	Institutionen. Insofern glaube ich, werden wahrscheinlich viele gar nicht wissen, dass es das
47	Belladonna noch gibt.
48	Mit der Akzeptanz durch die Politik, die ja immer Verhandlungspartner war, ist es unterschiedlich und
49	das ist eben personenbedingt, mit wem man jetzt zu tun hat sowohl auf der einen wie auf der anderen
50	Seite. Und da hat es halt immer wieder Probleme gegeben zwischen Geschäftsführung, den AMS-
51	Ansprechpartnern oder dem Land. Das war vielfach wirklich personenabhängig und zum Teil auch
52	schwierig, wenn es Männer waren. Da ist, glaube ich, recht viel in den Köpfen der Politiker
53	vorgegangen, das irgendwie Abneigung erzeugt hat.
54	
55	
56	***Frage 3: Stichwort feministische Theorie und Praxis:*** *Ihr Verständnis von Frauenprojekten und*
57	*feministischer Theoriebildung, zu Differenzen unter Frauen*
58	
59	**Zum Verhältnis von Theorie und Praxis:** Es war schon in den Anfängen, als ich studiert habe, in
60	den 70er Jahren, die feministische Theorie schon Thema, und der Bezug zwischen Uni und
61	Belladonna war immer sehr wichtig, und in den 80er und 90er-Jahren hat es dann sehr viele Vorträge
62	und Diskussionen gegeben, mit Frauen von der Uni im theoretischen Bereich. Das gibt es ja noch
63	immer und ich glaube, das wird auch weiterhin notwendig sein. Obwohl ich glaube, dass der Umgang
64	ein Anderer geworden ist. Also wenn ich die jüngeren Frauen jetzt anschaue, sowohl an der Uni als
65	auch außerhalb. Die jungen Frauen bewegen sich anders und haben andere Strategien. Es passiert
66	immer wieder der Fehler, dass man sagt, die sind nicht bewusst, aber ich glaube, dass sie einfach
67	einen anderen Umgang haben. Ich habe mir darüber schon viel Gedanken gemacht, bin aber noch
68	nicht wirklich zu einem Schluss gekommen. Ich weiß nur, dass die Diskussionsforen und
69	Reflexionsforen veraltet sind, die es in den 70er Jahren gegeben hat und denen zum Teil die Frauen,
70	die im Team sind, altersmäßig zugehören. Dass die wahrscheinlich nicht mehr so greifen werden.
71	
72	***Frage 4: Stichwort Funktion/Organisation:*** *Rolle als Arbeitgeberin, finanzielle*
73	*Verantwortung, Informationsfluss, Entscheidungsstrukturen*
74	
75	Ja, ich würde das ja nicht machen, wenn ich das nicht wollte, und wenn ich nicht von der Idee
76	überzeugt wäre. Was noch eine Rolle spielt: seit 1988 habe ich eigentlich immer in Vereinen
77	gearbeitet und war auch in unterschiedlichen Vereinen im Vorstand. Das heißt, diese Erfahrungen
78	habe ich, ich weiß, um was es geht, und ich weiß auch, wie es geht und welche Probleme auftauchen
79	können. Mir ist das Belladonna eben so wichtig, dass es die Einrichtung gibt, und dafür stelle ich mich
80	dann auch zur Verfügung für eine Vorstandsfunktion.
81	**Zur Rolle als Vorstandsfrau/Arbeitgeberin:** Ich glaube, grundsätzlich wäre es von der Struktur
82	angenehm, wenn es wirklich eine Vollzeit-Organisationskraft geben würde. Ich würde es auch nicht

83   Geschäftsführung nennen. So wie das Team jetzt aktuell zusammengefügt ist, finde ich, dass es
84   einfach ein Führungsteam ist, wo jede Frau ihr Kompetenzen und ihre Aufgaben hat. Ich glaube, da
85   gibt es keine großen Probleme und es ist sicher angenehmer, wenn alle zusammen die
86   Verantwortung tragen, als wenn das eine Person macht. Ich habe schon das Gefühl, das waren auch
87   ein bisschen die Konflikte in der Vergangenheit. Die Beraterinnen und die Geschäftsführung, ich
88   glaube, das gab es schon ein Konfliktpotential.
89   Die Frauen, die jetzt da sind, sind zum Teil schon von Anfang an auch schon in den Bereichen tätig.
90   Insofern habe ich auch, wenn ich jetzt einmal so rede als Arbeitgeberin, ein gutes Gefühl, weil sie
91   einfach die Geschichte und die aktuellen Probleme kennen und auch damit umgehen können und
92   auch verhandeln können mit den Verhandlungspartnern und so weiter. Also es ist ein sehr
93   selbständiges Team. Es gibt also diese klassische Arbeitnehmer- Arbeitgebersituation in diesem Fall
94   nicht.
95   **Zum Informationsfluss:** Es kommt ja immer auch darauf an, was man einfordert. Kurz gesagt, bin ich
96   eigentlich damit zufrieden, wenn mir berichtet wird, was los ist oder irgendwie rechtzeitig gesagt wird,
97   wenn es irgendwelche Probleme gibt und die Vorstandsfrauen gefragt werden, wenn sie gebraucht
98   werden. Die Berichterstattung, finde ich, ist in Ordnung. Wenn ich mehr Informationen haben will,
99   dann muss ich mich halt einfach an das Team wenden, dann kriege ich auch die Informationen.
100 **Finanzielle Verantwortung:** Finanzielle Krisen hat es schon gegeben, aber ich habe, wie schon
101 gesagt, Erfahrung mit anderen Vereinen auch und ich muss sagen, das Belladonna ist einer von den
102 wenigen Vereinen, die selten Schulden haben. Und es ist immer großartig, wie da kalkuliert,
103 budgetiert und dann tatsächlich das Geld ausgegeben wird, ich bin eigentlich sehr zufrieden.
104 Das hat sicher etwas mit einer frauenspezifischen Fähigkeit zu tun. Ich glaube, Frauen sind da einfach
105 verantwortungsvoller. Und haben auch mehr Durchblick.
106
107 *Frage 5: Stichwort Frauenkultur und -kommunikation:* Spezifika von Frauenkultur und -
108 *kommunikation im Belldonna, welche Werte?*
109
110 Dadurch, dass viele Frauen aus dem Team von Anfang an das Belladonna begleitet haben, sind auch
111 die feministischen Ansprüche und Grundhaltungen vorhanden. Und wie ich das mitkriege, gibt es
112 durchaus die Gespräche im Team, die sich damit beschäftigen und ich glaube, das unterscheidet das
113 Belladonna schon ein bisschen von anderen Beratungsstellen. Vor allem sind ja die Beratungsstellen
114 als Familienberatungsstellen angelegt und nicht wirklich frauenspezifisch. Und ich glaube, das
115 Frauenspezifische, das leistet Belladonna nach wie vor.
116
117
118 *Frage 6: Standortbestimmung, Visionen: Wie siehst du die Situation von Frauen heute und vor*
119 *20 Jahren? Rückblick auf Belladonna vor 20 Jahren, vor 10 Jahren, heute, und in der Zukunft.*
120
121 Wie gesagt, ein paar Schritte sind wir in den letzten 20 Jahren weitergekommen, aber es gibt natürlich
122 noch immer ganz wichtige Sachen, die zu bearbeiten wären, allein die Gleichstellung in der
123 Beschäftigung gibt es z.B. überhaupt nicht. Da wurde überhaupt nichts erreicht. Was ich schon ein

124 bisschen problematisch sehe, ist diese Schiene der Familie, die in den 90er Jahren von politischer
125 Seite forciert worden ist, eben auch mit den Familienberatungsstellen, wo man die Frauen eben in der
126 Familie unterbringen wollte oder auch noch will und nicht als eigenständige Person. Da gibt es noch
127 sehr viel zu tun. Ich bin ja auch geschieden mit einem Kind. Mir ist immer der Begriff der Restfamilie
128 geblieben, das ist etwas wirklich Prägendes. Als Frau kommt man nicht vor, und als Frau mit Kind ist
129 man Restfamilie. Die Familienpolitik ist etwas, was wahrscheinlich ziemlich ansteht. Auch bei den
130 Rechten auf der finanziellen Seite ist etliches noch aufzuarbeiten.
131 **Zukunftswünsche fürs Belladonna:** Da bin ich natürlich etwas nostalgisch. Es wäre schön, wenn es
132 etwas mehr gäbe von allem. Einfach, dass man sich wirklich ungezwungen treffen könnte und dass
133 die Zeit dafür da wäre und das Geld. Also, ich glaube schon, dass das sehr viele Frauen noch
134 ansprechen würde, einen Raum zu haben, wo man einfach unter Frauen diskutieren kann. Und ich
135 finde es nach wie vor gut und richtig, dass Frauen einen eigenen Raum haben, wo nur sie sein
136 können.
137 Also wenn man sich überlegt, dass das Beladonna wieder die Möglichkeit hätte, mehr
138 frauenspezifisch zu arbeiten im Kommunikations- und kulturellen Bereich, müsste man das Konzept
139 ändern. So wie es damals möglich war, würde es heute nicht mehr gehen. Damals waren wir mehr
140 kämpferisch unterwegs und haben provoziert, was die jungen Frauen heute nicht mehr machen. Zum
141 Teil glaube ich, schon zu Recht, ein paar Sachen sind ja doch erreicht worden. Auch wenn noch sehr
142 viel offen ist. Aber einige Sachen sind erreicht worden und darüber brauchen sich die jungen Frauen
143 keine Gedanken mehr zu machen. Und vielleicht gibt es da auch neue Wege.
144 Das Belladonna könnte jungen Frauen ihre Erfahrungen und Dienste anbieten, aber machen müssten
145 das dann wahrscheinlich junge Frauen, und es ist die Frage, in welcher Form das dann passieren
146 würde. Ob es dann einen Verein gibt, ob es einen Frauenraum gibt oder ob die Strukturen ganz
147 andere werden. Das ist schwer zu sagen.

Gründungsfrau (Interview 3 am 11. 4. 2006)

Frage 1: Stichwort Geschichte: Welche Erinnerungen hast du an die Gründungszeit von Belladonna? Wie war das Klima in der Stadt? Welche Ideen hattet ihr, wie habt ihr es geschafft das Zentrum zu finanzieren? Gab es einen harten Kern? Bis wann warst du dabei?

Impulse für die Gründung: Ursprünglich wollten wir ein Programm machen für Wöchnerinnen, das die Frauen nach der Geburt versorgen kann. Frauen, die entweder eine Hausgeburt hatten oder von der Klinik heimkommen, sollten dann einfach von Frauen versorgt werden. Das war die ursprüngliche Idee. Da waren dann die Hebammen eigentlich dagegen. Dann haben wir das in ein Frauenzentrum umgewandelt und haben gesagt, da hat eigentlich alles Platz in einem Frauenzentrum. Die Betreuung von Wöchnerinnen, die Kinderbetreuung, da hat Kunst und Kultur Platz und so ist dann aus dieser Schulungsmaßnahme das Belladonna geworden. Wobei mein Schwerpunkt dieses Kulturelle war. Dass Frauen in geschütztem Raum ausstellen können und sich spüren können, wenn ihre Bilder oder ihre Texte ausgestellt werden vor einer kleineren Öffentlichkeit.

Ganz der harte Kern: da waren wir, glaube ich, zu zweit. Es sind dann ganz schnell mehrere Frauen dazugekommen und haben tatkräftig das Ganze unterstützt.

Die äußeren Bedingungen: Das politische und kulturelle Klima war immer schwierig in Kärnten. Ganz am Anfang haben wir eine Frau gehabt vom Arbeitsamt, die uns wirklich viel unterstützt hat, die uns zugeredet hat, dass wir das machen sollen. Dass das eigentlich ganz wichtig wäre. Mein Gefühl in dieser Zeit war schon sehr euphorisch, andererseits sehr ermüdend. Ich weiß, dieses Konzepteschreiben, das hat oft bis in die Morgenstunden gedauert. Wir haben halt immer alles dokumentieren müssen. Wir haben uns schon rechtfertigen müssen, dass es uns gibt. Es war teilweise schon mühsam.

Frage 2: Stichwort Frauenpolitik und Öffentlichkeit: Verhältnis zur Frauenbewegung, zu anderen Frauenprojekten. Welchen Ruf, welche Öffentlichkeit hatte Belladonna?

Ich kann mich erinnern, dass ich zu Frauentreffen gefahren bin und dass da immer eine euphorische Stimmung war, aber welche anderen Frauengruppierungen es in Klagenfurt gegeben hat, zur gleichen Zeit, da kann ich mich nicht erinnern. Ich glaube, dass ich da so mit der eigenen Arbeit beschäftigt war. Ich weiß nur, dass wir nach Wien gefahren sind, dass das eigentlich... aber ich kann mich da nicht mehr so gut erinnern.

Zu Öffentlichkeit: Wir haben von der Kleinen Zeitung eine gehabt, die uns alles immer abgedruckt hat, und wo das präsentiert worden ist. Wir haben da schon gute Kontakte gehabt. Die Kleine Zeitung hat auch immer Veranstaltungen angekündigt. Auch immer wieder Berichte über Veranstaltungen. Über die Gerüchte von den „wilden Frauen" habe ich nichts mitgekriegt, oder es war nach meiner Zeit. Das weiß ich nicht mehr so genau.

Frage 3: Stichwort feministische Theorie und Praxis: Was habt ihr gelesen, diskutiert? Euer Verhältnis zur feministischen Theoriebildung. Deine Position heute?

42
43 Ich weiß nur, dass heftig darüber diskutiert wurde, ob bei den Vernissagen Männer dabei sind oder

44 nicht. Es war dann so, dass beschlossen wurde, dass Männer eigentlich draußen bleiben: Wir sind ein

45 Frauenzentrum und ein Frauenzentrum ist für Frauen. Wir haben einen Büchertisch gehabt, wo wir

46 unseres Glaubens interessante Bücher aufliegen hatten und natürlich haben wir immer wieder

47 Diskussionen gehabt, aber frag mich nicht was. Mein Thema war immer Frauenkunst, Frauenliteratur,

48 aber im Speziellen ist das schon ein wenig versickert. Ich kann mich nicht mehr wirklich erinnern.

49 **Zur feministischen Theorie:** Also vor kurzem war einmal eine Genderbeauftragte da, die hat gesagt,

50 es gibt fünf Geschlechter, also nicht nur Frauen und Männer, auch lesbische Frauen, Homosexuelle,

51 und Transvestiten. Also ich weiß nicht, ich werd es wahrscheinlich nicht umdenken können. Eine

52 lesbische Frau ist einfach auch eine Frau, die sich eben mit Frauen wohler fühlt, und Männer eben mit

53 Männern. Aber dass es jetzt fünf Geschlechter geben soll, des find ich eigentlich ein bisschen blöd.

54

55 *Frage 4: Stichwort Organisation: War sie angestellt? Wie war die organisatorische und*

56 *finanzielle Situation?*

57

58 Ich habe damals einen Lohn gekriegt, und dann haben welche Akademikertraining gemacht. Ich kann

59 mich gar nicht erinnern, ob ich damals im Vorstand war, ich glaube nicht, ich war nur angestellt. Das

60 Gefühl der Bedrohung, wir müssen zusperren, war ständig da. Es war immer so, dass ich nie gewusst

61 habe, kann ich meinen Lohn heraus nehmen oder bleibt der jetzt drin. Das war immer eine

62 Vorfinanzierung, das heißt, wir haben immer vorfinanziert und dann ist wieder ein bisschen Geld

63 gekommen. Es war immer der Kampf ums Geld. Das war einfach erschöpfend. Der Grund,

64 wegzugehen das waren zum Teil persönliche Gründe, aber wahrscheinlich auch auf Grund der

65 Erschöpfung. Ich denke mir, dass ich total müde war von dem Ganzen. Ich bin 1988 nach A.

66 gegangen. Dann waren es 2 Jahre, wo ich da dabei war.

67

68 *Frage 5: Stichwort Frauenkultur und -kommunikation: Wie war eure Zusammenarbeit?*

69 *Spezifika von Frauenkultur und -kommunikation, welche Erfahrungen und Werte?*

70

71 **Zur Zusammenarbeit im Belladonna:** Ich kann mich erinnern, dass wir regelmäßig Supervisionen

72 gemacht haben, wo wir uns zusammengesetzt haben, wo jede äußern hat können, was ihr am Herzen

73 liegt. Das war einmal spannend, mal nicht so spannend.

74 Wenn ich jetzt die Augen zumache, denke ich mir, das waren damals so zehn Frauen, die so der harte

75 Kern waren. Vielleicht ist das ein bisschen übertrieben, aber es war sehr regelmäßig, manche haben

76 gewechselt. Ich habe nie das Gefühl gehabt, dass ich alleine dort bin. Die Zusammenarbeit unter

77 Frauen am Anfang im Belladonna war eine angenehme Zeit. Natürlich auch mit Spannungen, aber ich

78 habe nicht das Gefühl gehabt, dass ich alleine gelassen werde. Wenn ich jemand gebraucht habe,

79 war eigentlich immer jemand da. Das, finde ich, ist das Wichtigste.

80 **Zu Frauenkultur:** Frauenkultur ist, denke ich, nach wie vor wichtig. Dinge, Worte, Bilder, die von

81 Frauen gemacht werden, dass das eine gewisse Wertschätzung hat. Highlights, die mir einfallen? Wir

82 haben einmal eine ganz schöne Ausstellung gehabt im Stadthaus. Ich glaube, da waren mehrere
83 Künstlerinnen. Aber wer das war, weiß ich nimmer. Und dann hat es immer wieder Feste gegeben.
84 **Zu Frauenkommunikation:** Frauen sollten die Solidarität mehr pflegen. Ich habe unlängst einen Kurs
85 gemacht, wo die Aussage gekommen ist: „Um Gottes Willen, mit Frauen möchte ich nicht zusammen
86 arbeiten." Ich war total erstaunt, wie Frauen sich Frauen gegenüber äußern. Ich habe gesagt: „Ja,
87 aber du bist doch auch eine Frau!" Wieso kann man da nicht mit einer Frau zusammenarbeiten, wieso
88 ist das unter Frauen so schwierig? Ich will das wahrscheinlich nicht sehen, aber ich habe das in letzter
89 Zeit oft gehört. Ich bin selber aus einem Arbeitsprozess ausgestiegen, weil ich mich mit einer Kollegin
90 nicht verstanden habe. Dieses Thema möchte ich für mich noch besser beleuchten. Ich glaube, ich
91 kann mit gewissen Menschen nicht arbeiten, ich kann aber nicht sagen, dass ich mit Frauen nicht
92 kann.
93
94 **Frage 6: Standortbestimmung, Zukunftswünsche:** *Rückblick auf Belladonna vor 20 Jahren, die*
95 *Lebenssituation von Frauen. Deine Verbindung heute zu Belladonna, Wünsche für die Zukunft?*
96
97 Ich habe mir immer gewünscht – das Belladonna war immer so ein Baby von uns, dass das Baby
98 dann weitergereicht wird und man darauf schaut, dass es wachsen kann. Mit dem Gefühl bin ich
99 eigentlich gegangen und habe ein gutes Gefühl gehabt. Das Baby ist jetzt ganz sicher erwachsen
100 geworden, sonst würde ich mich mehr kümmern darum. Ich weiß, da sitzen jetzt Frauen, die ich
101 kenne, und die kann ich kontaktieren. Aber ich habe das Gefühl, das geht ganz gut ohne mich. Beim
102 letzten Mal, wie ich unten war, habe ich mir gedacht: heute gehe ich ins Belladonna, aber es ist dann
103 irgendetwas dazwischen gekommen. Aber ich bin ganz glücklich, dass es existiert. Ich möchte nicht,
104 dass es nicht mehr existiert.
105 **Unterschied heute und vor 20 Jahren:** Wie das früher war, also ich denk, das ist ein totaler
106 Unterschied ob ich jetzt dort bin und mit dir red, alte Zeitungen oder die ersten Programme von
107 Belladonna vielleicht durchblattel. Da kommen sicher ganz andere Emotionen. Ich denk mir schon,
108 dass es die schon noch irgendwo gibt.
109 Insofern hat sich das für mich auch geändert, dass ich zuerst immer in einer Stadt gewohnt habe und
110 jetzt lebe ich am Land. Und ich sehe, dass sich die Frauen am Land weniger zusammenschließen.
111 Oder ist das nur meine Sicht? Ich habe jetzt keine kleinen Kinder mehr, meine Thematik hat sich ganz
112 verändert. Auch habe ich das immer wieder gehört: „Mit so vielen Frauen zusammenarbeiten, das ist
113 wirklich nix!" Ob das allgemein gültig ist, möchte ich für mich selber nicht wissen. Ich will das nicht
114 akzeptieren.
115 **Zukunftswünsche:** Zur Zukunft des Belladonna kann ich jetzt nichts sagen, weil ich nicht weiß, wie
116 jetzt die Situation dort ist. Meine Wünsche für die Zukunft sind, dass es sorgenfrei als Beratungs- und
117 Kulturzentrum weiter existiert. Dass es finanziell abgesichert ist, dass Frauen, die dort hinkommen,
118 einfach das Gefühl haben, sie haben einen sicheren Boden unter den Füßen. Ob das jetzt Beratung
119 ist oder, hauptsächlich sind ja jetzt Beratungen, dass die nicht das mitkriegen: „Ja gut, aber morgen
120 kann zugesperrt sein!" Ich denke, es wäre eine ganz schlechte Basis, für eine fruchtbare Therapie,
121 weil das schwingt sicher mit. Ich würde sagen, dass es mein Wunsch ist, dass das Belladonna auf
122 stabilen Beinen steht.

1   # Beratungsfrau (Interview 4 am 18. 4. 2006)

2

3   *Frage 1: Stichwort Geschichte: Seit wann sind Sie in Beratung, Motivation dazu, über welche*

4   *Kanäle?*

5

6   Im Belladonna bin ich schon sehr viele Jahre. Eigentlich bin ich durch eine Bekannte hereingekom-

7   men, besser gesagt durch eine Mitarbeiterin. Ich habe mit ihr gesprochen über das Ganze, und weil

8   ich damals auch gerade Probleme gehabt habe, vor allem mit meinen Kindern und in der Arbeit. Da

9   hat sie zu mir gesagt, ich kann da einmal anrufen und einen Termin ausmachen. Da war dann eben

10   die Frau P., mit der ich gesprochen habe. Sie hat mich gefragt, um was es geht. Ich habe gesagt, es

11   geht hauptsächlich um meine Kinder und um mehrschichtige Probleme. Und von da an bin ich zu ihr

12   gegangen, weil einfach alles gepasst hat. Die Gespräche und auch die Zwischenströmung, da hat

13   sozusagen alles gepasst.

14   Es gab dann immer wieder Pausen, krankheitshalber oder einfach, weil nichts angefallen ist und ich

15   alleine weitergekommen bin. Aber irgendwann bin ich wieder hergekommen. Es hat mir immer sehr

16   gut getan, es hat mir immer geholfen, weil es ja rund um die Familie geht und um die Firma, wo sich

17   die Situation sehr zugespitzt hat. Ich bin dann vor 4 Jahren in Pension gegangen, auch mit Hilfe vom

18   Belladonna, vor allem von Frau P., mit rechtlicher Unterstützung und mit Hilfe, wohin man sich über-

19   haupt wenden kann, wenn man Probleme hat, auch finanzieller Art. Man sieht erst im Laufe der Zeit,

20   wie viele Fragen man hat und wie wenig Information man eigentlich hatte. Es ist sehr schwierig, an

21   Informationen über seine Rechte zu kommen, vor allem wenn man eher zurückgezogen lebt. Man

22   weiß nicht, wie viel Wissen man sich durch andere Menschen aneignen kann. Auf Dauer ist es uner-

23   lässlich, dass man sich eine Quelle sucht.

24

25   *Frage 2: Stichwort Frauenpolitik und Öffentlichkeit: Werden Ihrer Meinung nach Fraueninte-*

26   *ressen in der Öffentlichkeit wahrgenommen und wie? Wie sehen Sie den Status von Belladonna*

27   *nach außen?*

28

29   Mein Kontakt ist eher persönlich geblieben. Wenn ich aber mit anderen gesprochen habe und gemerkt

30   habe, dass jede so ihre Probleme hat, habe ich sehr wohl die Sprache aufs Belladonna gebracht. Ich

31   habe die Telefonnummer weitergegeben, ob sie dann auch angerufen haben, entzieht sich meiner

32   Kenntnis. Ich habe über Belladonna schon auch in der Zeitung gelesen, aber eher informativ und nicht

33   so ausführlich. Über Männerbüros habe ich schon öfter gelesen, wahrscheinlich, weil die viel schwie-

34   riger dazu zu bewegen sind, überhaupt so was in Anspruch zu nehmen.

35   Früher war mein Augenmerk wahrscheinlich überhaupt nicht auf so was gerichtet. Wie ich noch sehr

36   jung war, wusste ich nicht, dass es Stellen gibt, wo man sich hinwenden kann. Unbewusst habe ich

37   viele Nachteile in Kauf genommen. Ich hätte vieles machen können, dadurch wäre mein Leben viel-

38   leicht schon früher in andere Bahnen gekommen. So habe ich mich mühsam durchgeschlängelt.

39   Nachträglich muss ich sagen, ich habe es sicher trotzdem gut gemacht, aber es hat lange gedauert.

40

41   *Frage 3: Stichwort feministische Theorie und Praxis: Ihr Verständnis von Frauenbenachtei-*
42   *lung, von Feminismus*
43
44   Ich glaube, die Benachteiligung von Frauen ist schon noch da, aber eher vielleicht in den Köpfen. Was
45   aber immer wieder abgehandelt wird, ist der Unterschied zwischen Mann und Frau in der Bezahlung,
46   egal ob es um Löhne geht oder die Rentenzahlung. Wenn man unter einer bestimmten Verdienst-
47   grenze ist, glaube ich, dass die Behandlung gleich ist, bei der Ausgleichszulage ist das sicherlich ge-
48   recht. Ich glaube, es liegt viel daran, wie man etwas selber sieht. Diskriminierung möchte ich heute
49   gar nicht mehr so sehr sagen. Bei der Arbeitsvergabe habe ich sogar das Gefühl, dass Frauen etwas
50   bevorzugt werden. Das Thema ist schon sehr lange am Tisch, dass Frauen diskriminiert werden. Bei
51   der Bezahlung, glaube ich, die hinkt noch nach, aber bei der Stellenvergabe direkt, glaube ich, dass
52   es für die Frauen gar nicht so schlecht ausschaut. Nur ist das heute für mich nicht mehr relevant.
53
54   *Frage 4: Stichwort Organisation: Wie sind die Strukturen, das „Service", das Beratungsange-*
55   *bot? Hätten Sie gerne andere Angebote (z.B. Gruppen, Veranstaltungen)?*
56
57   Ich für meinen Teil bin genau mit dem einverstanden, wie es ist. Ich würde da eher nichts ändern. Weil
58   Gruppentherapie gibt's ja eh, das ist bekannt. Mir gibt das eher Sicherheit, wenn ich wirklich mit je-
59   mandem, dem ich vertraue, über Dinge reden kann, über die ich sonst mit niemandem sprechen
60   möchte, wo ich weiß, das wird diskret behandelt. Da ist Menschlichkeit, eine gewisse Wärme, es ist
61   eigentlich alles vorhanden. Und in meinem Fall sicher, sonst würde ich gar nicht so lange hier her
62   gehen, wo der nötige Respekt, der Abstand, alles da ist. Ich muss für mich ohne Übertreibung sagen,
63   dass das wirklich optimal ist. Ich finde, dass die Langzeitberatung besonders wichtig ist. Man lernt
64   sehr viel dazu, es gibt sehr viele Lernprozesse, die man, glaube ich, alleine nicht bewältigen kann,
65   wenn man nur ein kurzes Stück begleitet wird. Wenn man die Möglichkeit hat, immer wieder anzuru-
66   fen und man hat nicht das Gefühl, das die Beraterin meint, jetzt ist die schon so lange da und jetzt
67   kommt sie schon wieder. Dieses Gefühl habe ich nie gehabt, da wäre ich die Erste, die nicht mehr
68   hingeht. Ich glaube, dass vor allem bei Frauen die Langzeittherapie unbezahlbar ist. Ich würde es mir
69   ja gar nicht leisten können, so etwas zu bezahlen, auch wenn ich es wollte.
70   Es gab eine lange Zeit, wo man ein schlechtes Gewissen hat, eine Beratung in Anspruch zu nehmen,
71   ohne dass man dafür bezahlt. Auch das muss man erst lernen, dass man das annimmt, ohne ein
72   schlechtes Gewissen zu haben und sich ständig zu fragen, nachdem die ersten Probleme weg sind,
73   habe ich noch das Recht, einer anderen, die das vielleicht dringender braucht, etwas wegzunehmen?
74   Wenn man diesen Punkt überwunden hat, vor allem, wenn man an Depressionen leidet, und ich habe
75   sicher schon Depressionen gehabt als Kind, dann wird man angeregt, selber Lösungen zu finden.
76   Dadurch baut man Depressionen ab, ohne dass man sehr lange Tabletten nehmen muss. Meine De-
77   pression war halt immer eine, wo ich gewusst habe, warum. Ich habe aber im Laufe der Zeit sehr viel
78   davon abbauen können. Menschen, die Depressionen gehabt haben, werden mir zustimmen, dass
79   die, die lange gebraucht hat zu kommen, braucht genau so lange, um wieder zu gehen, wenn sie ü-
80   berhaupt je ganz geht. Diese Unterstützung gibt einem sehr wohl die Gelegenheit, sehr viel abzubau-
81   en. Man lernt, Lebensqualität zu kriegen, eigentlich Freude. Das ist ein Gefühl, das man gar nicht

82	kennt. Selbstbewusstsein, da habe ich mich früher oft gefragt: „Was ist das?" Heute, wo ich es weiß,
83	kann ich es umso mehr bestätigen, dass ich es nicht gekannt habe. Ich kann nur sagen, dass es
84	schon ein Segen ist, besonders für die Frauen, so etwas in Anspruch nehmen zu dürfen.
85	Ich glaube, die ständige Bestätigung von dem Menschen, mit dem man schon längere Zeit zu tun hat,
86	ist die Ursache für den Erfolg. Diese Vertrauensbasis, die sich aufbaut. Früher habe ich gesungen. Da
87	habe ich eine Seite ausgelebt, die ich privat nicht ausleben konnte. Aber wenn mir jemand ein Kom-
88	pliment gemacht hat, obwohl ich gewusst habe, das kann ich, habe ich das nicht glauben können. Ich
89	habe geglaubt, die machen das nur, um mir einen Gefallen zu tun. Das war immer in meinem Hinter-
90	kopf. Bis man das wegbringt, das ist wirklich ein langer Weg. Wenn man feinfühlend ist, das war frü-
91	her für mich ein Makel. Ich habe gesehen, dass das nicht sehr erwünscht ist im täglichen Leben,
92	schon deswegen, weil man sich dadurch sehr schwer durchboxt. Man glaubt immer, man darf das
93	nicht, man muss immer alle schonen. Ich war immer aufs „Du" ausgerichtet und nicht auf mich selber.
94	Wenn man da niemand hat, der einen immer bestätigt, packt man das nicht wirklich. Vielleicht die
95	heutige Generation, die anders aufwächst, aber in meinem Alter, ich bin noch so aufgezogen worden,
96	mehr oder weniger eingesperrt, hinterm Zaun vom Einfamilienhaus, ich bin kaum mit anderen Men-
97	schen zusammen gekommen. Und das darfst du, und das nicht, und der Lehrer ist ein Gott und der
98	Arzt noch mehr. Da hat man sich schon gar nicht mehr atmen getraut. Ich bin nicht die Einzige. Ich
99	habe ein paar Bekannte, die in meinem Alter sind, die das bestätigen. Die haben die gleichen Proble-
100	me zeitlebens, haben teilweise keine Hilfe gesucht und leben irgendwie weiter. Ich habe mich da sehr
101	geändert.
102	Ich war schon einmal verheiratet, dann sehr lange nicht. Die Ehe hat überhaupt nicht funktioniert. Ich
103	habe dann wieder geheiratet und gehe mit meinem Partner jetzt ganz anders um als mit meinem Ex-
104	mann. Was der gesagt hat, war für mich Gesetz. Und heute – ich habe es mir einfach so gerichtet,
105	dass mir das passt. Ich brauche in der Ehe keine Angst mehr zu haben. Ich denke, ich bin jetzt sicher
106	schon sieben bis acht Jahre im Belladonna. So lange habe ich gebraucht, um sattelfest zu sein, um
107	meine Wünsche in mir selber durchzubringen und dann auch nach außen.
108	
109	***Frage 5: Stichwort Frauenkultur und -kommunikation***
110	*Welche Erfahrung haben Sie gemacht in der Zusammenarbeit mit Frauen, gibt es einen Unter-*
111	*schied zwischen Frauen und Männern? Wie ist die Kommunikation im Belladonna, in der Bera-*
112	*tungssituation?*
113	
114	Ich war Jahre vorher schon einmal bei einer Beratungsstelle, bei einer kirchlichen Beratungsstelle, da
115	war ich aber nicht sehr lange. Weil die zwischenmenschliche Kommunikation doch nicht so gut funkti-
116	oniert hat, bin ich eigentlich davon abgekommen, bis mir meine Kollegin dann demonstriert hat, wie
117	das bei ihr funktioniert. Da bin ich dann auf die Idee gekommen, da auch einmal nachzufragen.
118	In dem Betrieb, in dem ich gearbeitet habe, waren schon mehr Frauen. Ich glaube, dass das Ge-
119	mischte sicher besser ist. Überall, wo zu viele Frauen oder zu viele Männer sind, wird die Sache in
120	einer gewissen Weise doch einseitig. Wenn es gemischt ist, wird die Aufmerksamkeit, nehmen Sie die
121	Frau her, doch etwas auf den Mann gelenkt. Bei den Männern wird es etwas aufgeteilt, bei Frauen ist
122	das alles schon sehr im Paket. Mir ist es sehr unangenehm, wenn zehn Frauen beisammen sind und

123 es wird über eine geschimpft, die nicht da ist. Da sondere ich mich eher ab. Das hat natürlich dazu
124 beigetragen, dass ich nicht so aufgenommen wurde. Sie lassen einen das einfach spüren. Sie glau-
125 ben vielleicht, dass ich mir zu gut vorkomme. Das stimmt natürlich nicht, ich mag es aber nicht, wenn
126 andere diskriminiert werden. Aber die, die die Diskriminierung vornehmen, nehmen es einem übel,
127 dass man zu Anderen hält. Das habe ich sehr stark beobachtet wenn es darum geht, dass Arbeits-
128 plätze abgebaut werden, wo man vielleicht gerade Frauen als Erste nimmt. Das ist aber nur ein Ein-
129 druck von mir, weil ich kann das von Männern einfach nicht vergleichen.

130 Über Probleme zu sprechen, das hört man schon ab und zu, aber das wird meistens so abgehandelt,
131 dass eben die Männer so sind oder das Leben eben so ist. Das wird schon bagatellisiert. Vor allem
132 bei denen, die stark in Cliquen integriert sind, wird man oft als minderwertig eingestuft, wenn man
133 über das reden möchte, geschweige denn, das man wo war. Da wird man schon so eingestuft, dass
134 man nicht mehr richtig tickt. Das ist heute noch immer so, obwohl das, also Depressionen z.B. soweit
135 ich das beobachte, in Zeitungen schon sehr stark abgehandelt wird. Nachdem ich aus der Firma
136 schon 4 Jahre weg bin, kann ich natürlich nicht sagen, wie weit sich das auch dort verändert hat.

137 Ich muss aber sagen, ich habe schon gerne mit Frauen zusammengearbeitet. Vom sozialen Status
138 her kann man mit Frauen schon anders reden als mit einem Mann. Männer sind da vielleicht nicht so
139 sozial. Mit Frauen war es angenehmer, außer es ist jemand sehr primitiv, nicht von der Schulbildung
140 her, sondern vom Hausverstand, ob jetzt jemand ein bisschen feiner ist oder sehr grob und derb.

141 Ich habe Mobbing-Situationen erlebt, nicht nur bei mir, ich war eine davon. Ich glaube, dass es sich
142 verstärkt, wenn es einfach um die eigene Haut geht, was ich irgendwo auch verstehe.

143
144 *Frage 6: Standortbestimmung, Visionen: Wie sehen Sie die Situation von Frauen in Kärnten,*
145 *welche Wünsche für die Zukunft, vielleicht auch für Belladonna haben Sie?*

146
147 **Zur aktuellen Situation:** Ich glaube, dass allgemein eine Verschärfung der Arbeitsplatzsituation zu
148 bemerken ist. Das hat man überall gespürt. Wenn man darüber geredet hat, man hat dann schon das
149 Echo von allen Seiten gekriegt. In der Privatwirtschaft war das sicherlich früher gegenüber einem
150 Staatsbetrieb. Meine Schwägerin ist Beamtin. Natürlich hat sich auch dort die Situation verschärft,
151 aber längst nicht in diesem Ausmaß. Die haben ja doch eine gewisse Sicherheit vom Verdienst oder
152 vom Arbeitsplatz. Ich war 20 Jahre in der Firma. Früher gab es doch mehr Zusammenhalt. Man hat
153 den Unterschied dann ganz krass gespürt.

154 **Zukunftswünsche:** Ich glaube, dass man schon weiß, was nötig wäre für die Frauen, die Politik ist
155 eigentlich auf dem richtigen Weg, aber das stockt dann immer wieder. So wie mit der Grundsicherung.
156 Das ist auf dem Tisch und dann stockt es. Die Grundsicherung wäre ganz wichtig, dass man nicht
157 extra für alles laufen muss. Es gibt auch noch ein Problem, das speziell mich betrifft. Jetzt bin ich ja
158 verheiratet, aber mit der Ausgleichszulage, ich glaube, dass da schon eine Lücke ist. Da hätte ich
159 meinen Exmann klagen sollen, damit ich die Ausgleichszulage bekomme. Dabei habe ich schon mit
160 einem Mann zusammengelebt. Weil aber mein Exmann schuldig geschieden wurde, gab es dieses
161 Problem. Wäre ich schuldig gewesen, wäre das kein Problem gewesen, das ist ja das Beste. Dadurch
162 habe ich immer auf das Geld verzichten müssen. Bei Ansuchen habe ich bestimmte Leistungen nicht
163 erhalten, weil ich keine Ausgleichszulage bekommen habe, andere habe ich schon bekommen, wie

164 die Mietbeihilfe. Aber es sind mir immer € 100 angerechnet worden, die mein Exmann mir hätte zah-
165 len sollen. Obwohl wir schon 20 Jahre geschieden waren und er wieder geheiratet hat und in Deutsch-
166 land ist. Ich habe gar nicht gewusst, wo er ist. Es sind so bestimmte Sachen im Gesetz, die überarbei-
167 tet gehören. Das ist sicher ein Anliegen für die Frauen, vor allem für die, die über fünfzig sind. Weil da
168 so ein Umbruch war, wo einfach neue Gesetzeslagen geschaffen worden sind, wo diese Lücken ent-
169 standen sind.
170 Von der Arbeitsplatzseite sind viele junge Menschen ohne Arbeit, und Ältere werden fast gezwungen
171 zu arbeiten. Das Pensionsalter ist hinaufgesetzt worden, das ist sicher nicht schlecht, nur sollte das
172 eher auf freiwilliger Basis entstehen. Es würden dann ja viele Stellen für Jugendliche frei sein. Wenn
173 ein Mensch nicht mehr so gesund ist, dass er sich schwer tut und bereit ist, auf einen Teil seiner Pen-
174 sion zu verzichten, warum soll so jemand nicht früher in Pension gehen können? Wenn jemand länger
175 bleiben will, weil er sich gesundheitlich gut fühlt, der kann natürlich. Nicht dass Frauen erst in Pension
176 gehen können, wenn sie sich nicht mehr bewegen können oder so deprimiert sind, dass sie nicht ein-
177 mal mehr in die Öffentlichkeit gehen. Ich glaube, dass dieser Arbeitsstress, den jemand hat, der kör-
178 perlich schon krank ist, für Depressionen wesentlich anfälliger macht. Weil einem täglich vorgeführt
179 wird, wie die anderen noch vor Elan strotzen und erzählen, was sie am Wochenende machen, und
180 selber ist man schon so beinand, dass man das Wochenende nur dazu benutzt, um am Montag wie-
181 der arbeiten gehen zu können. Man hat schon einen Gehörsturz und ich weiß nicht was noch alles –
182 ich spreche hier aus eigener Erfahrung – bevor man dann wirklich in Pension gehen kann. Man muss
183 da einen ganz harten, schweren Weg durchgehen. Mich wundert es nicht, dass viele auf der „Seeli-
184 schen Gesundheit" landen und viele Wochen oder Monate dort sein müssen, was ja auch viel kostet.
185 Das wäre sicher zu umgehen, wenn da mehr Einfühlungsvermögen wäre. Ich weiß nicht, woran es
186 wirklich liegt, an den Ärzten wahrscheinlich eher nicht, sondern an der PVA-Grundorganisation. Das
187 entzieht sich ja meiner Kenntnis, wer das letzte Wort spricht. Ich habe schon von vielen Frauen ge-
188 hört, die die Pension trotzdem nicht kriegen. Es war ein großer Stress, ein seelischer Stress, viel
189 schlimmer noch als das tägliche Laufen zum Arzt. Diese Angst, was muss ich dort wieder sagen. Auch
190 wenn es einem wieder besser geht, muss man das Schlechte herausholen, vor allem wenn man be-
191 fristet in Pension ist. Da hat man Sachen schon abgeschlossen, es geht einem besser, man hat ein
192 paar Stufen wieder erklommen und dann muss man wieder zurückgreifen bei Fragen wie: „Warum
193 glauben Sie, dass Sie jetzt noch nicht arbeitsfähig sind?"
194 Ich bin heute so weit, dass ich endlich einmal zu mir selber komme. Das ist viel wichtiger als das Geld,
195 das ich verloren habe. Man verlagert die Priorität ganz entscheidend. Das ist ein großer Unterschied
196 zu früher, wo ich immer gedacht habe: „Was ist, wenn ich nicht mehr arbeite, wie komme ich mit dem
197 Geld zurecht?" Alles geht, man kann auf alles verzichten, solange ich mein Essen habe und eine
198 Wohnung, wo es warm ist. Man schraubt seine Ansprüche so zurück und wird gleichzeitig fast zufrie-
199 dener. Wenn man sich wirklich einmal etwas außertourlich leisten kann, ist es so, als wenn man sich
200 weiß Gott was kaufen könnte. Wo man sich mehr leisten konnte, waren auch die Ansprüche höher.
201 Ich wünsche mir, dass das Belladonna mehr Beratungsstellen einrichtet, also mehr Beratungsmög-
202 lichkeiten und nicht weniger, was ja, glaube ich, in den letzten Jahren passiert ist. Das ist sicher mit-
203 entscheidend, dass Kosten anderweitig, z.B. bei Ärzten oder Therapiezentren, eingespart werden
204 könnten. Ich für meinen Teil glaub das schon.

Dorothea Rüb, geb. 1954 im Schwarzwald, landete 1999 nach Tübingen, Amsterdam, Berlin, München, Wien und dem Weinviertel in Kärnten. Sie ist Hebamme, Redakteurin der Österr. Hebammenzeitung und seit 2004 Mitarbeiterin der Frauen- und Familienberatungsstelle Belladonna Klagenfurt. Die vorliegende Diplomarbeit im Studium der Angewandten Kommunikationswissenschaft mit den Schwerpunkten Kultur- und Gender-Studien an der Universität Klagenfurt/ Celovec wurde von von Ao. Univ.-Prof. Dr.[in] Brigitte Hipfl betreut und ist ihrem Mann, ihrer Tochter und den »belle donne« gewidmet.